Jerry und Jack Schreur

Das Oma Opa Enkel Buch

Jerry und Jack Schreur

Das
Oma Opa Enkel
Buch

Schulte & Gerth

Die amerikanische Originalausgabe erschien im Verlag
Discovery House Publishers, Grand Rapids, Michigan,
unter dem Titel „Creative Grandparenting".
© 1992 by Jerry Schreur und Jack Schreur
© der deutschen Ausgabe 1998 Verlag Klaus Gerth, Asslar
Aus dem Amerikanischen übersetzt von Ulrike Wilhelm.

Best.-Nr. 815 531
ISBN 3-89437-531-0
1. Auflage 1998
Umschlaggestaltung: Hanni Plato
Titelfoto: Premium
Satz: Die Feder GmbH, Wetzlar
Druck und Verarbeitung: Ebner Ulm
Printed in Germany

Inhalt

EINLEITUNG

Eigentlich entstand das „Oma Opa Enkel Buch" vor fast acht Jahren, und zwar an einem verschneiten Morgen im Februar, als Judy und ich hörten, daß wir eine Enkeltochter bekommen hatten. Sie wog 3500 g, und ihre Eltern nannten sie Lauren Jessica. Damals wußte ich noch nicht, daß dieses kleine Wesen mein Leben dramatisch verändern sollte. Ich hätte mir bis dahin nicht vorstellen können, daß meine Rolle als Großvater mich so faszinieren und herausfordern würde. Mit jedem weiteren Enkelkind wuchs auch die Faszination.

Vor zwei Jahren setzte ich mich mit meinem Sohn Jack zusammen, um mit ihm über einige Buchprojekte zu sprechen, die mir vorschwebten. Nach dem Gespräch erwähnte ich beiläufig, daß ich nichts lieber täte, als etwas über die Rolle der Großeltern zu schreiben. Jack lachte darüber und ging dann nach Hause. Zwei Tage später kam er aber mit dem Titel „Das Oma Opa Enkel Buch" und einigen großartigen Ideen zurück. In den letzten beiden Jahren haben wir dann viel über die Rolle der Großeltern geforscht, haben Großeltern interviewt und fast alles gelesen, was es zu diesem Thema gibt.

Obwohl ich für das „Oma Opa Enkel Buch" gründlich recherchiert habe, ist es vielmehr ein Produkt meiner Liebe, die ich als Großvater empfinde, und der reinen Freude und des Glücks, die ich erfahre, wenn ich mit meinen Enkelkindern zusammen bin. Viele Großeltern jedoch erzählten mir, daß sie etwas Ermutigung nötig hätten, obwohl sich die meisten von ihnen in ihrer Rolle wohl fühlten. „Das Oma Opa Enkel Buch" wurde mit folgender Absicht geschrieben: Es soll Großeltern bewußt machen, welch großen Einfluß sie auf das Leben ihrer Enkelkinder haben, und es soll ihnen zeigen, daß man als kreative Großeltern auch sein eigenes Leben verändern kann.

Wir behaupten, daß man keine besonderen Fähigkeiten und Begabungen braucht, um seinen Enkeln ein kreativer Großvater oder eine kreative Großmutter zu sein. Man braucht dazu weder enorm viel Geld oder ein großes Haus, noch muß man besonders kontaktfreudig sein. Auch spielen Bildungsstand und Beruf keine Rolle. Jeder kann es. Alles, was aktive Großeltern brauchen, ist Liebe und der Wunsch, diese Liebe so vielfältig wie möglich auszudrücken.

Wir hoffen, daß Sie durch das „Oma Opa Enkel Buch" ein Gespür dafür bekommen, wie Enkelkinder Ihr Leben bereichern können. Wir beten auch dafür, daß unsere Geschichten und Vorschläge Sie dazu anregen, als Großeltern kreativ zu sein, um zu einer positiven Kraft (im Sinne Gottes) im Leben Ihrer Enkelkinder zu werden.

DAS „OMA OPA ENKEL BUCH"
IST FÜR SIE GESCHRIEBEN!

Die sieben Jahre alte Gwen kam ins Haus gesprungen. Oma telefonierte gerade mit einer Freundin. „Oma, schnell! Ich muß dir was zeigen."

„Pst, eine Minute nur, Gwen. Ich telefoniere gerade." Gwen drehte ein paar Pirouetten, sah ihre Oma an und sagte lauter: „Oma, bitte! Wir müssen uns beeilen."

„Gwen, ich bin gleich fertig. Warte!" Oma Rose konnte ein kleines Lächeln nicht verbergen. Gwen konnte sich kaum zurückhalten. Rose beendete also schnell ihr Gespräch, streckte die Hand aus und sagte: „Okay, Gwen, was ist denn so dringend?"

„Oma, komm mit! Schnell!" Gwen stürmte zur Tür hinaus. Rose lief, so schnell sie konnte, hinterher und wünschte sich, sie hätte die Energie und Vitalität ihrer kleinen Enkeltochter. Sie folgte Gwen an der Scheune vorbei, hinunter zum Fluß, über die Brücke und in den Wald hinein. Dort blieb Gwen stehen und schaute in die Spalte eines kleinen Baumes. „Guck mal, Oma, hier! Sie werden gerade geboren." Rose sah in den Baum hinein und entdeckte drei Eier. Zwei waren schon aufgebrochen, und das dritte war angeknackst. Sie beobachteten still, wie drei kleine Rotkehlchen geräuschvoll in die Welt taumelten. Gwen und Rose streckten spontan ihre Hände aus und hielten sich fest.

Gwen blickte ihre Oma an und sah sie leise weinen. „Was ist denn, Oma? Ist alles in Ordnung?"

„Ja, Gwen. Mir geht es gut, mehr als gut. Ich habe mich noch nie so gut gefühlt. Ich mußte gerade an den Tag denken, als du auf die Welt gekommen bist. Du warst so klein, und deine Lungen waren so kräftig. Und wie du geschrien hast, wenn man dich in den ersten Tagen im Krankenhaus von deiner Mutter wegnahm! Du hattest viele dunkle Haare, und ich war die stolzeste Oma der Welt. Für mich warst du das schönste Kind. Ich habe dich an diesem ersten Tag in meinen Armen gehalten und sofort geliebt. Heute fühle ich mich dir ganz nah, wie wir diese Vögel anschauen, die ihre ersten Laute von sich geben, und wie sich in deinem Gesicht die Freude und Liebe widerspiegelt. Danke, daß du mich daran teilhaben läßt. Ich hab' dich so lieb."

„Oma, ich hab' dich auch lieb, und danke, daß du meine Freundin bist."

Großeltern sein ist eine besondere Aufgabe und ein bemerkenswertes Vorrecht. Als Großeltern von fünf wunderbaren, energiegeladenen Kindern staunen Judy und ich immer wieder, wie wichtig diese Rolle für unser Leben ist. Wir sind nicht darauf vorbereitet worden und hätten uns eine Laufbahn als Großeltern nie träumen lassen.

Alles, was wir als Folge des Erwachsenwerdens unserer Kinder auf uns zukommen sahen, war ein ruhiges Haus und mehr Zeit für uns. Wir glaubten, wir könnten uns jetzt, da unsere Kinder erwachsen waren und ein selbständiges Leben führten, entspannen und ein bißchen Spaß haben. Den Spaß haben wir jetzt mit Sicherheit, aber wir warten immer noch darauf, daß wir uns entspannen können. Und was das ruhige Haus angeht – das werden wir wahrscheinlich nicht so schnell bekommen.

Judy und ich hatten zwei Kinder, und wir dachten, daß die uns bereits auf Trab hielten. Jetzt ist unser Haus manchmal vom Lachen unserer fünf Enkelkinder erfüllt, alle reden gleichzeitig, und jeder versucht, den anderen zu übertrumpfen. Wir sind noch nie glücklicher gewesen. Unsere Rolle als Großeltern ist ganz einfach das Wichtigste in unserem Leben geworden. Diese Rolle ist wichtiger als unsere Jobs, wichtiger als unsere Pläne für den Ruhestand und viel schöner als unsere Träume von einem erholsamen Leben in einem ruhigen Haus. Wir glauben, daß man als Großeltern das beste Los auf Erden gezogen hat. Und nachdem wir mit Hunderten von Großeltern gesprochen haben, haben wir festgestellt, daß wir mit dieser Meinung nicht allein sind.

Henry zeigt seinem Enkelsohn gerne, wie man etwas baut. Als gelernter Tischler und Handwerker macht es Henry Spaß, sein Wissen an seinen zwölf Jahre alten Enkel weiterzugeben.

Joan hat sich oft gefragt, was sie einmal tun würde, wenn das letzte ihrer fünf Kinder das Haus verlassen hat. Sie glaubte tatsächlich, sie würde unter Einsamkeit und Langeweile leiden. Jetzt kann jeden Tag Joans siebtes Enkelkind auf die Welt kommen, und sie lacht heute über ihre ehemaligen Sorgen. „Ich kann es gar nicht glauben, wie erfüllt und glücklich ich als Oma bin." Und nebenbei bemerkt sie: „Letztes Jahr habe ich ein Buch über das ‚Leere-Nest-Syndrom' gelesen. Ich konnte mich mit diesem Problem nicht identifizieren. Genaugenommen, fiel es mir sogar schwer, das Buch überhaupt zu Ende zu lesen. Meine jüngste Enkelin war bei mir, und sie krabbelte überall auf mir herum."

Jim und Sandra erlebten, wie ihr Enkelkind die ersten drei Wochen seines Lebens in einem Krankenhaus verbringen mußte. Sie weinten, als es so aussah, als käme ihre kleine Samantha nicht mehr nach Hause. Aber als Samantha überlebte und sich gut entwickelte, verwandelten sich ihre Tränen in Freudentränen. Die Berührung mit dem Tod hat eine starke Verbundenheit zwischen den Großeltern, ihrer Enkelin und deren Eltern geschaffen. Jim ist kein emotionaler Mann, aber wenn er heute über Samantha spricht, versagt seine Stimme, und seine Augen füllen sich mit Tränen. „Ich liebe dieses kleine Mädchen so sehr", sagt er dann still.

Wenn man diese Großeltern fragt, welcher Lebensabschnitt der schönste sei, werden sie alle die gleiche Antwort geben: „Die Zeit als Großeltern." Fragt man sie, worauf sie sich am meisten freuen, werden sie antworten: „Auf die Zeit mit meinen Enkelkindern." Wenn wir mit ihnen zusammen sind, erzählen sie unaufhörlich von ihren geliebten Enkelkindern. Diese Großeltern sind kreative Großeltern, und sie würden die Zeit mit ihren Enkelkindern für nichts in der Welt eintauschen wollen.

Großeltern sein ist etwas ganz Einmaliges und besonders Schönes. Wir können uns an der Liebe und Zuneigung unserer Enkel erfreuen, ohne die Sorgen der Eltern zu haben. Wir dürfen sie zu jungen Männern und Frauen heranwachsen sehen, ohne uns Sorgen um Ausgehverbote oder Schularbeiten machen zu müssen. Als Großeltern bekommt man den besten Teil der Elternschaft ab, denn man ist frei von der Last der Verantwortung. Wir können in einer Art und Weise unbelastet unsere Enkelkinder genießen, wie wir es mit unseren eigenen Kindern wahrscheinlich nicht gekonnt hätten. Wir sind keine Frischvermählten, die sich um ihre Karriere, Schulden und den Streß, den eine junge Familie mit sich bringt, sorgen müssen. Wir sind älter, erfahrener und vielleicht im Laufe der Jahre weniger streng und stur geworden. Wir sind eher bereit, zu lachen und zu weinen, und können leichter ohne Vorbehalt lieben.

Es gibt normale Großeltern, und es gibt kreative Großeltern. Normale Großeltern haben Fotos in ihrer Brieftasche und Fotos an der Wand. Normale Großeltern haben sporadisch Kontakt zu ihren Enkelkindern und haben begrenzten Einfluß auf deren Leben. Normale Großeltern verteilen Geschenke und werden flüchtig umarmt.

Kreative Großeltern hingegen tragen Erinnerungen in ihren Herzen und sind von Liebe erfüllt. Kreative Großeltern behandeln ihre Enkelkinder nicht wie Trophäen, mit denen man angibt. Kreative Großeltern möchten ein wesentlicher Teil im Leben ihrer Enkel sein. Sie möchten ihnen ihre christlichen Werte vermitteln. Sie möchten sie mit Liebe und Anerkennung überhäufen. Sie möchten eine Beziehung aufbauen, die ein ganzes Leben lang hält. Kreative Großeltern sind mit Herz und Seele Großeltern, und sie bringen eine besondere Note ins Leben ihrer Enkelkinder.

In diesem Buch geht es um kreative Großeltern. In diesem Buch geht es um mehr als den gelegentlichen Telefonanruf. Wir hoffen, daß wir Sie dazu anregen können, Ihre Rolle als Großeltern ernst zu nehmen. Wir möchten ihnen helfen, zu erkennen, daß Großeltern einen starken Einfluß auf ihre Enkelkinder ausüben können. Wir möchten Sie dazu anregen, kreative Großeltern zu sein.

Wir glauben, daß Enkelkinder großen Nutzen aus einer engen Beziehung zu ihren Großeltern ziehen. Untersuchungen zeigen, daß die Kinder, die eine gute Beziehung zu ihren Großeltern hatten, höhere Selbstachtung, eine größere Chance, im späteren Leben erfolgreich zu sein, und als Erwachsene einen stärkeren Sinn für Familienwerte haben. Das sind einfach Tatsachen. Sie zeigen uns mehr denn je, daß Kinder Liebe und Anerkennung brauchen. Heute mehr denn je brauchen sie einen für sie wichtigen Erwachsenen, der ihnen sagt, daß sie okay sind. Heute mehr denn je brauchen Kinder Vorbilder. Heute mehr denn je brauchen Kinder Erwachsene, die ihren christlichen Glauben aufrichtig und redlich vorleben.

Großeltern haben die wunderbare Möglichkeit, Liebe und bedingungslose Anerkennung weiterzugeben. Sie sind ideal dafür geeignet, Kindern sittliche Werte zu vermitteln und ihr Selbstwertgefühl zu stärken. Sie können große Vorbilder sein. Sie können Menschen von großem Glauben sein, Männer und Frauen, verwurzelt im Wort Gottes, Vorbilder für eine neue Generation.

So, wie unsere Enkelkinder uns brauchen, brauchen wir unsere Enkel. Es ist eine gegenseitige Beziehung. Kreative Großeltern, die sich engagieren, können großen Nutzen daraus ziehen. Unsere Enkelkinder geben uns Leben; wir stellen unsere Erfahrungen zur Verfügung. Sie geben uns Begeisterung; wir schenken ihnen unsere Weisheit, die wir mit den Jahren angesammelt haben. Enkelkinder eröffnen uns neue Möglichkeiten. Sie schaffen in uns neue Hoffnung und erinnern uns an Dinge, die wir schon längst vergessen haben. Sie lehren uns Dinge, von denen wir vorher nichts wußten.

Als wir Großeltern befragten, hörten wir immer wieder den

Satz „Meine Enkelkinder halten mich jung." Und das stimmt. Sie zeigen unseren müden Körpern, wie es ist, barfuß über die Sommerwiese zu laufen. Sie inspirieren uns, indem sie die Bäume unserer Jugend hinaufklettern. Ihre jugendliche Begeisterung führt uns in längst vergessene Tage zurück.

Sie führen uns auch in die Welt der heutigen Jugend. Eine Großmutter, die wir kennen, hört sich sogar die Musik ihres Enkels im Teenageralter an. Sie sagt: „Ich möchte einfach mitbekommen, was in der Welt so läuft, und John hilft mir dabei. Er behandelt mich nie wie eine ‚alte Schrulle', und irgendwie findet er es sogar witzig, mir seine Kassetten zu leihen. Inzwischen prahlt er vor seinen Freunden, daß seine Oma gerne ‚rockt'. Hier in Amerika erwartet man von Leuten meines Alters, daß sie sich zur Ruhe setzen und sich aus dem Weg gehen. Sehr oft sind wir von unserer Familie und dem größten Teil der Gesellschaft isoliert. Unsere Enkelkinder holen uns zurück. Sie öffnen uns wieder das Tor zur Welt, sind unsere Eintrittskarte für die amerikanische Kultur. Wir brauchen sie, und sie brauchen uns."

Aber kreative Großeltern verteilen nicht nur Küsse und Umarmungen. Wir haben die Pflicht, unsere Werte und unseren Glauben unseren Enkelkindern zu vermitteln. Die These dieses Buches ist, daß Großeltern für ihre Enkel Glaubenshelden sein können. Wir dienen Gott, indem wir unseren Enkeln von Jesus erzählen. Wir sind davon überzeugt, daß unser gelebter christlicher Glaube unseren Enkelkindern bei der Entscheidung helfen wird, ob sie einmal Jesus nachfolgen möchten oder nicht.

„Das Oma Opa Enkel Buch" wurde für all jene geschrieben, die auf das Leben ihrer Enkelkinder Einfluß nehmen möchten. Dieses Buch ist für Großeltern, die ihre Enkelkinder mit Taten lieben möchten und nicht nur mit Worten. Durch das „Oma Opa Enkel Buch" werden Sie andere Großeltern mit ihren Geschichten kennenlernen. Sie werden an ihrer Liebe und ihrem Kummer teilhaben. Sie werden erkennen, wie wichtig unsere Rolle im Leben unserer Enkelkinder sein kann, egal, wie alt die Kinder oder wir sind.

Am meisten jedoch hoffen wir, daß das „Oma Opa Enkel Buch" Sie dazu anregen wird, sich einem Dasein als kreative und engagierte Großeltern hinzugeben. Das ist kein einfacher Weg.

Die wunderbaren Jahre

Die Seefahrer und Abenteurer, die vor Hunderten von Jahren Europa verließen, um auf Entdeckungsreisen zu gehen, machten eine Fahrt ins Ungewisse. Sie kamen in Gegenden, wo keiner vorher gewesen war. Sie alle waren abergläubisch und meinten, die Unbeständigkeit von Wind und Wasser sei eine Folge der Launen unberechenbarer und grollender Götter. Die Fahrt ins Ungewisse und die unbekannten Schrecknisse, die sie möglicherweise erwarteten, erweckten in ihnen eine tiefe Sehnsucht nach sicheren, vertrauten Gewässern und einladenden Häfen.

Stellen Sie sich so eine Welt vor. Eine Welt, in der sich alle Geheimnisse, die wir Erwachsenen längst begriffen haben, immer noch unergründlich und voller Überraschungen zeigen. Stellen Sie sich eine Welt vor, in der jedes neue Geräusch Neugier und Angst erzeugt, wo jede neue Gestalt untersucht und begriffen werden muß. Das ist die Welt Ihrer Enkel im Vorschulalter. Wie die Seeleute vergangener Zeiten treten auch sie eine kühne Entdeckungsreise an. Auch sie sehnen sich nach sicheren, vertrauten Gewässern, selbst wenn sie schon die ersten wackligen Schritte in die Unabhängigkeit machen.

Oma und Opa können während dieser wunderbaren Jahre Begleiter sein. Sie können ihren Enkelkindern helfen, diese schöne und aufregende neue Welt zu entdecken und sich darin sicher zu fühlen. Sie können auch ein Zufluchtsort sein, wenn diese Welt feindlich gestimmt ist und die jungen Forscher von ihrer Angst überwältigt werden.

Erste Schritte

Er fühlte sich nicht sehr wohl, als er sie zum ersten Mal in seinen Armen hielt. Sie war so klein und runzlig; seine Hände waren so groß und unbeholfen, und er kam sich sehr dumm vor. Er dachte, er könnte sie zerdrücken. Vorsichtig hielt er sie fest, so sanft, daß er kaum fühlen konnte, wie ihr kleines Herz gegen sein eigenes schlug. Er fing den Duft ihres Atems auf, der ihn ein ganz klein wenig an Klebstoff erinnerte. Er sehnte sich danach, sie an sich zu drücken, sie niemals wieder loszulassen. Er hatte sein Herz verloren! Seine zwei Tage alte Enkeltochter hatte es gestohlen.

Das erste Lebensjahr eines Kindes ist nach Ansicht des Kinderpsychologen und Autors Erik Erikson entscheidend für die Entwicklung eines gesunden Urvertrauens. Untersuchungen haben eindeutig gezeigt, daß Babys kein Urvertrauen entwickeln konnten, wenn sie von ihren Bezugspersonen keine emotionale Zuwendung erhielten. Es gehört zu den beglückenden Aufgaben kreativer Großeltern, gemeinsam mit den Eltern den Grundstein für dieses Urvertrauen zu legen.

Manchmal haben Großeltern, besonders Großväter, mehr Angst vor ihrer neuen Situation und Aufgabe als die Babys selbst. Das kann darauf zurückzuführen sein, daß oft Unvorhergesehenes passiert, wenn Oma und Opa auf das Baby aufpassen. Ich konnte mich zum Beispiel nie daran gewöhnen, meine Enkeltöchter und Enkelsöhne im Arm zu halten, wenn sie ihre Augen zupressten, ihr Gesicht rot wurde und die Windel in meinen Händen anfing zu rumpeln und anschließend warm wurde. Ich wußte, was auf mich zukam – und was geschehen war. Wie jeder andere Großvater ignorierte ich es so lange wie möglich. Bis die hochentwickelte Wegwerfwindel des Raumfahrtzeitalters, hergestellt nach dem neuesten Stand der Technik, auszulaufen begann.

Kreative Großeltern aber behandeln donnernde Hintern nicht wie Luft. Sie nehmen diese Gelegenheit wahr, um ihren Enkelkindern ihre Liebe zu zeigen und deren Vertrauen zu gewinnen. Die ganze Zeit führen sie ein ziemlich einseitiges

Gespräch: „Erin, du hast eine volle Windel. Jawohl, die hast du. Hast du doch. Komm her, wir müssen dich saubermachen. Oh, du bist ja so eine Hübsche, mein ganz besonderer Schatz. Opa hat dich lieb. Jawohl, das hat er. Ja, wirklich, das hat er."

Keine besonders intellektuelle Unterhaltung. Aber sie ist wichtig. Wenn man immer wieder beruhigend mit seinen Enkelkindern redet, stärkt man ihr Vertrauen in die Großeltern und auch ihr Selbstvertrauen. Mag sein, daß Sie es unter Ihrer Würde finden, Windeln zu wechseln und in Babysprache zu reden, aber kreative Großeltern müssen jede Gelegenheit ergreifen, um ihre Liebe zu zeigen.

Die großelterliche Fürsorge während der Babyjahre

Es gibt drei einfache Regeln, die Großeltern im Umgang mit Babys beachten müssen, damit diese Zeit für sie zu einer lohnenden und erfreulichen Erfahrung wird. Die erste Regel ist: *verfügbar sein.* Junge Eltern brauchen Hilfe. Es ist schon oft und treffend gesagt worden, daß Babys nicht mit einer Gebrauchsanweisung auf die Welt kommen. Wenn dieses Enkelkind auch noch das erste Kind ist, werden die Eltern gleichzeitig stolz, aufgeregt, selbständig, ängstlich, besorgt und einsam sein. Eltern brauchen Großeltern, die ihnen bei der vielen Hausarbeit helfen, die während des ersten Babyjahres anfällt. Scheinbar banale Aufgaben wie Waschen, Kochen oder Einkaufen können schwierig werden, wenn Eltern mit Zeitplänen, Beruf und einem Kleinkind jonglieren. Engagierte Großeltern, die sich für alle möglichen Aufgaben zur Verfügung stellen, leisten einen positiven Beitrag zum Leben ihrer Enkelkinder.

Die zweite Regel für Großeltern während der Babyzeit lautet: *im Hintergrund bleiben.* Sehr oft haben wir Großeltern beobachtet, die „der jungen Mutter helfen" wollten, aber statt dessen herrisch wurden und herumkommandierten. „Hier, zieh dem Baby den Pullover an!" „Du wirst es doch wohl nicht auf den Arm nehmen, nur weil es weint, oder?" „Als du ein Baby warst, haben wir dich aber nicht so angezogen!" „Du willst meinen Rat nicht? Na gut, aber denk daran, ich habe ein bißchen mehr Erfahrung als du!" Großeltern, die verfügbar sein wollen, sollten andererseits nicht im Wege stehen, sondern im Hintergrund bleiben.

Die dritte Regel ist zwar einfach, aber wahrscheinlich ist sie die wichtigste von allen: *Erfreuen Sie sich an diesem Wunder. Nehmen Sie sich für Ihr neues Enkelkind Zeit. Halten Sie es einfach im Arm, freuen Sie sich, und genießen Sie einfach dieses kleine Lebewesen. Nehmen Sie sich Zeit, dieses Wunder auf sich wirken zu lassen.*

Großeltern von Babys zu sein, ist etwas Aufregendes. Wenn das neue Lebewesen zum ersten Mal freudig seine Umwelt wahrnimmt, dürfen wir daran teilhaben. Das können wir aber nur, wenn wir in dieser Phase auch zur Verfügung stehen, unseren Kindern helfen und verschiedene kleine Aufgaben übernehmen. Wir sind kreative Großeltern, wenn wir im Hintergrund bleiben, keine ungebetenen Ratschläge geben, keine Schuld zuweisen und nicht manipulieren. Viel besser ist es, wenn wir einfach Sicherheit vermitteln und stille Liebe zeigen. Wir sind echte Großeltern für unsere Kleinen, wenn wir sie als etwas Wunderbares erleben. Es gibt absolut nichts, was ehrfurchtgebietender ist als ein neues Leben in dieser Welt. Machen Sie sich von Verpflichtungen frei, lassen Sie alle Sorgen und Gedanken hinter sich, und genießen Sie von ganzem Herzen die positiven Überraschungen, die Babys bereiten.

Das Vorschulalter

Die Jahre, die auf das Babyjahr folgen, werden sehr aufregend sein. Schon bald verwandeln sich diese kleinen Bündel in Wesen, die pausenlos in Bewegung sind. Sie wachsen und lernen unglaublich schnell dazu, ohne sich auch nur einmal nach vielleicht Versäumtem umzusehen. Diese kleinen Personen wecken in ihren Großeltern einen tiefes Gefühl des Staunens. Sie füllen unser Leben mit Überraschungen aus.

Die Vorschuljahre sind wunderbare Jahre – sowohl für die

Kinder als auch für die Großeltern. Beide entdecken die Welt. Die Kinder sehen sie zum ersten Mal. Ihre Großeltern sehen sie aufs neue, und zwar ebenfalls, als sei es das erste Mal, denn sie sehen die Welt durch die Augen ihrer Enkelkinder.

Diese wunderbaren Jahre werden für kreative Großeltern zu einem freudigen Erlebnis, das ihr Leben ungemein bereichert. Wahrscheinlich werden Enkelkinder zu keiner anderen Zeit jemals wieder so offen für die Liebe ihrer Großeltern sein, so sehr bereit, ihnen zu vertrauen, sich küssen und umarmen zu lassen. Über diese Jahre schrieb der Psychologe David Elkind:

> *Vorschulkinder scheinen eine besondere Zuneigung zu ihren Großeltern zu haben. Vielleicht spüren sie eine Reife und Ausgeglichenheit, die bei ihren Eltern nur teilweise vorhanden ist, denn die sind gerade dabei, sich über ihre Rolle als Eltern, ihre Ehe und Karriere klarzuwerden. Weil Kleinkinder so viel Neues erleben, geben ihnen Erwachsene, die mit sich und der Welt zufrieden sind, ein Gefühl der Sicherheit und des Trostes. Bei diesen Erwachsenen können sie sich frei fühlen, ihre Umgebung zu erkunden. Sie können neue Begriffe und Aktivitäten ausprobieren und dabei das Gefühl haben, daß die Welt sicher ist und daß ihre Erkundungen als solche verstanden werden – eben als Erkundungen und nicht als Unfug.*
> Aus: Grandparenting („Großeltern sein")

Großeltern begeben sich mit diesen kleinen, kühnen Abenteurern auf einen schönen Weg. Mit der vollen Unterstützung der Eltern können Oma und Opa ihnen helfen, sich hinauszuwagen und die manchmal rauhen Wege der Welt zu erkunden. Wir können auch manchmal wie ein Leuchtturm sein, der seine abenteuerlustigen Enkelkinder in die Sicherheit zurückruft. Wir müssen ihnen manchen schmerzhaften Mißerfolgen zum Trotz die Gelegenheit geben, eigene Erfahrungen zu machen, und sollten sie zugleich davor bewahren, entmutigt zu werden. Wir ermutigen sie, ihre Ängste zu bewältigen, wobei wir auch verstehen, daß diese Ängste für ein kleines Kind in einer großen und geheimnisvollen Welt berechtigt sind.

Wie man Liebe vermitteln kann

Wenn Kinder größer werden, wächst auch ihre Fähigkeit, sich zu verständigen. Jedes Stadium eröffnet den Großeltern neue Möglichkeiten, ihre Liebe zu zeigen. Zugleich werden die Großeltern vor die Herausforderung gestellt, die Fähigkeiten eines Sprachforschers zu entwickeln, wenn sie versuchen, die noch nicht voll entwickelte verbale Ausdrucksweise ihrer Enkelkinder zu entschlüsseln. Ein gelegentliches „Opap pap" bekräftigt von Zeit zu Zeit die einseitige Konversation.

Gespräche mit Enkelkindern können ein fast ununterbrochener Strom der Liebe sein. Das bedeutet nicht, daß wir hundertmal am Tag „Ich hab' dich lieb" sagen müssen. Worauf es ankommt, ist eine aufrichtige und einladende Sprache, ein beruhigender Tonfall und eine liebevolle Art des Umgangs. Enkelkinder sollten das Feuer der Liebe spüren, das in den Herzen der Großeltern brennt. Die Liebe sollte erkennbar sein, wenn Oma das Kind in den Schlaf schaukelt oder wenn Opa mit der kompetenten Hilfe seiner zweijährigen Enkelin die Garage aufräumt.

Liebe zeigen kann man auch ohne Worte. Wortlose Signale sind gleichermaßen wichtig. Eine Studie hat gezeigt, daß nur ungefähr 7 Prozent der Botschaften durch die Wörter an sich übermittelt werden. Der Klang der Stimme hat einen Anteil von 38 Prozent an der Kommunikation, doch deren größten Teil machen mit 55 Prozent die wortlosen Signale aus. Gerade bei sehr kleinen Kindern ist weniger wichtig, was wir sagen, als das, was wir tun.

Kreative Großeltern wissen um den Wert einer Umarmung. Ein uns bekannter Großvater wird wegen seiner Umarmungen geschätzt. Sie sind großzügig und freigebig, sehr herzlich und sehr lang. Und seine Enkelkinder lieben sie. Er möchte ihnen das Gefühl geben, daß er sie immer liebhaben wird. Und während er seine kleinen Enkelkinder fest an sich drückt, beteuert er ihnen ununterbrochen seine Liebe. Mit Worten und Taten spricht er Bände.

Wie können Großeltern das Beste aus diesen wertvollen Jahren machen? Wie kann Oma oder Opa diesen kleinen Forschern und Abenteurern das geben, was sie am meisten brauchen? Wir möchten Ihnen gerne acht Tips anbieten, die für kreative Großeltern von zwei- bis fünfjährigen Enkeln gedacht sind.

Erster Ratschlag:
Zeigen Sie Ihren Enkelkindern Ihre Liebe,
wann immer Sie können.

Großeltern können ihren Enkelkindern, die in diesem wunderbaren Alter sind, nicht oft und nicht vielfältig genug ihre Liebe zeigen. Wir verwöhnen sie nicht, wenn wir ihnen beständig unsere Zuneigung beteuern. Auf der anderen Seite wird es uns leichter fallen, einmal „Nein" zu sagen, wenn sie sich unserer Liebe sicher sind.

Kreative Großeltern sind unermüdlich damit beschäftigt, auf immer wieder neue Weise „Ich hab' dich lieb" zu sagen. Wir nehmen dieses biblische Prinzip als unseren Auftrag an: „Kinder, laßt uns nicht lieben mit Worten noch mit der Zunge, sondern in Tat und Wahrheit" (1. Johannes 3,18).

Das kann zum Beispiel durch Post geschehen. Wenn Großeltern in den Urlaub fahren, sollten sie sich die Zeit nehmen und jedem ihrer Enkelkinder eine Postkarte schreiben. Achten Sie darauf, daß jeder eine bekommt. Vorschulkinder erhalten selten Post, und sie sind hingerissen, wenn Mama oder Papa ihnen eine Karte vorliest, die an sie persönlich adressiert ist.

Nach einer Reise mit meiner Frau Judy durch den Grand Canyon wurden wir von unserer Enkeltochter mit folgenden Worten begrüßt: „Ihr habt einen Brief nur an mich geschrieben. Ich habe ihn aufgehoben und an die Wand gehängt." Ihr Vater erzählte uns, daß der Brief der Höhepunkt ihrer Woche gewesen sei – und uns hat es nur fünf Minuten gekostet, ihn zu schreiben und abzuschicken.

Eine weitere Möglichkeit, wie kreative Großeltern ihre Liebe zeigen können, ist das Vorlesen. In einer Welt voller „Beeil dich! Zieh deine Jacke an! Ich hab' dir schon vor fünf Minuten gesagt, daß du auf die Toilette gehen sollst. Hast du nicht gehört? Komm schon, wir sind spät dran!" können Großeltern in das Leben ihrer Enkelkinder Ruhe bringen. Wir haben Zeit, ihnen ihre Lieblingsgeschichten vorzulesen – wieder und wieder und wieder.

Wir können aber auch die Rollen tauschen und zu Zuhörern werden. Kinder haben das starke Bedürfnis, daß man mit ihnen redet und ihnen zuhört. Wir fördern in unseren Enkelkindern Vertrauen und Selbstannahme, indem wir einfach nur zuhören, wenn sie über all die Dinge plappern, die gerade ihren aktiven kleinen Verstand kreuzen.

Und so hört sich das an: „Opa, wer macht die Eichhörnchen? Was meinst du damit, daß sie geboren werden? Ich weiß das schon. Aber wer macht sie? Du sagst, daß Gott sie macht? Warum? Mag Gott Eichhörnchen? Liebt er mich auch so, wie er Eichhörnchen mag? Noch mehr? Ich bin so froh, daß du mich auch liebhast, Opa."

Zweiter Ratschlag:
Beobachten Sie, und hören Sie zu.

Schenken Sie Ihren Enkelkindern im Vorschulalter große Aufmerksamkeit. Beobachten Sie sie genau. Hören Sie genau zu, was sie sagen. Lernen Sie ihre Gewohnheiten und Eigenarten kennen. Sie zeigen ihnen Ihre Wertschätzung, wenn Sie Verständnis für das zeigen, was sie beschäftigt.

Opa Jim ist im Kirchengemeinderat. Viele Leute wollen etwas von ihm. Aber manch wichtige Person in der Kirche regt sich über ihn auf. Warum? Weil er immer dann, wenn sie ihn nach dem Gottesdienst suchen, nicht da ist. Sie finden ihn dann immer im Klassenzimmer (mit Mamas und Papas Erlaubnis), wo sein Enkelsohn Sonntagsschule hat. Er lümmelt sich dann auf dem Boden herum, Auge in Auge mit Klein-Christopher, der ihm etwas über die letzten Supermarktbesuche mit seiner Mama erzählt. Diese Zeit gehört seinem Enkel, und die läßt er sich von keinem stehlen. Er glaubt, daß er auf diese Weise die Worte Christi umsetzt: „Laßt die Kinder, und wehrt ihnen nicht, zu mir zu kommen, denn solcher ist das Reich der Himmel" (Matthäus 19,14). Jim glaubt, wenn Jesus die Kleinen so geschätzt hat, sollte er das auch tun.

Kreative Großeltern werden in ihren Tagesablauf Zeit einbauen, um ihren Enkelkindern zuzuhören. Eine Großmutter führt ihren Enkel gerne zum Mittagessen aus, meist in ein Restaurant, das ihr Enkel sich aussuchen darf. Na ja, gewöhnlich ist es McDonald's. Aber dadurch, daß das Kind wählen darf, erfährt es eine ganz besondere Wertschätzung. Nebenbei eröffnen diese Verabredungen zum Mittagessen wunderbare Möglichkeiten für Gespräche, und dabei kommen die unglaublichsten Dinge an den Tag.

„Eine Fahrt in Opas blauem Lkw" ist für zwei andere Enkelkinder das große Abenteuer, auf das sie sich regelmäßig freuen. Vielleicht handelt es sich dabei nur um die Fahrt zum Baumarkt, aber wenn sie an der Bäckerei halten, hat Opa Zeit, ihnen zuzuhören. Er hat gemerkt, daß sein Enkelsohn und seine Enkeltochter diese Spritztour genießen.

Wenn Sie Ihrer Enkeltochter zuhören, was sie über ihre Freundin Jennifer oder ihr neuestes Erlebnis im Kindergarten erzählt, geben Sie ihr sehr viel zu verstehen. Sie sagen ihr damit, daß sie wertvoll ist und daß ihre Erlebnisse und Gefühle von großer Bedeutung sind. Indem Sie ihre Meinung und Interessen wertschätzen, zeigen sie ihr, daß sie etwas Kostbares ist.

Die wunderbaren Vorschuljahre sind von großer Bedeutung, damit das Kind sein Geschlecht akzeptieren und sich damit identifizieren kann. Großeltern können bei diesem sehr wichtigen Aspekt der Entwicklung mithelfen. Wenn eine Großmutter den sportlichen Abenteuern ihres „kleinen Mannes" Beifall klatscht oder ihn bewundert, wie er in Jeans und Flanellhemd seinem Papa oder Opa ähnelt, hilft sie ihm dabei, seine Männlichkeit zu entdecken und auch zu akzeptieren. Und Opa hilft seiner Enkelin, ihre weibliche Identität zu entwickeln und anzunehmen, wenn er zu ihr sagt: „Meine Enkeltochter Kelsey, das hübscheste Mädchen in der ganzen Kirche. Was bist du schön in diesem Kleid!"

Beobachten, zuhören, miteinander reden. Natürlich bedeutet es einen gewissen Aufwand, Zeit zu finden und sich auf die Sichtweise der Kinder einzulassen. Aber es zahlt sich reichlich für Ihre Enkel aus – und auch für Sie.

Dritter Ratschlag:
Ermutigen Sie zum Fragen, und geben Sie
Antworten.

Enkelkinder im Vorschulalter wundern sich ständig über die Vielschichtigkeit des Lebens. Sie stellen schwierige Fragen, die befriedigend beantwortet werden sollten. Mama und Papa können sie nicht alle beantworten, aber die Großeltern können dabei helfen.

So, wie Gott genau zuhört, wenn wir bitten, suchen und im Gebet anklopfen (Matthäus 7,7), müssen auch wir unsere Aufmerksamkeit auf unsere Enkelkinder richten, wenn sie bitten, suchen und anklopfen. Und so, wie Gott uns gibt, uns finden läßt und unser Gebet beantwortet, müssen auch wir die vielen Fragen unserer Enkelkinder beantworten.

Kinder verdienen ehrliche Antworten. Ihre natürliche, unstillbare Neugier ist der Motor, der ihr Lernen antreibt. Es ist wahr, daß die unaufhörlichen Fragen eines Zwei- oder Dreijährigen uns ermüden können. Vielleicht frustriert es uns, wenn wir die unzähligen Facetten unserer Welt einem wißbegierigen vierjährigen Kind zu erklären versuchen. Aber Kinder haben nun einmal das Bedürfnis und auch das Recht, alles zu erfahren. Außerdem werden sie, wenn wir weiter Antwort geben, weiter Fragen stellen – und das auch in den wichtigen Jahren der Pubertät.

Die fünf Jahre alte Erin war normalerweise ein ruhiges Kind, tief in Gedanken versunken. Nach ein paar Minuten stellte sie mit ernster Miene eine Frage, die sie wohl sehr beschäftigt hatte. Diese Frage verdiente eine ebenso ernste Antwort, auch wenn es für einen Erwachsenen nicht so wichtig war, und Großmutter gab sie ihr. Fragen stellen ist ein wichtiger Faktor im Lernprozeß der Kinder. Wenn wir sie zurückweisen oder ihre Fragen leichtfertig behandeln, geben wir ihnen das Gefühl, unwichtig zu sein.

Natürlich kann die „Warum"-Phase sehr entmutigend sein! Manchmal geht es so wie hier:

„Opa, warum gibt es Bäume?"

„Weil Gott schöne Dinge liebt. Er hat die Bäume gemacht, damit die Welt schön ist."

„Opa, warum liebt Gott schöne Dinge?"

„Weil schöne Dinge seine Kinder glücklich machen und er will, daß wir glücklich sind."

„Opa, warum will Gott, daß wir glücklich sind?"

„Weil er uns liebt."

„Opa, warum..."

Ein solches Gespräch scheint sinnlos zu sein, besonders wenn es jedesmal wiederholt wird, wenn man sich sieht. Aber es ist sehr wichtig für das Kind. Es möchte Ihre Welt kennenlernen, und Sie wurden von ihm ausgewählt, ihm den Weg zu zeigen. Großeltern können der Fragen überdrüssig werden, aber wir werden neuen Auftrieb bekommen, wenn wir uns vor Augen halten, welches Vorrecht es ist, daß unsere jungen Entdecker uns als Navigator durch diese turbulente Welt ausgewählt haben.

Das nächste Mal, wenn Sie ein paar Stunden mit Ihren Enkelkindern verbringen, versuchen Sie, Fragen zu stellen, die nur mit „Ja" oder „Nein" beantwortet werden können. Vielleicht bekommen Sie viele „Wozu"- und „Warum"-Antworten zurück und werden bald erschöpft sein, weil sie von den Wellen und dem Wind bis zu Düsenflugzeugen alles erklären mußten, aber Sie haben damit Ihren Enkelkindern wunderbare Türen geöffnet, um auf Entdeckungsreise zu gehen. Und Sie dürfen Ihre Weisheit, Erfahrung, Wertvorstellungen und Ihren Glauben an Ihre geliebten Kleinen, die forschen, fragen und lernen, weitergeben.

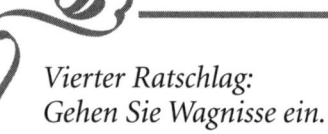

Vierter Ratschlag:
Gehen Sie Wagnisse ein.

Paul, der ein erfolgreicher Geschäftsmann war, hatte Angst vor weinenden Kindern. Immer wenn er weinende Kinder um sich hatte, wurde er nervös. Mit seiner Geschäftswelt konnte er relativ leicht fertig werden, aber nicht mit einem weinenden Kind. Er konnte es einfach nicht beruhigen. So kam es, daß Paul Angst davor hatte, mit seinen kleinen Enkelkindern allein gelassen zu werden. Außerdem hingen seine Enkeltöchter sehr an ihren Müttern, was eigentlich in Ordnung ist. Aber für Opa, den Babysitter, war es nicht in Ordnung.

Aber wie kam er überhaupt zu einem solchen schreienden Bündel – ohne eine Frau in der Nähe, die helfen konnte? Ganz einfach. Er selbst hatte sich als Babysitter angeboten. Dieser mutige Manager hatte sich dazu entschieden, ein engagierter, kreativer Großvater zu sein, und da bleiben weinende Babys eben nicht aus.

Paul versuchte es also mit Vorlesen – seine Enkelin weinte immer noch. Er sang ihr etwas vor – sie weinte lauter. Er spielte „Backe, backe Kuchen" – sie schaute ihn an, als sei er verrückt, und schrie weiter. Nichts klappte. Er steckte regelrecht in einer Krise. Schließlich überwand er seine Angst und nahm sie hoch. Er hielt sie vorsichtig in seinen Armen und redete ganz ruhig mit ihr. Das Brüllen wurde zum Schluchzen und dann zum Seufzen. Dann hörte er ihren ruhigen, gleichmäßigen Atem. Sie war eingeschlafen. Er hatte es geschafft. Es gab wenige Dinge in seinem Leben, die ihn mit so viel Stolz und Befriedigung erfüllten.

Angst ist ein Feind der Großeltern. Angst läßt Opa glauben, daß einer oder alle hinunterfallen und sich den Arm brechen könnten, wenn er mit seinen quirligen Enkelkindern auf einen Baum klettert. Angst bewirkt, daß er sich Gedanken darüber macht, was andere denken könnten, wenn er auf dem Boden liegt und hingebungsvoll mit seinen Enkeln spielt. Paul wollte diese Angst überwinden. Und als er es geschafft hatte, seine Enkelin zum Schlafen zu bringen, bekam er das Gefühl, etwas Großes geleistet zu haben, so, als hätte er einen Millionenvertrag unterschrieben. Er hätte aber diese Freude nie erfahren, wenn er auf Sicherheit bedacht gewesen wäre und diese Herausforderung, die Angst vor weinenden Babys zu überwinden, nicht angenommen hätte.

Unsere Sorgen hindern uns daran, jeden Augenblick mit unseren Enkelkindern zu genießen. Viele unserer Ängste sind irrational oder auf unseren Stolz zurückzuführen. Kreative Großeltern lernen, sich über diese Ängste hinwegzusetzen und eine innige Beziehung zu ihren Enkelkindern aufzubauen.

Fünfter Ratschlag:
Sagen Sie öfter „Ja" als „Nein".

Es ist zu einfach, aus purer Gewohnheit „Nein" zu sagen, wenn man als Großeltern um etwas gebeten wird.

„Papa, kannst du dieses Wochenende auf die Kinder aufpassen, damit Jodi und ich ausgehen können?"

„Nein, Ken, ich bin beschäftigt."

„Opa, gehst du mit mir schaukeln?"

„Wir waren doch gerade draußen. Mach doch was anderes!"

„Oma, malst du mit mir?"

„Nicht jetzt, Schatz. Oma sieht gerade fern."

Wenn man öfter „Ja" als „Nein" sagt, ergreift man jede sich bietende Gelegenheit, um mit seinen Enkelkindern zusammenzusein. Ihre Enkel erleben diese wunderbaren Jahre nur einmal. Diese besondere Zeit in ihrem Leben geht so schnell vorbei, und kreative Großeltern müssen jede Gelegenheit wahrnehmen, um mit ihnen zusammen zu sein.

Natürlich gibt es Momente, in denen man „Nein" sagen muß. Aber der Grund dafür sollte nie sein, daß es gerade Unannehmlichkeiten bereitet, „Ja" zu sagen. Enkelkinder sind keine Unannehmlichkeiten; sie sind ein Schatz. Die Zeit mit ihnen ist keine vergeudete Zeit, sondern gut angelegte Zeit.

Wenn Sie Gelegenheit haben, „Ja" zu sagen, greifen Sie zu. Suchen Sie nach Wegen, wie Sie den Bitten Ihrer Enkel nachkommen können. Die Kinder brauchen das, und Sie brauchen das Leuchten in den Augen Ihrer Enkelkinder.

Sechster Ratschlag:
Seien Sie der Spielkamerad Ihres Enkelkindes.

Wenn Sie mit Ihren Enkelkindern spielen, stoßen Sie das Fenster zu ihrer Seele auf. Versteckenspielen offenbart ihre Ängste und ihren Sinn für Spaß. Ihre Aufregung zeigt sich beim Fangenspielen. Zeichnen und Malen weckt ihre Kreativität. Beim Puppenspiel werden ihre Nöte und Wertvorstellungen sichtbar. Ballspiele zeigen Ihnen ihre motorischen Fähigkeiten. Und alles zusammen erlaubt einen Blick auf ihre Gedanken und auf ihre sprachliche und moralische Entwicklung.

Das Spiel kann aber auch ein paar Wunden an Ihrem Körper hinterlassen. Während ich dies schreibe, kann ich immer noch meine Rippen fühlen. Sie erinnern mich schmerzhaft an ein sommerliches Spiel mit meinen Enkelkindern. Die ganze Familie war zusammen, und wir spielten Rutschen, was in einem Unglück endete.

Die selbstgebaute Rutschbahn bestand aus einer Plastikrinne mit eingebautem Bewässerungssystem, das die Oberfläche befeuchtete. Man muß Anlauf nehmen, hochspringen und mit dem Bauch der Länge nach in der Plastikrinne landen. Das macht wirklich unglaublichen Spaß!

Alle waren draußen, nur ich war im Haus. Schon bald hörte ich, wie es „Opa, Opa!" durchs Haus schallte. Widerstrebend zog ich meine Badehose an. Dann stürmte ich mit hoher Geschwindigkeit nach draußen und hechtete auf die Plastikbahn. Ich rutschte die ganze Bahn hinunter, setzte meine Reise auf dem Rasen fort und kam kurz vor dem Gehweg zum Stehen. Meine Augen, meine Badehose und meine Haare waren voller Matsch und Gras. Das Unbehagen, das ich empfand, wurde auch durch das Gelächter der Kinder nicht gemindert. Noch heute halte ich den Familienrekord für die längste Rutschtour!

Spielkamerad Ihrer Enkelkinder zu sein, bedeutet nicht, daß man sich unbedingt an diesem Rutschspiel beteiligen muß. Aber es bedeutet, die Zeitung zur Seite zu legen, das Buch einmal zuzuklappen (sogar dieses hier) und sich auf ihre Wünsche einzulassen. Wenn die Kinder betteln, daß Sie mit ihnen spielen sollen, kann auch die Überprüfung Ihres Bankkontos warten.

Dadurch, daß Sie mit Ihren Enkelkindern spielen, zeigen Sie ihnen, daß Sie sie lieben und sie so schätzen, wie sie sind. Kreative Großeltern genießen diese Momente, weil sie uns einen Blick in die Welt unserer Enkelkinder werfen lassen. Viel wichtiger aber ist, Spielkameraden sind Freunde – und das möchten Sie ja für Ihr Enkelkind sein.

Jim ist Bauarbeiter im Ruhestand. Im Kartenspiel „Schwarzer Peter" ist er gut. Warum? Weil es das einzige Spiel ist, das seine Enkeltochter spielen kann. So bekommt er viel Übung. Jim ist ein Baum von Mann, groß und vom Wetter gezeichnet.

Die Karten, die in seinen großen Händen wie Miniaturen aussehen, wirken in den Händen seiner Enkeltochter übergroß. Wenn sie spielen, täuschen seine Augen über sein Alter hinweg. Sie funkeln immer dann vor Freude, wenn sie den „Schwarzen Peter" zieht und versucht, es zu vertuschen.

Für Jim gibt es viele Gelegenheiten, mit seiner Enkelin zu spielen. Sie könnten viele Dinge machen, aber „Schwarzer Peter" ist nun einmal ihr Lieblingsspiel. Wenn Großeltern keine Vorstellungskraft und keine Energie haben und sich nicht wünschen, daß glückliches Kinderlachen das Haus erfüllt, schränken sie sich selbst ein und können nicht der Spielkamerad ihrer Enkelkinder sein.

Spielen ist immer ein Lernprozeß, aber nicht im strengen, akademischen Sinn. Kinder in diesem Alter lernen die Welt durch das Spielen kennen:

➤ Es bereichert ihre Vorstellungskraft und Kreativität.
➤ Es hilft ihnen, die Regeln für das Sozialverhalten kennenzulernen.
➤ Es gibt ihnen die Möglichkeit, ihre überschwengliche Lebenskraft auszudrücken.
➤ Es ermöglicht schüchternen Kindern, sicher auf andere Kinder zuzugehen.
➤ Es gibt Kindern im Vorschulalter die Gelegenheit, sich frei zu entfalten.
Sagen Sie deshalb „Ja" zum Spielen!

Siebter Ratschlag:
Passen Sie sich der Tagesordnung
Ihres Enkelkindes an.

Haben Sie schon einmal eine Großmutter gesehen, die von ihrem vier Jahre alten Enkel überallhin gezogen wird, und man fragt sich, wer eigentlich die Leitung hat? Wundern Sie sich nicht zu sehr. Diese Oma ist wahrscheinlich eine kreative Großmutter, die weiß, daß es zwar wichtig ist, das zu tun, was sie möchte, daß aber die Wünsche des Enkelsohns momentan Vorrang haben.

Seien Sie dazu bereit, das zu tun, was Ihre Enkelkinder möchten, und sprechen Sie über die Dinge, über die Ihre Enkel sprechen möchten. Sicherlich ist es ermüdend, Ihrer Fünfjährigen dieselbe Geschichte immer wieder vorzulesen. Aber wenn sie das Buch nach dem fünfzehnten Mal Ihnen vorliest, werden Sie ihre Bitte verstehen.

Weil Ihr Tagesablauf in der Regel nichts mit dem der Kinder zu tun hat, fragen Sie sie, was sie machen möchten. Das sollten sie hin und wieder tun, auch wenn Sie nicht gerade davon begeistert sind. Lassen Sie die Kinder das Restaurant aussuchen. Lassen Sie die Kinder von der Speisekarte das Essen ihrer Wahl bestellen. Lassen Sie die Kinder bestimmen, was gespielt wird.

Unsere Familie beteiligt sich gern an einem Freizeitvergnügen, das unter kreativen Großeltern weit verbreitet ist. Wir definieren es so: *Irgendwo kreativ nichts tun.* Das Schöne dabei ist, daß der Tagesablauf vom Enkelkind bestimmt wird.

Einmal sah der Tagesplan Flohmärkte vor. Laura nahm einen Dollar aus ihrem Sparschwein, und wir starteten die Suche nach einem angemessenen Schatz – ich fuhr dabei lediglich das Auto. Einige Stunden später, nachdem wir fast jeden Quadratmeter der Stadt abgesucht hatten, fanden wir ein passendes Stück: eine Muschelkette fragwürdiger Herkunft und von noch zweifelhafterem ästhetischem Wert. Laura kaufte sie für den günstigen Preis von 75 Cent und schenkte sie an diesem Abend voller Stolz ihrer Oma, die hoch erfreut war, daß man an sie gedacht hatte.

Kreative Großeltern sein bedeutet, unseren Tagesablauf am Leben unserer Enkelkinder auszurichten – und nicht umgekehrt. Auf dem Spiel stehen ihr Gefühl, wichtig zu sein, und ihr Selbstwertgefühl.

„Lieber Herr Jesus, danke für diesen tollen Tag. Danke, daß du uns Leben gibst. Danke, daß du uns liebst. Und, Herr Jesus, danke für Erin. Bitte behüte und beschütze sie. Ich liebe sie auch sehr. Amen."

„Oma, warum hast du Jesus gebeten, daß er mich beschützen soll?"

„Weil ich dich sehr liebhabe und nicht will, daß dir etwas passiert."

„Aber warum hast du Jesus gebeten? Kümmert er sich auch um mich?"

„Ja, Erin. Jesus liebt dich sehr. In der Bibel steht, daß Jesus dich so sehr liebt, daß er sogar für dich gestorben ist. Das ist eine ziemlich große Liebe!"

„Kennt Jesus meinen Namen?"

„Ich bin mir ganz sicher, Erin. Er kennt auch meinen Namen. Und er liebt dich genauso sehr wie ich."

Kinder entwickeln im Vorschulalter ihre erste Vorstellung von Gott. Sie versuchen, sich ein Bild von ihm zu machen. Sie merken, daß ihre Eltern und Großeltern die Bibel lesen, beten, in die Kirche gehen und versuchen, Jesus nachzufolgen. Kreative Großeltern wissen, wie wichtig es ist, eine echte, persönliche Beziehung zu Christus aufzubauen.

Indem Sie Gott und seinem Wort gehorsam sind und täglich mit Christus sprechen, geben Sie Ihren Enkelkindern ein großes Zeugnis über die Echtheit Ihres Glaubens. Sie wissen, woran Oma und Opa glauben, denn sie beobachten Sie sehr genau. Ihren Enkelkindern machen Sie nicht sehr lange etwas vor. Ist Ihnen klar, was das bedeutet? Wegen ihrer fragenden Enkel, die so leicht zu beeindrucken sind, haben Sie die Pflicht, ein lebendiges Glaubensleben mit all seiner Vielschichtigkeit zu führen.

Die Bibel zeugt von dieser Kraft des Glaubens in Großeltern. Als der Apostel Paulus Timotheus die Aufgabe übertrug, das Evangelium weiterzutragen, schrieb er: „Denn ich erinnere mich des ungeheuchelten Glaubens in dir, der zuerst in deiner Großmutter Lois und deiner Mutter Eunike wohnte, ich bin aber überzeugt, auch in dir" (2. Timotheus 1,5).

Lieben Sie gemeinsam mit Ihren Enkelkindern Jesus. Besser können Sie gar nicht für sie sorgen!

Ich fasse zusammen, was es heißt, kreative Großeltern von Vorschulkindern zu sein:

1. Lieben Sie Ihre Enkelkinder auf jede erdenkliche Art und Weise.
2. Beobachten Sie Ihre Enkel, und hören Sie ihnen zu.
3. Ermuntern Sie Ihre Enkel zu fragen.
4. Haben Sie keine Angst.
5. Sagen Sie öfter „Ja" als „Nein".
6. Seien Sie ein Spielkamerad.
7. Passen Sie sich dem Tagesablauf Ihres Enkelkindes an.
8. Lieben Sie gemeinsam mit Ihren Enkeln Jesus.

Kreative Großeltern entdecken immer neue Möglichkeiten, ihren Enkelkindern ihre Liebe zu zeigen. Wenn Sie Ihren Enkelkindern kreativ begegnen, werden Sie Ihre eigenen Geschichten schreiben. Geschichten voll von wunderbaren, tiefen Erlebnissen, weil Sie sich entschlossen haben, kreative und engagierte Großeltern zu sein.

Die mittleren Jahre

Jeffrey kam mit gesenktem Kopf zögernd ins Zimmer. Opa nahm den Blick von der Zeitung und sah, daß sein acht Jahre alter Enkelsohn traurig aussah. „Was ist los, Jeff? Ist alles in Ordnung?"

„Opa, mir fällt es schwer, darüber zu sprechen. Keiner beachtet mich mehr."

„Wie meinst du das? Natürlich tun sie das. Deine Eltern lieben dich."

„Ich weiß, daß sie mich liebhaben, aber ich hab' das Gefühl, als ob jeder andere in der Familie wichtiger ist als ich. John kommt in die High School, und Mama und Papa sprechen dauernd über ihn. Janie ist drei, und jeder sagt ständig, wie süß sie ist. Keiner spricht mehr über mich. Sie schreien mich nur alle an und sagen, ich solle aus dem Weg gehen oder mein Zimmer aufräumen."

Opa dachte einen Moment darüber nach. Dann sagte er: „Jeffrey, komm mal her zu mir. Ich möchte dir etwas sagen. Deine Oma und ich haben dich sehr lieb. Wir glauben, daß du großartig bist, und wir sind froh, daß du unser Enkel bist. Hättest du Lust, diesen Sommer eine Woche mit mir auf dem Segelboot zu verbringen? Nur du und ich. Ich habe schon mit deinen Eltern darüber gesprochen, und sie haben gesagt, daß es okay ist, wenn du es willst. Ich werde dir zeigen, wie man navigiert. Vielleicht überqueren wir auch den Lake Michigan und segeln nach Wisconsin."

„Oh, Opa, machen wir das wirklich? Das wäre toll!"

„Abgemacht! Komm, wir erzählen es jetzt deiner Mutter ..."

Die mittleren Kindheitsjahre von sechs bis elf sind Jahre, in denen die Kinder manchmal ein bißchen untergehen. Teenager bekommen den ganzen Druck ab, und die Kleinkinder die ganze Aufmerksamkeit. Kinder in der Mitte fühlen sich ausgeschlossen oder im Weg. Es passiert sogar uns, den Großeltern, sehr schnell, daß wir sie übersehen und statt dessen das neue Baby oder den jugendlichen Absolventen bewundern. Aber das wäre ein furchtbarer Fehler! Kinder brauchen in diesen mittleren Jahren genausoviel Aufmerksamkeit, wenn nicht sogar mehr als zu jeder anderen Zeit in ihrem Leben.

In diesem Kapitel werden wir einen Blick auf unsere Enkelkinder in dieser Phase werfen – was sie antreibt und in Bewegung hält. Was sind die Entwicklungsziele für Sechs- bis Elfjährige? Was brauchen Kinder in diesem Alter am meisten von kreativen Großeltern? Wir werden auch die wichtigsten Stolpersteine dieses Lebensabschnitts ausmachen und sehen, wie wir als kreative Großeltern unseren Enkelkindern helfen können, diese zu umgehen. Außerdem werden wir unsere Rolle genau untersuchen, damit wir unsere Enkelkinder im mittleren Alter so gut wie möglich unterstützen können.

Die Entwicklung des Kindes in den mittleren Jahren

Rüsten Sie sich! Seien Sie vorbereitet! Ihre Enkelkinder werden in den mittleren Jahren oft Unordnung machen. Sie werden Dinge auseinandernehmen und unfähig sein, alles wieder zusammenzusetzen. Sie holen Sachen raus und räumen sie nicht wieder ein. Die Neugier eines Vorschulkindes nimmt in der mittleren Kindheit sogar noch zu. Ihre „Warums" sind endlos, und ihr Wissensdrang ist grenzenlos.

Wir werden die Gründe dafür verstehen, sobald wir die Entwicklungsziele der frühen Kindheit erkannt haben. Man kann das Erreichen von Entwicklungszielen als die Hauptaufgabe bezeichnen, die jedes Kind während einer bestimmten Altersstufe erfüllen muß, damit es sich gesund entwickeln kann und sich gut in die Gesellschaft einfügt. Indem es diese Ziele erreicht, kann es erfolgreich in die nächste Entwicklungsstufe gehen. Gewissermaßen hat das Kind in jedem Kindheitsabschnitt die Aufgabe, seine Entwicklungsziele zu erreichen. Der Job oder die Aufgabe in der mittleren Kindheit ist es, Selbständigkeit und Kompetenz zu entwickeln. Der Kinderpsychologe Erik Erikson bezeichnete diese Entwicklungsstufe als *Strebsamkeit gegenüber Minderwertigkeit.*

Während der mittleren Kindheitsjahre entwickeln unsere Enkelkinder einen Sinn für Leistungen. Sie merken, ob sie sich erfolgreich mit anderen Kindern messen können. Sobald sie das Grundschulalter erreichen, werden die Kinder nicht mehr so sehr von ihren Eltern behütet. Sie finden heraus, ob sie sich in dieser großen, weiten Welt behaupten können. Mit der Bezeichnung *Strebsamkeit gegenüber Minderwertigkeit* wollte Erikson sagen, daß Kinder in diesem Alter herausfinden müssen, was sie schaffen können – worin sie gut sind. Sie entwickeln dadurch ein Gefühl der Kompetenz. Wenn Kinder während dieses Prozesses ständig verspottet und zum Schweigen gebracht werden, entwickeln sie ein starkes Gefühl der Minderwertigkeit. Diese stürmischen, energiegeladenen Kinder sind überaus verletzlich.

Cindy kam weinend ins Haus gerannt. Sie schluchzte, und Tränen liefen ihr über das Gesicht. Ihre Nase lief. Sie sah bemitleidenswert aus. „Cindy, was ist passiert?" fragte die Mutter. „Warum weinst du? Hast du dich verletzt?"

„Ach, Mama, die Kinder in der Schule sind so gemein zu mir. Die Jungen ärgern mich dauernd, und ich habe überhaupt keine Freundinnen."

„Was heißt das, du hast keine Freunde? Erzähl mir, was passiert ist."

„Während der Sportstunde habe ich versucht, Basketball zu spielen. Ich bin so schlecht im Basketball. Egal, wieviel ich übe, ich fange nie den Ball oder treffe den Korb. Sie haben ein Team gebildet, und mich haben sie als Letzte ausgewählt. Ich wußte, daß mich keiner im Team haben wollte. Als ich dann spielte, habe ich gebetet und gebetet, daß mir keiner den Ball zuspielen möge. Aber sie haben es doch getan, und ich habe ihn fallen lassen, und er ging ins Aus. Dann haben wir das Spiel verloren. Alle haben mich ausgelacht. Ich komme mir so blöd vor, Mama. Warum kann ich nicht in irgend etwas gut sein? Alles, was ich mache, geht schief."

„Cindy, du bist doch erst zehn Jahre alt. Du hast noch viel Zeit, um herauszufinden, was deine Talente sind. Und außerdem glauben dein Papa und ich, daß du das tollste Mädchen von allen bist."

Cindy steckt in dem Zwiespalt zwischen Kompetenz und Minderwertigkeitsgefühlen. In ihrer Welt muß man gut Basketball spielen können, und dem ist sie nicht gewachsen. Dieser Fehlschlag gibt ihr ein starkes Minderwertigkeitsgefühl, und allmählich glaubt sie, daß sie nicht nur im Basketball versagt, sondern auch in allen anderen Dingen. Es kommt sehr häufig vor, daß Kinder in diesem Alter verallgemeinern. Weil sie auf einem Gebiet versagen, übertragen sie das automatisch auch auf alle anderen.

Ein wichtiger Aspekt bei der Ausprägung von Kompetenz und Selbstgenügsamkeit ist, mit Gleichaltrigen auszukommen und sich in der rechten Weise mit ihnen zu messen. Während der Vorschuljahre sind die meisten Kinder vor übermäßiger Konkurrenz geschützt worden. Mutter und Vater haben ihnen beigebracht, daß man mit anderen Kindern teilt, wie man sich mit ihnen mißt und wie man Fehlschläge verkraftet. Wenn das Kind dann den ganzen Tag in der Schule ist, sind die Eltern nicht da. Das Kind muß das allein schaffen. Und das kann ein traumatisches Erlebnis sein.

So können zum Beispiel andere Kinder allein schaukeln, aber der kleine Jeremy wurde immer von seiner Mutter angestoßen. Wenn es zur Pause klingelt und alle Kinder zur Schaukel rennen, hat Jeremy Probleme. Er kann nicht mithalten. Andere Kinder sind mit ihren Fähigkeiten schon weiter als er, und das untergräbt sein Selbstwertgefühl. Wenn Jeremy jedoch in der Schule gute Leistungen bringt, kann dies seine Unfähigkeit zu schaukeln wieder ausgleichen.

Während der mittleren Jahre fangen Kinder an, sich mit

anderen ihres Alters zu vergleichen. In der frühen Kindheit haben das Mutter und Vater übernommen, indem sie sich fragten, ob Johnny groß und klug genug ist oder ob er sich auch schnell genug entwickelt. Die Eltern (und Großeltern) haben sich mit anderen Eltern (und Großeltern) gemessen. In der mittleren Kindheit müssen die Kinder jedoch selbst zusehen, wie sie anderen gegenüber bestehen können. Sie brauchen etwas in ihrem Leben, was sie genauso gut können wie ihre Gleichaltrigen, seien es sportliche, musikalische oder schulische Leistungen.

Jack ist noch nie ein großer Sportler gewesen. Fußball war in der Grundschule sehr beliebt, doch er war ein fürchterlicher Spieler. Er schoß den Ball zwar gut, aber er konnte keine Pässe annehmen. Er hatte Angst, der Ball könnte sein Gesicht treffen. Also machte er immer die Augen zu, wenn ein Ball auf ihn zukam. Immer wurde er von seinen Freunden als Letzter für die Mannschaft ausgesucht. Sie lachten ihn aus, und er war gekränkt.

Jack kompensierte sein Versagen im Fußball damit, daß er sehr gut in Völkerball wurde. Seine Schnelligkeit und seine Angst vor dem Ball kamen ihm in einem Spiel, wo man dem Wurf ausweichen muß, um nicht getroffen zu werden, zugute. Wenn ihm sein Versagen im Fußball auch peinlich war, auf seinen Erfolg in Völkerball konnte Jack stolz sein. Das veranschaulicht, wie wichtig es für Kinder in den mittleren Jahren ist, sich erfolgreich mit anderen messen zu können. Weise Großeltern wissen, wie wichtig es für ihre Enkelkinder ist, ein Gefühl der Kompetenz zu entwickeln.

Wir haben bisher hauptsächlich über körperliche Fähigkeiten gesprochen, aber dieses Prinzip läßt sich sowohl auf intellektuelle als auch auf soziale Fähigkeiten anwenden. Kinder in den mittleren Jahren versuchen ständig herauszufinden, wer der klügste Schüler, der beste Sportler, das hübscheste Mädchen oder der beliebteste Junge ist. Daher ist es für Kinder, die keine großen Sportler sind, hilfreich, gute Leistungen in der Schule oder auf irgendeinem anderen Gebiet zu erbringen. Und wenn jemand nicht gerade eine Leuchte im

Buchstabieren ist, dafür aber viele Freunde hat, ist es auch in Ordnung.

Trotzdem haben einige Kinder das Gefühl, sie seien auf gar keinem Gebiet gut. Sie glauben, daß sie in ihrem Leben nichts leisten können. Sie halten sich für Versager. Statt zu kämpfen, geben sie sich dem Gefühl der Minderwertigkeit hin. Hier können kreative Großeltern wirklich helfen.

Die Formung der Werte

Der wichtigste Aspekt bei der Suche nach Selbstgenügsamkeit ist *die Formung der Werte und die Entwicklung einer moralischen Anschauung.* Kinder versuchen nicht nur herauszufinden, wo ihr Platz auf diesem Planeten ist, sondern auch, wie sie sich verhalten sollen. Ihr Denken dreht sich stark um die Frage, was richtig oder falsch ist und wie man das Gute vom Bösen unterscheiden kann. Weil Kinder in den mittleren Jahren ihre Gefühle häufig nicht gut artikulieren können, vergessen wir diesen wichtigen Aspekt ihrer Entwicklung oftmals. Teenager können ihre Gefühle viel besser ausdrücken, und so sind wir uns des Wachstums ihres Glaubens und ihrer moralischen Überzeugungen viel mehr bewußt. In der mittleren Kindheit ist dies häufig ein versteckter Prozeß, dennoch ist er sehr wichtig.

Berater, zu denen schwierige Teenager in die Sprechstunde kommen, wissen, daß viele von ihnen in ihrer Kindheit kein moralisches Wertesystem entwickelt haben. Die Eltern sagen über diese Kinder: „Er war doch so ein ruhiges Kind und hat immer auf uns gehört. Sehen Sie sich ihn jetzt einmal an! Er hat sich von Gott abgewendet und geht seinen eigenen Weg." Wahrscheinlicher aber ist, daß das Kind nie die Werte seiner Eltern angenommen hatte. Es hatte sich nur angepaßt, weil das einfacher war. Sein Wertesystem ist nie herausgefordert oder vollendet worden. Deshalb dürfen wir es nicht für selbstverständlich halten, daß diese wichtige Aufgabe in der Kindheit erfüllt wurde.

Damit unsere Enkelkinder ein moralisches Bewußtsein entwickeln können, müssen sie Grenzen und Regeln verstehen lernen. Kinder in diesem Lebensabschnitt lernen, mit selbstgesetzten Regeln und Begrenzungen zu leben. Wir nennen dies *persönliche Moralvorstellung.* Sie lernen auch, mit sozialen Begrenzungen und Regeln innerhalb der Familie zu leben. Dies ist nicht immer ein schmerzloser oder leichter Prozeß, denn das natürliche und ichbezogene Bewußtsein der Kinder kann man nicht so einfach durch Regeln mäßigen. Sich damit abzufinden, daß dem Benehmen Grenzen gesetzt sind, kann ein langer, schwieriger Prozeß sein, aber er ist ein unerläßlicher Teil der Entwicklung. Um als Jugendlicher und später als Erwachsener erfolgreich zu sein, ist es notwendig, daß man lernt, wie man innerhalb der sozialen und familiären Grenzen agiert und reagiert.

Die dritte Komponente, die zur Entwicklungsaufgabe der Kindheit gehört, ist die *Verfeinerung der Selbsteinschätzung.* Je nachdem, wie erfolgreich Kinder bei der Entwicklung von Kompetenz und moralischem Bewußtsein sind, ändern sie auch ihr Selbstbild. Das wird sich stark auf ihre Jugend auswirken. Kinder, die mit einem unsicheren Selbstbild in die Teenagerjahre gehen, werden diese wahrscheinlich auch ohne Vertrauen oder Sicherheit wieder verlassen. Wenn Kinder zwischen dem zehnten und zwölften Lebensjahr diese Entwicklungsziele nicht erreicht haben, wird ihnen ein schwieriger Übergang zum Erwachsenenalter bevorstehen.

Was hat das nun alles zu bedeuten? Und was bedeutet die ganze Geschichte mit den Entwicklungszielen und Aufgaben für die Großeltern? Erstens sind diese Hintergründe für uns wichtig, damit wir unsere Enkelkinder verstehen. Wir müssen wissen, was sie alles durchmachen und was als nächstes in ihrer Entwicklung ansteht. Wir müssen uns in sie hineinversetzen und sie in ihrem Kampf um jedes Entwicklungsziel unterstützen.

Zweitens: Wenn wir verstehen, was sich während der Kindheit abspielt, sind wir eher dazu in der Lage, einen Plan zu entwerfen, der unseren Enkelkindern dabei hilft, mit einem gesunden Gefühl der Selbstachtung und mit einer festen Vorstellung von Moral und Prioritäten durch diese Jahre zu kommen.

Wenn wir diesen Plan fassen, müssen wir erkennen, in welchen Bereichen unsere Enkelkinder Hilfe brauchen und auch wollen. Großeltern können ihren Enkelkindern dabei helfen, ein Gefühl der Kompetenz zu entwickeln. Dazu müssen wir ihr Trainer werden. Wir können ihnen helfen, ein gesundes Selbstwertgefühl aufzubauen. Dazu müssen wir sie anfeuern und ermutigen. Kinder brauchen Ermutigung, wenn sie ihre Vorstellungen von Richtig und Falsch und von Gut und Böse ausbilden. Wir können unseren Enkelkindern dabei helfen, das Einhalten von Grenzen und Regeln zu lernen, indem wir manchmal Schiedsrichter sind. Im Folgenden werden wir jede einzelne dieser Rollen genauer betrachten.

Großeltern als Trainer

Wie können Großeltern ihren Enkelkindern helfen, ein Gefühl der Kompetenz und der Selbstgenügsamkeit zu entwickeln? Als kreative Großeltern wecken wir die angeborenen Fähigkeiten unserer Enkelkinder, indem wir ihrem Team beitreten und ihr Trainer werden. Die meisten von uns können herausragende Erwachsene nennen, die uns unter ihre Fittiche nahmen und ihr Wissen an uns weitergaben, als wir noch jung waren. Sie gaben uns Zuversicht, indem sie uns ein Kompetenzgefühl gaben. Als Trainer unserer Enkelkinder müssen wir ihr Selbstvertrauen stärken, indem wir ihre Kompetenz aufbauen. Wir müssen ihnen zeigen, wie man etwas macht.

Joseph ist fünfundfünfzig Jahre alt und hat zwei Enkelkinder. Opa Joe geht dieses Jahr zum ersten Mal mit dem sieben Jahre alten Christopher zelten. Joe ist ein erfahrener Wanderer, Jäger und Camper. Er verbringt seine Freizeit in der Natur, in Zelten und im Wohnwagen. Diesen Sommer wird Christopher lernen, wie man ein kompetenter Camper wird. Joe wird ihm beibringen, wie man ein Zelt aufstellt, einen Rucksack packt, über einem offenen Feuer kocht und was man sonst noch für ein Überleben in der Wildnis braucht. Chris ist ein schüchternes Kind und hat wenige Freunde. Stellen Sie sich vor, wie sehr seine Selbstachtung durch die neugewonnene Kompetenz als Campingkamerad seines Opas steigt! Opa Joe ist ein kreativer Großvater, der versteht, daß sein Enkel einen Trainer braucht.

Als Trainer helfen wir unseren Enkelkindern auf zweierlei Art, Kompetenz aufzubauen und selbstgenügsam zu sein. Zuerst und am deutlichsten geschieht das durch unseren Unterricht. Trainer geben ihr Wissen und Können an ihre jungen Schüler weiter.

Als Jack und Jon in der Grundschule waren, haben sie einen großen Teil ihrer Sommerferien bei ihrem Großvater verbracht. Er pflanzte Sellerie an, und jedes Jahr brachte er seinen Enkelsöhnen etwas Neues bei. Jack wird nie den Sommer vergessen, als er zum ersten Mal Sellerie am Fließband verpacken durfte. Er hielt das für die tollste Sache der Welt. Wie er so mit Handschuhen zwischen den Teenagern und Erwachsenen, die bei seinem Großvater angestellt waren, stand, fühlte er sich kompetent und erwachsen. Es gab ihm das Gefühl, etwas sehr Wertvolles und Nützliches zu machen. Mein Vater war wie ein Trainer für meine Söhne, indem er ihnen alles mögliche über Landwirtschaft beibrachte. Obwohl keiner der Jungen später Bauer werden wollte, haben beide durch diese Sommer mit ihrem Opa eine große Portion Selbstvertrauen bekommen.

Trainer sind Lehrer, aber sie sind keine unbarmherzigen Meister. Enkelkinder im mittleren Alter dürfen nicht zu irgend etwas gezwungen werden. Sie dürfen nicht dazu benutzt werden, daß Opa und Oma noch einmal vergangenen Ruhm durchleben. Sie sollen nicht verspottet werden, wenn sie versagen, oder bestraft, wenn sie das Interesse verlieren. Das Bild eines guten Trainers ruft die Vorstellung von freundlicher und geduldiger Liebe hervor. Als Trainer sind wir mehr am Fortschritt als am Endergebnis interessiert, mehr am Spiel selbst als am Punktestand. Unser Ziel ist nicht, die weltbesten Bauern,

Camper, Schwimmer oder sonst etwas hervorzubringen. Unsere Aufgabe ist es, aus ihnen Enkelkinder mit einem ruhigen Selbstvertrauen zu machen, das durch Kompetenz erzeugt und durch kleine Erfolge genährt wird.

Die zweite Art, wie wir unsere Enkelkinder trainieren, ist, daß wir ihnen erlauben, auch einmal zu versagen. Unsere erfolgsorientierte Gesellschaft läßt wenig Raum für Mißerfolge. Und doch wissen wir, daß Mißerfolge dem Wachstum und Fortschritt vorausgehen. Unsere Enkelkinder werden vielleicht niemand sonst in ihrem Leben haben, der ihnen auch das Scheitern zugesteht und sie dann ermutigt, von neuem Anlauf zu nehmen, um es noch einmal zu versuchen. Ein guter Trainer erwartet von seinen Spielern nicht, daß sie beim ersten, zweiten oder sogar beim zehnten Mal alles richtig machen. Trainer erlauben langsames Wachstum, das sich durch drei Schritte vorwärts und zwei Schritte zurück vollzieht. Wenn eine Enkeltochter einmal versagt, ist sie vielleicht ganz deprimiert und frustriert, weil sie etwas nicht lernen kann, oder entmutigt, weil sie die gestellte Aufgabe nicht zu Ende bringt. Als sanfte Trainer können wir sie auffangen, neu aufbauen und sie ermutigen weiterzumachen.

Finden Sie Möglichkeiten, Ihre Enkelkinder in den mittleren Jahren zu trainieren. Alle Großeltern haben Fähigkeiten, die sie weitergeben können. Wenn Sie der Meinung sind, Sie hätten keine, denken Sie darüber nach, ob Sie etwas Neues mit Ihren Enkelkindern lernen können. Die Kinder brauchen das Kompetenzgefühl und Selbstvertrauen, das unser Training ihnen vermittelt. Warten Sie nicht auf die perfekte Gelegenheit – sie kommt nicht. Nehmen Sie den Hörer zur Hand, und rufen Sie Ihre Enkelkinder an. Laden Sie sie ein, und fangen Sie an.

Großeltern müssen anfeuern

Während unsere Enkelkinder heranwachsen, werden viele Menschen bereit und willig sein, ihnen zu sagen, was mit ihnen alles nicht stimmt. Ihre Enkelkinder im mittleren Alter spüren schon ganz genau, wo ihre Stärken und Schwächen liegen. Jahre, in denen man von Freunden und der Familie entmutigt wurde, vergißt man nicht so schnell. Es besteht die Gefahr, daß nicht genügend Leute Ihrer Enkeltochter sagen, wie toll sie ist, oder Ihrem Enkelsohn, wie wunderbar er ist. Wir haben als kreative Großeltern das einmalige Vorrecht, unsere Enkelkinder anzufeuern und zu ermutigen.

Für die Kinder im mittleren Alter ist es nicht nur wichtig, sich kompetent zu fühlen, sondern sie brauchen auch die Bestätigung, daß die Dinge, die sie tun, von Menschen akzeptiert werden, die in ihrem Leben eine wichtige Rolle spielen. Natürlich gehören wir als kreative Großeltern zu diesen wichtigen Personen, und wir können diejenigen mit den lautesten Anfeuerungen sein.

Vor einiger Zeit sprachen wir mit einer solchen Großmutter. Sie feuerte ihren elf Jahre alten Enkel an. Beim Sporttag seiner Schule wurde gelaufen, gesprungen und um die Wette gerannt. Ihr Enkel lief die 100 Meter, und sie stand an der Aschenbahn, die grauen Haare im Wind. Immer wieder rief sie seinen Namen: „Los, Mark, du schaffst es. Lauf! Lauf! Lauf! Ich weiß, du schaffst es, Mark!" Aus voller Lunge feuerte sie ihren Enkelsohn an.

Ihr Enkel hatte nur ein Bein, das andere war eine Prothese. Er war als letzter im Rennen, denn die anderen Läufer hatten das Ziel schon erreicht. Aber sie liebte ihren Enkelsohn und wußte, wie wichtig es für ihn wäre, wenn er bis zum Ende durchhalten würde. Nachdem er die Ziellinie überschritten hatte, ging er zu seiner Großmutter und umarmte sie. Er hielt sie fünf Minuten lang fest. „Ich hab' es geschafft, Oma! Danke, Oma ..."

Jeder von uns braucht jemanden, der ihn anfeuert, besonders aber Kinder in den mittleren Jahren. Suchen Sie also Dinge, die Ihre Enkelkinder gut machen, und loben Sie sie dafür. Schenken Sie ihnen Aufmerksamkeit, wenn sie Fertigkeiten entwickeln, und geben Sie ihnen dann ehrliche Bestätigung. Zeigen Sie anderen Leuten und Ihren Enkelkindern, daß Sie überzeugt sind, die besten Enkel der Welt zu haben.

In Amerika gibt es im Fernsehen Werbespots einer bestimmten Telefongesellschaft. Darin werden einige Leute gefragt, wen sie in einem Monat am häufigsten anrufen, und die Antworten fallen unterschiedlich aus: „Meine Mutter", „Meinen Vater", „Meinen besten Freund in Colorado." Dann wird eine Großmutter gefragt, wen sie diesen Monat am häufigsten anrufen wird, und sie antwortet stolz: „Meinen sieben Jahre alten Enkel. Er ist ein Genie." Hurra! Diese Oma feuert im landesweiten Fernsehen ihr Enkelkind an.

Kinder, die während der mittleren Jahre kein ausreichendes Selbstbewußtsein aufbauen konnten, werden in ihrer Jugend unter ernsthaften Nachteilen zu leiden haben. Einige werden die Teenagerjahre nicht durchstehen. Sie geben auf. Oder sie steigen aus der Gesellschaft aus. Sie werden an den weiterführenden Schulen schlechte Entscheidungen treffen, wenn es um Sexualität, Drogen und Alkohol geht. Kinder sollten in den stürmischen Jahren der Jugend jemanden im Rücken haben, der sie anfeuert, ermuntert und ihre Selbstachtung aufbaut.

Anfeuern und ermutigen ist nicht schwer. Alles, was man dazu braucht, ist ein bißchen Zeit und viel Begeisterung. Denken Sie daran, unsere Enkelkinder haben ein gutes Gespür für ihre Schwächen. Aber sie haben keinen, der sich dazu verpflichtet fühlt, ihnen zu sagen, was ihre Stärken sind. Übernehmen Sie diese Aufgabe! Feuern Sie Ihre Enkelkinder an, und ermutigen Sie sie. Sie helfen ihnen nicht nur dabei, die Entwicklungsstufen ihrer Kindheit erfolgreich zu meistern, sondern geben ihnen auf dem Weg in das Jugend- und Erwachsenenalter ein gesundes Selbstvertrauen mit.

Großeltern als Schiedsrichter

Eines der wichtigsten Ziele der Kindheit ist die Formung eines Wertesystems. Kinder zwischen sechs und elf Jahren verbringen viel Zeit ihres Lebens damit, ein Moralsystem aufzubauen. Sie lernen, innerhalb der sozialen und elterlichen Grenzen zu agieren und zu reagieren. Indem wir uns wie Schiedsrichter verhalten, helfen wir unseren Enkelkindern dabei, dieses Ziel zu erreichen.

Bei einem Fußballspiel beobachten manche Leute den Torwart, ob er immer den Ball hält. Andere wiederum beobachten die Geschicklichkeit der Spieler. Sie mögen es, wenn mit Stil und großem Können gespielt wird. Und wieder andere beobachten gerne die Trainer und Manager, wie sie den Spielern Zeichen geben. Ich gehöre nicht dazu. Ich beobachte gerne die Schiedsrichter. Ich glaube, sie haben den schwierigsten Job von allen. Sie müssen die Regeln des Spiels durchsetzen. Innerhalb weniger Sekunden müssen sie Entscheidungen über ein Aus, einen Elfmeter und andere Dinge treffen. Sie tun dies unter dem Kreischen Tausender Fans, die sie beschimpfen, und wissen gleichzeitig, daß die Spieler und die Manager ihre Entscheidungen möglicherweise in Frage stellen. Die besten Schiedsrichter aber verlieren nie die Kontrolle. Sie pfeifen ruhig und gelassen. Hochbezahlte, nervöse Sportler werden vergeblich darüber diskutieren und sich aufregen. Der Schiedsrichter hat seine Entscheidung getroffen.

In mancherlei Hinsicht ähnelt auch unsere Rolle als Schiedsrichter im Leben unserer Enkelkinder der eines Schiedsrichters beim Fußball. Wir helfen ihnen, sich an die Regeln und Grenzen zu halten. Und wie sich ein Schiedsrichter beim Fußball nörgelnden Spielern gegenüber verhält, sollten auch wir uns gegenüber den Kindern verhalten, die den Sinn der Richtlinien nicht immer einsehen. Unsere Aufgabe ist es, unseren Enkelkindern zu helfen, daß sie ein moralisches Bewußtsein entwickeln und entsprechend leben.

Aber wie geht das? Wie unterstützen wir unsere Enkelkinder dabei, Wertvorstellungen auszubilden? Wie können wir sie dazu ermutigen, nach den Regeln zu spielen und sich innerhalb der sozialen und elterlichen Begrenzungen zu bewegen? Es gibt drei Antworten darauf. Zuerst müssen wir ihnen einen sittlichen Lebensstil vorleben. Zweitens müssen wir geeignete Momente nutzen, ihnen die Gründe für die Regeln zu erklären. Drittens müssen wir sie auf ihre Übertretungen aufmerksam machen.

Wie sehr unser Benehmen und unsere Haltung die Enkelkinder beeindrucken, ist nicht zu überschätzen. Das wird nirgends deutlicher, als wenn es um die persönlichen Moralvorstellungen geht. In der Kindheit entwickeln unsere Enkelsöhne und Enkeltöchter langsam ein Wertesystem. Das geschieht hauptsächlich dadurch, daß die Enkelkinder beobachten, wie wichtige Personen in ihrem Leben sich in Schlüsselsituationen verhalten. Das heißt, unsere Enkelkinder beobachten uns, um herauszufinden, was richtig oder falsch ist, und das kann ganz schön beängstigend sein. Das Sprichwort „Gute Worte ohne Taten sind Binsen und Rohr" trifft besonders auf das Leben mit Enkelkindern mittleren Alters zu.

Auch Gerechtigkeit ist eine wichtige Sache für Kinder in diesem Alter. Hören Sie ihnen zu, und Sie werden bemerken, daß ihre Gespräche oft mit „Das ist nicht fair!" unterbrochen werden. Wenn wir anders reden, als wir handeln, werden unsere Enkelkinder es vielleicht nicht aussprechen, aber innerlich werden sie sagen: „Das ist nicht fair! Du willst, daß ich mich an die Regeln halte, aber du selbst befolgst sie nicht. Das ist einfach ungerecht!" Unsere Widersprüchlichkeit wird für unsere Enkelkinder offensichtlich sein. So, wie ein Spieler böse wird, wenn der Schiedsrichter die Regeln ändert, werden auch unsere Enkelkinder böse werden, wenn wir etwas sagen, selbst aber nicht danach handeln. Wir können sie nicht zu moralischen Werten anhalten, nach denen wir selbst uns nicht richten. Es wird nicht funktionieren, wenn wir sagen: „Mach das, was ich dir sage, aber nicht, was ich tue." Enkelkinder werden letztendlich das tun, was wir tun, egal, was wir sagen.

Unser größtes Anliegen für unsere Enkelkinder in ihren mittleren Jahren ist, daß sie in dieser formbaren Zeit erste Schritte der Nachfolge Jesu gehen. Ich möchte mehr als alles andere, daß meine Enkelkinder lernen, Christus zu gehorchen. Um ihnen dabei zu helfen, müssen sie sehen können, daß ich selbst so lebe. Ich kann über Gott reden, soviel ich will, doch wenn ich meinen Enkelkindern nicht als gutes Beispiel vorangehe, wird es nichts nützen. Sie werden schnell merken, daß mein Gerede nicht echt ist. Wir beten jeden Tag, daß wir unseren Enkelkindern zeigen können, daß wir beständig für Christus leben. Wir bitten Gott, uns dabei zu helfen, wenn wir vor den Kindern als Nachfolger Jesu auftreten.

Unsere zweite Aufgabe als Schiedsrichter ist, unseren Enkelkindern den Zweck und die Gründe für die Regeln und Werte zu erklären. Dazu müssen wir jede Gelegenheit wahrnehmen. Wenn sie mit uns zusammen sind, haben wir die Möglichkeit, ihnen das an Hand von Ereignissen und Erlebnissen zu veranschaulichen. Ein Pastor nahm seinen Enkelsohn zu einem Vortrag außerhalb der Stadt mit. Zum Abendessen gingen sie auf dem Nachhauseweg in ein unbekanntes Restaurant. Noch bevor serviert wurde, setzte sich ein Mann neben sie und benahm sich bald unausstehlich. Er wurde immer lauter und fing an, ordinäre Ausdrücke zu benutzen. Der Mann war betrunken. Zu jener Zeit war der Junge ungefähr zehn Jahre alt und war vorher noch nie einem Betrunkenen so nahe gekommen. Er hörte zu, beobachtete ihn und fragte dann: „Warum macht der Kerl das, Opa?"

„Weil er betrunken ist. Er hat keine Kontrolle mehr über sich selbst." Der Junge schaute seinen Großvater an und sagte: „Jetzt weiß ich, warum du nicht möchtest, daß ich jemals Alkohol trinke." In der darauffolgenden halben Stunde sprachen sie beide darüber, wie Gott über Selbstkontrolle denkt und was die Bibel über Trunkenheit zu sagen hat. Das war ein lehrreicher Moment, und der Junge konnte die Gründe für die Regeln begreifen.

Wenn unsere Enkelkinder diese Gründe nicht sehen, sondern die Regeln als willkürlich und ungerecht ansehen, werden sie dagegen ankämpfen. Sie werden dies sogar bis in die späte Schulzeit und bis ins Erwachsenenalter tun.

Lehrreiche Situationen gibt es viele. Nicht alle werden so offensichtlich sein wie die oben genannte, aber jede Situation gibt Ihnen die Gelegenheit, Ihren Enkelkindern zu erklären, warum wir Werte und Regeln brauchen. Wir können diese Gelegenheit ergreifen und sie nutzen, damit unsere Enkelkinder die Ziele der einzelnen Entwicklungsstufen erreichen.

Unsere letzte Verantwortung als Schiedsrichter ist, unsere Enkelkinder, wenn notwendig, zur Rechenschaft zu ziehen. Ich spreche jetzt nicht von Disziplin, sondern vom sanften Anstoß, ein Gewissen zu entwickeln. Wenn sie Fehler begehen, dürfen wir sie nicht so behandeln, als hätten sie eine unverzeihliche Sünde begangen. Wir sollten sie statt dessen behutsam auf den Weg des richtigen Benehmens und Denkens zurückführen. Im Gegensatz zu Schiedsrichtern, die aus voller Lunge „Auuuus!" schreien, flüstern großelterliche Schiedsrichter ihren Enkelkindern ins Ohr: „Schau mal, was du gemacht hast. Ich glaube, du bist zu weit gegangen."

Lauren befindet sich in den mittleren Jahren ihrer Kindheit. Manchmal kommt man schwer mit ihr aus. Oft geht sie bis an die Grenzen und stellt sie in Frage. Man muß sie oft darauf aufmerksam machen, daß sie die Grenzen überschritten hat, daß sie noch zwei Chancen hat und aufpassen muß, nicht schon wieder zu weit zu gehen. Manchmal möchte ihr Opa laut „Aus!" rufen, weil sie ihn aufgeregt oder geärgert hat. Aber wenn er sieht, wie verletzlich sie ist, und wenn er sich sagt, daß sie gerade erst lernt, die richtigen Entscheidungen zu treffen, wird seine Stimme leiser. Er rutscht dann neben sie und sagt ganz leise, so daß es keiner hören kann: „Du bist zu weit gegangen." Gewöhnlich reicht das aus, und sie versteht, daß sie die Regeln übertreten hat. Indem er sie beim Tadeln mit Respekt behandelt und ihre Würde nicht antastet, kann sie mit Selbstachtung ihre Wert- und Moralvorstellungen weiterentwickeln.

Die mittleren Kindheitsjahre sind für das Wachstum und die Entwicklung unserer Enkelkinder unbedingt notwendig. Es ist eine hohe Berufung und ein großer Auftrag, ihnen bei der Erfüllung ihrer Entwicklungsaufgaben zu helfen. Aber wir können es schaffen. Wir können unseren Enkelkindern helfen, ein Gefühl der Kompetenz und Selbstgenügsamkeit zu bekommen. Kreative Großeltern sind genau die richtigen Menschen, um Kindern in den mittleren Jahren Zuversicht und Lebenstüchtigkeit zu vermitteln. Als Berater habe ich beobachtet, wie Großeltern in wunderbarer Weise die Selbstachtung ihrer

Enkelkinder gestärkt haben. Ich weiß, daß es funktioniert. Ich habe gesehen, wie die blauen Augen Siebenjähriger aufleuchteten, wenn ihre Großeltern ihre größten Fans wurden. Ich habe gesehen, wie Kinder aufblühten, wenn ihnen – behutsam, aber fest – gerechte Grenzen und Regeln auferlegt wurden. Ich habe geduldige, liebende Großeltern beobachtet, die ihren Enkelkindern vorsichtig den Zweck dieser Regeln erklärten. Ich habe mich gefreut, wie Großeltern ihre christlichen Grundsätze beständig und aufrichtig vorlebten.

Ja, wir können unseren Enkelkindern helfen, die Ziele dieser Entwicklungsstufe zu erreichen: Strebsamkeit und Kompetenz. Wir können ihnen das Minderwertigkeitsgefühl nehmen. Aber wir brauchen dazu einen kreativen Plan. Und wir müssen gewillt sein, unsere Enkelkinder zu verstehen, dann können wir erstens ihr Trainer sein, zweitens jemand, der sie anfeuert, und drittens ihr Schiedsrichter.

Liste für kreative Großeltern

Ich möchte meinen Enkelkindern im mittleren Alter fünf Fertigkeiten beibringen:

1. _____

2. _____

3. _____

4. _____

5. _____

Zehn Vorschläge für Aktivitäten, bei denen Sie für Ihre Enkelkinder ein Trainer, Schiedsrichter und jemand, der sie anfeuert, sein können:

1. Gehen Sie zu ihren Spielen, Wettkämpfen, Aufführungen und Konzerten mit.

2. Gehen Sie mit ihnen in gute Kinofilme oder ins Theater, und sprechen Sie mit ihnen darüber.

3. Schauen Sie sich mit ihnen ihre Lieblingssendung im Fernsehen an, und sprechen Sie darüber.

4. Verbringen Sie mit ihnen ein Wochenende in der freien Natur.

5. Gehen Sie zu Schul- oder Sportereignissen mit.

6. Lassen Sie sich ein neues Spiel erklären, und spielen Sie es gemeinsam.

7. Machen Sie gemeinsam eine Bergtour.

8. Reparieren oder bauen Sie etwas mit ihnen.

9. Pflanzen und pflegen Sie in Ihrem Garten Blumen oder Gemüse.

10. Verkaufen Sie gemeinsam Dinge, die Sie miteinander gebastelt haben.

Die Zeit mit Teenagern

Lynn war in Tränen aufgelöst. Erst sechzehn Jahre alt, doch ihr Leben war aus den Fugen geraten. So fühlte sie sich jedenfalls, als sie die Stufen zu Omas Haus hinaufging. Keiner in der Schule nahm Notiz von ihr, und niemand kannte sie. Sie schien keine echten Freunde zu haben. Die anderen machten sich offenbar mehr aus ihrer Kleidung als aus ihren Gefühlen. Sogar ihre Eltern waren auf einmal gegen sie. Sie hatten dauernd an ihren Noten etwas auszusetzen und stocherten in ihren Freundschaften herum. Das konnte beispielsweise so klingen:

„Warum lädst du deine Freunde nicht häufiger nach Hause ein?"

„Lynn, du lebst wie eine Einsiedlerin, was ist los mit dir?"

„Deine Noten lassen dieses Schuljahr zu wünschen übrig. Wir wissen, daß du mehr kannst. Wenn sie in der nächsten Zeit nicht besser werden, werden wir dir das Auto wegnehmen."

Lynn wußte, daß ihre Noten schlecht waren. Aber konnten ihre Eltern nicht sehen, daß sie ihr Bestes gab? Und wie sollte sie ihrer Mutter ihre Gefühle erklären? Obwohl sie in den angeblich besten Jahren ihres Lebens war, war sie verzweifelt und allein.

Lynn weinte, als sie die Eichentür, die ins Haus ihrer Großmutter führte, öffnete. „Lynn, was ist los? Komm doch herein. Ich bin so froh, dich zu sehen. Ich habe mich heute morgen gefragt, wie es dir wohl gehen mag. Ich war gerade dabei, eine Tasse Kaffee zu trinken. Komm, ich gieße dir auch eine ein, und dann werden wir herausfinden, was dich bedrückt."

Vielleicht waren es der vertraute Geruch des Gebäcks und der frische Kaffee. Vielleicht war es das Verständnis, das sie in der Stimme ihrer Großmutter hörte. Es konnte auch daran liegen, daß Oma nie herablassend mit ihr sprach, sondern sie gleichberechtigt behandelte. Oder es konnte damit zu tun haben, daß sie ihr Kaffee statt Cola anbot und ihre Probleme ernst nahm. Vielleicht lag es aber auch an den Lachfalten um den Mund der Großmutter oder an ihren von den Jahren gezeichneten Händen.

Was immer es war, Lynn fühlte sich besser. Ihre Gefühle purzelten in einem ungeordneten Wortschwall heraus. Dann wurden ihre Tränen sanft von diesen liebenden Händen abgewischt. Und obwohl ihre Probleme nicht gelöst waren, als sie Großmutters Küche verließ, konnte Lynn wieder mit ihnen umgehen. Es schien so, als ob Großmutters sechseinhalb Dekaden ihre jugendlichen Probleme irgendwie in einen anderen Blickwinkel rückten. Wenn sie in das zerfurchte Gesicht sah, konnte Lynn erkennen, daß auch Großmutter es in ihrem Leben nicht immer leicht gehabt hatte. Nach ein paar Stunden mit Oma fühlte Lynn sich so, als sei sie den schwierigsten Dingen des Lebens gewachsen.

Dabei hielt sich ihre Großmutter wahrlich nicht für etwas Besonderes. Sie merkte nicht einmal, wie wichtig sie für ihre Enkelin war. Aber ihre Rolle während Lynns Teenagerjahren war einzigartig und außerordentlich wertvoll.

Teenager zu sein, ist etwas Wunderbares, aber auch etwas Schreckliches. Es ist schön, wenn man sich zu einem starken jungen Mann oder einer netten jungen Frau entwickelt. Es ist großartig, die erste Arbeitsstelle und den Führerschein zu bekommen. Trotzdem kann es einen in Angst versetzen, wenn man sich mit der aufkeimenden Sexualität auseinandersetzen muß oder mit der Tatsache, schneller oder langsamer als seinesgleichen zu wachsen, oder wenn man innerlich zittert, während alle anderen ruhig und gelassen zu sein scheinen.

Es ist hart, ein Teenager in den neunziger Jahren zu sein. Man muß schwere Entscheidungen treffen, und diese Entscheidungen können ein Leben für immer verändern. Unsere heutige Jugend wird in hundert verschiedene Richtungen gezerrt. Die Werbung sagt: „Kauf dieses Getränk, trag diese Markenkleidung, und man wird dich achten." Eltern fordern gute Noten und gute Leistungen. Gleichaltrige gehen auf Parties, trinken und haben Sex. Jugendliche fragen sich ständig: *Nach wem soll ich mich richten? Wer hat recht? Welchen Weg soll ich gehen?*

Die Entwicklungsaufgaben in der Jugend

Die Hauptaufgabe in der Jugend ist, ein Gespür für die eigene Identität zu bekommen. In den Teenagerjahren grenzen sich junge Leute von ihren Eltern ab. Sie erkennen und bestimmen ihre eigenen Werte, Ziele und ihren Glauben. Im Alter zwischen Zwölf und Achtzehn entwickeln sie ein Gefühl für das Ich.

Außerdem tun Teenager zum ersten Mal etwas, was wir Großeltern schon seit Jahren tun: abstrakt denken. Diese „formalen Denkvorgänge" beginnen in der frühen Phase der Jugend. Unter einem „formalen Denkvorgang" versteht man die Fähigkeit, abstrakt zu denken, und zwar in Konzepten und Ideen. Es ist die Fähigkeit, zu vergleichen und zu entscheiden, eine qualitätsbewußte Wahl zu treffen. Dieser Lernprozeß kann traumatische Züge annehmen.

Als Jack elf Jahre alt war, war er ein fröhlicher, begeisterungsfähiger, lustiger Junge, den man gern um sich hatte. Er ging gern zur Kirche, um sich dort mit seinen Freunden zu treffen. Er umarmte seinen Vater sehr oft, seiner Mutter gab er häufig Küsse und sagte beiden, wie sehr er sie liebhatte. Als er vierzehn Jahre alt war, schien er ein ganz anderer Junge zu sein. Er war auf einmal nicht mehr fröhlich, sondern anmaßend, nicht mehr begeistert, sondern laut, nicht mehr lustig, sondern sarkastisch, und nicht mehr nett, sondern verdrießlich.

Der Grund dafür waren die „formalen Denkvorgänge". Jack fing an, für sich selbst zu denken. Er unterschied zwischen seinen Werten und denen seiner Eltern, die er überdies mit seiner

Vorstellung von idealen Eltern verglich. Man braucht nicht zu erwähnen, daß sie dabei schlecht abschnitten. Sein Vater und seine Mutter hatten es in dieser Zeit sehr schwer. Sie machten sich Sorgen, wie sich Jack wohl entwickeln würde. Dies alles ist Teil der Jugend.

Großeltern von Teenagern wie Jack zu sein, kann frustrieren und einschüchtern. Aber es kann auch aufregend und lohnenswert sein. Es ist wirklich zu schade, daß so viele Großeltern ihre jugendlichen Enkelkinder sich selbst überlassen und warten, bis sie da „herausgewachsen" sind.

Kleine Kinder erwarten von ihren Großeltern Geschenke und sehen sie als Spielkameraden an. Aber wenn diese Kinder ins Teenageralter kommen, verändert sich diese Rolle. Teenager kämpfen mit elementaren Fragen des Lebens. „Wer bin ich?" fragen sie sich. „Wo ist mein Platz?" Sich diesen Fragen zu stellen, kann zur Folge haben, daß sie sich von ihren Großeltern distanzieren. Ganz ehrlich, viele Teenager schätzen es gar nicht, wenn man ihnen sagt, wie sie zu leben haben. Unsere Geschenke und lustigen Streiche, die sie einst als etwas Besonderes oder Amüsantes sahen, kommen ihnen jetzt kitschig und kindisch vor. Kein Besuch mehr im Zoo oder auf dem Spielplatz. Als Großeltern von Teenagern muß man sich daher mehr Mühe geben, diskreter und taktvoller sein als bei kleineren Kindern.

Lassen Sie sich aber nicht davon abschrecken, kreative und engagierte Großeltern von Teenagern zu sein. Es ist wahr, daß die großelterliche Rolle bei Teenagern mehr Mühe bereitet als bei kleinen Kindern. Aber es kann genauso lohnenswert sein. Teenager haben ein tiefes Bedürfnis nach Liebe und wollen ohne Vorbedingung akzeptiert werden. Kreative Großeltern sind dafür besonders geeignet. Außerdem brauchen Teenager ein Gefühl der Kontinuität, eine Verbindung zur Vergangenheit, und die Großmutter ist lebendiger Geschichtsunterricht. Teenager müssen die Interessen und Fertigkeiten entwickeln, die ihnen das Gefühl der Einzigartigkeit und Identität geben, und Großeltern haben Erfahrungen eines ganzen Lebens und eine große Auswahl an Fähigkeiten anzubieten.

Kreative Großeltern von Teenagern müssen vier wichtige Rollen übernehmen, damit sie ihren Enkelkindern durch die verwirrenden, kritischen und doch prägenden Jugendjahre helfen können: *Lehrer, Familienhistoriker, Vermittler und Freund.*

Als *Lehrer* können kreative Großeltern die Weisheit und die Fertigkeiten, die sie sich in ihrem Leben angeeignet und verfeinert haben, weitergeben. Sie können sich die Zeit nehmen, ihren Enkelkindern zu zeigen, wie man einen Apfelstrudel backt oder ein Vogelhaus baut. Sie können ihnen beibringen, wie man sich um eine Arbeitsstelle bewirbt, wie man Werkzeug benutzt und behandelt oder auch wie man eine kaputte Beziehung wieder in Ordnung bringt.

Als *Familienhistoriker* können kreative Großeltern ihre Enkelkinder mit der Vergangenheit in Berührung bringen und ihnen so ein Gefühl der Kontinuität geben. Teenager sind auf der Suche nach der eigenen Identität. Wenn sie ihren Familienhintergrund nicht kennen und nicht wissen, wo ihr Platz ist, werden sie Mühe haben, ihren Weg zu finden.

Als *Vermittler* werden kreative Großeltern ihren Enkelkindern etwas über die Teenagerzeit ihrer Eltern erzählen. Das trägt zu einem besseren Verständnis zwischen Eltern und Kindern bei. Wenn sie etwas über die Eigenheiten und die mißglückten Abenteuer ihrer Eltern erfahren, können Teenager sich leichter mit ihnen identifizieren und sie auch verstehen. Wenn sie etwas über die Leistungen hören, sind sie stolz und werden selbst herausgefordert. Sie bekommen ein vollständigeres und realistischeres Bild ihrer Eltern.

Als *Freunde* geben kreative Großeltern den Teenagern das, was sie nach eigenem Bekunden am meisten brauchen: Akzeptanz und Liebe. Sie brauchen ihre Großeltern am meisten, wenn sie die unerträglichsten Dinge tun und wenn sie am unausstehlichsten sind.

Großeltern als Lehrer

Der Wald war kalt und still. In seinem Versteck tief im Wald konnte Ed den Wind hören, wie er sich den Weg durch die Kiefern zu seiner Linken bahnte. Ein plötzliches Knirschen im Schnee machte ihn auf ein schwarzes Eichhörnchen aufmerksam, das von Baum zu Baum huschte. Da wurde die Stille von einem gedämpften Gähnen unterbrochen. Ed bemerkte, daß sein 14jähriger Enkel Karl mit dem Schlaf kämpfte. „Was ist los, Karl? War halb sechs für dich zu früh zum Aufstehen?"

„Genau, Opa. Ich kann mich kaum wach halten."

„Möchtest du wieder zum Lager zurück?"

„Nein. Ich bin ein bißchen müde, aber ich gehe nicht zurück."

Ed mußte leise in sich hineinlachen. Es war schön, den Jungen an diesem kühlen Novembermorgen bei sich zu haben und mit ihm auf Fotopirsch zu gehen. Er hatte Karl gezeigt, wie man ein Versteck baut. Er hatte ihn gelehrt, wie man die Spuren des Wildes liest und wie man die Kamera und die verschiedenen Objektive handhabt.

Eds Träumereien wurden von einem Knirschen und einem braun-weißen Blitz unterbrochen. Das war unverkennbar ein Hirsch mit weißem Schwanz. „Karl, schau mal da rüber", flüsterte er eindringlich. Karl raschelte, als er sich im Versteck umdrehte. „Opa, das ist ein Hirsch! Ist es ein Bock?"

„Natürlich, Karl. Sieh mal das Geweih! Okay, nimm das Teleobjektiv. Beweg dich langsam."

„Aber, Opa, du hast ihn doch zuerst gesehen", flüsterte Karl heiser.

„Ich habe in meinem Leben schon so viele Hirsche fotografiert, Karl. Heute bist du an der Reihe. Pst! Hol ihn in den Sucher, und behalte ihn im Visier. Siehst du ihn?"

„Ja. Ich sehe sein Geweih. Das ist riesig!"

„Stütz jetzt die Kamera gut ab, und stell scharf. Wenn die Belichtung stimmt, dann drück den Auslöser, aber halt dabei die Luft an."

Mit einem sanften Klicken öffnete sich der Verschluß der

Kamera und schloß sich binnen Sekundenbruchteilen wieder. „Opa, ich hab' ihn drin!"

„Gut, Karl! Mach noch ein paar Bilder! Nimm auch noch ein anderes Objektiv."

Glücklich sah Ed zu, wie sein begeisterter Enkel mit dem Fotozubehör hantierte.

Ungefähr eine Woche später, Ed ruhte sich gerade in seinem Sessel aus, erinnerte er sich noch einmal all seiner Erlebnisse als Naturfotograf. Dieses war das schönste von allen gewesen – und er selbst hatte noch nicht einmal ein Bild gemacht!

Das war ein ganz besonderer Augenblick zwischen einem Teenager und seinem Großvater. Als Lehrer hatte Ed eine Lücke in Karls Leben gefüllt. Er gab Neigungen und Fertigkeiten weiter, die ihn sein Leben lang begleitet hatten. Er hatte die Gelegenheit bekommen, dieses besondere und unvergeßliche Erlebnis mit seinem Enkel zu teilen. Und Eds Enkelsohn verehrte ihn wegen seines Wissens über die Natur und wegen seines Schatzes an Geschichten und Erlebnissen.

Die Rolle eines Lehrers auszufüllen, kann für Großeltern zu einer Quelle großer Befriedigung werden. Selten werden Sie mehr das Gefühl haben, gebraucht zu werden, als wenn Ihre Enkelin, die gerade zu einer jungen Frau erblüht, Sie im Garten anschaut und fragt: „Oma, was pflanzen wir als nächstes, Karotten oder Radieschen?" Teenager brauchen irgend etwas, worin sie sich auskennen. Sie müssen mit Stolz auf etwas zeigen und sagen können: „Das habe ich gemacht!" oder „Du wirst es nicht glauben, was ich gestern gemacht habe!" Eine Fertigkeit zu entwickeln, befriedigt das Bedürfnis, eine Sache gut zu machen. Außerdem kann man sich von anderen unterscheiden, ohne in radikale Extravaganz flüchten zu müssen.

Sie fragen sich vielleicht, was Sie Ihren Enkelkindern zu bieten haben. Wie wär's mit einer Fertigkeit, die Sie in Ihrem Leben erworben haben? Was können Sie gut? Können Sie nähen? Dann zeigen Sie Ihren Enkelkindern, wie man näht – vielleicht wollen es sogar die Jungs lernen, denn für sie ist das eine ganz neue Welt. Oder gehen Sie gern angeln? Dann nehmen Sie Ihre 15jährige Prinzessin für ein paar Stunden mit zum

See. Machen Sie Holzarbeiten? Können Sie zeichnen? Malen? Sammeln Sie irgend etwas? Was mußten Sie sich in Ihrem Beruf aneignen? Waren Sie Krankenschwester oder Sekretärin? Ein Handwerker oder Bauarbeiter? Ganz egal! Sie können bestimmt etwas, was Ihr Enkelkind auch gerne ausprobieren würde.

Wenn kreative Großeltern unterrichten, müssen sie jedoch auf ein paar Dinge achten. Bestehen Sie nicht darauf, daß Ihr jugendlicher Enkel auch Geige spielen lernt, nur weil Sie es mochten, als Sie ein Kind waren. Denken Sie an den Ratschlag im vorigen Kapitel, wo es hieß, Sie sollten sich nach dem Tagesablauf Ihrer Enkelkinder richten. Dieses Prinzip gilt bei Teenagern genauso wie bei Kleinkindern. Lassen Sie Ihre Enkel wählen. Und wenn die sich für etwas interessieren, worüber Sie nichts wissen, dann bringen Sie sie mit jemandem zusammen, der sich damit auskennt – oder nehmen Sie an einem Intensivkurs teil!

Um herauszufinden, was Ihre Enkelkinder lernen möchten, müssen Sie ihnen zuhören. Nicht nur einmal, nicht nur für ein paar Minuten, sondern immer wieder. Manche Teenager haben Angst davor, ihre persönlichen Gedanken offen darzulegen. Sogar ein so unschuldiger Wunsch wie „Ich würde gerne wie Opa segeln können" kann ein schmerzlich gehütetes Geheimnis bleiben. Warum? Diese Sehnsüchte sind eng verbunden mit ihrer Identität, und Jugendliche lassen sich nur ungern in ihre Seele schauen.

Um Ihren Enkelkindern etwas beizubringen, brauchen Sie Ausdauer, Kreativität, Energie und Liebe. Aber der Lohn dieser Investition ist unglaublich. Als kreative Großeltern können Sie zu den wenigen gehören, die Zugang zum Innenleben eines Teenagers bekommen – und das nur, weil Sie Ihr Fachwissen oder Ihre Fertigkeiten an Ihr Enkelkind weitergegeben und somit zur Entwicklung seiner Identität beigetragen haben.

Großeltern als Familienhistoriker

„Immer wenn ein alter Mensch stirbt, brennt eine Bibliothek ab." Dieses alte Sprichwort ist wahr. Wenn Menschen älter werden, häufen sie auch Wissen über die Vergangenheit an. Wenn sie von uns gehen, geht auch ihr Wissen. Kreative Großeltern können wandelnde Geschichtsbücher sein, besonders wenn es um Familiengeschichte geht. Unsere Aufgabe ist es, die Vergangenheit lebendig zu halten, uns an jeden zu erinnern, der etwas Bedeutendes oder auch Peinliches getan hat, und zu wissen, warum er es tat.

Für einen Teenager, der seine Identität finden muß, kann es nichts Besseres geben, denn es hilft ihm bei den Fragen „Wer bin ich?" und „Wer möchte ich sein?". Daß die Teenager heute so große Probleme mit ihrer Selbstfindung haben, liegt unter anderem daran, daß sie sich nicht mehr mit ihren Familien verbunden fühlen. Sie können keinen Zusammenhang zwischen sich und der Vergangenheit erkennen. Forscher haben zu diesem Thema verschiedene Thesen aufgestellt, aber in einem wichtigen Punkt sind sie sich einig: Wenn Teenager ein gesundes Gefühl für ihre Identität bekommen sollen, müssen sie wissen, woher sie kommen und wo sie hingehören. Kreative Großeltern, die als Historiker auftreten, stellen für sie die Verbindung mit der Vergangenheit her und geben ihnen die Kontinuität, nach der sie sich sehnen.

Als Bibliothekare der Familiengeschichte werden Großeltern fast wie eine typische Schulbibliothek behandelt: Sie werden vernachlässigt. Jugendliche Enkelkinder sollten dazu verleitet werden, uns zu gebrauchen. So, wie ein Teenager sich nicht unbedingt jeden Abend freiwillig in die Bibliothek setzt, selbst wenn er ein wichtiges Referat zu schreiben hat, müssen auch Jugendliche auf Identitätssuche erst dazu motiviert werden, ihre Großeltern zu gebrauchen. Als kreative Großeltern müssen wir unsere Enkelkinder dazu anregen, von uns etwas über die Familiengeschichte erfahren zu wollen.

Sie fragen sich vielleicht, wie wir das machen sollen. Die klischeehafte Antwort lautet: „Mit großer Vorsicht." Aber ich möchte nicht ironisch werden. Der Umgang mit Teenagern erfordert Geduld und Ausdauer. Vielleicht ergibt es sich, daß Sie zunächst mit Bruchstücken aus der Vergangenheit anfangen. Die Geschichte sollte niemandem aufgezwungen werden.

Andererseits regen historische Leckerbissen die Phantasie unserer Enkelkinder an und veranlassen sie, weitere Fragen zu stellen. „Er war der tollste Kerl, den ich bis dahin gesehen hatte! Jill, ich weiß, ihr Mädchen denkt heutzutage, ihr hättet den Traummann erfunden. Aber Mike Rogers war der Prototyp eines Mannes, zumindest für mich. Ehrlich, ich fand ihn einfach Spitze."

„Oma, ich kann es kaum fassen, daß du so etwas sagst!"

„Was meinst du mit ‚so etwas'? Natürlich sage ich so etwas. Er war ein richtiger Traummann."

„Oma, so hast du über Jungs und solche Sachen gedacht?"

„Natürlich hab' ich das, Jill. Ich bin auch einmal jung gewesen."

Wenn Großeltern die ganze Familiengeschichte erzählen, fangen ihre Teenager an, ein Gespür für ihren Platz in der Welt zu bekommen. Sie beginnen zu verstehen, was vor ihrem Leben passierte und wie sie in das Bild hineinpassen. Es wird dann wesentlich einfacher für sie sein, ihre Identität aufzubauen. So werden Sie Ihren Enkeln bei der schwierigsten Aufgabe, die ein Jugendlicher hat, helfen, ohne daß sie es überhaupt merken.

Als weise Familienhistoriker sollten Sie allerdings folgende Regeln beachten:

1. *Sagen Sie die Wahrheit!* Das scheint klar zu sein, aber manchmal ist die Wahrheit heikel. Unter Umständen kann es schwierig sein, bei der Wahrheit zu bleiben. Wir laufen Gefahr, Dinge auszulassen, die peinlich oder unschicklich sind. Aber Epheser 4,25 empfiehlt uns: „Legt die Lüge ab, und redet Wahrheit." Großeltern, die ihre Familiengeschichte verändern, um bestimmte Empfindlichkeiten zu schonen, verletzen ihre Enkelkinder. Ein 14jähriges Mädchen wird beruhigt sein, wenn es hört, daß seine Großmutter sich in der neunten Klasse in

einen netten Jungen verliebt hatte, aber nie Gelegenheit fand, ihm das zu sagen. Es hilft, wenn Opa von seiner schlechten Note in Algebra erzählt und daß er Sport nie wirklich mochte. So kommen sie sich näher, und die Jugendlichen können sich besser mit ihren Großeltern identifizieren.

Es besteht immer die Gefahr, daß man um der Erzählung willen Dinge besser oder schlechter darstellt, als sie wirklich waren. Widerstehen Sie der Versuchung, Helden entstehen zu lassen. Ihre Enkelkinder sollten sich auf den Wahrheitsgehalt Ihrer Geschichten verlassen können. Wenn Sie aber mal abweichen und die Geschichte zu einem großen Märchen wird (und ich denke, dazu haben Sie als Großeltern immer das Recht), lassen Sie die Kinder wissen, wo die Wahrheit aufhörte und die freie Erfindung anfing.

2. Gestehen Sie den Kindern begrenzte Aufmerksamkeit zu. Großeltern müssen erkennen, daß viele heutige Teenager rastlos sind und von einem Gedanken zum anderen springen. Es ist zunehmend schwieriger geworden, besonders für junge Heranwachsende, sich längere Zeit auf etwas zu konzentrieren. Sie sind mit Zeichentrickfilmen aufgewachsen und haben sich daran gewöhnt, Filme oder Musikvideos anzuschauen, wo sich die Bilder alle drei bis fünf Sekunden ändern und bei denen sie alle acht Minuten der Werbung ausgesetzt sind. Mit ihnen drei Stunden lang reden wird nicht klappen. Erzählen Sie die Familiengeschichte daher in kurzen Episoden, aber nicht als Endlosserie im Stil der „Lindenstraße".

3. Ermutigen Sie zu Reaktionen. Beziehen Sie Ihren Teenager in die Geschichte mit ein. Sie könnten fragen, ob er jemals so etwas Ähnliches machen wollte oder ob er sich auch schon einmal so gefühlt hat. Und wenn er einmal angefangen hat zu reden, unterbrechen Sie ihn nicht. Sie erhalten auf diesem Weg wertvolle Informationen über sein Innenleben. Denken Sie daran: Das Ziel ist die Formung seiner Identität. Wenn dabei auch das Vertrauen zwischen Großeltern und Teenagern gestärkt wird, ist das ein wertvolles Nebenprodukt.

4. Flechten Sie Ihren Glauben an Christus in die Geschichte ein.
Wenn Sie eine christliche Familie sind, ist eine Geschichte ohne
Gott nicht vollständig. Teenager müssen erkennen, daß der
Glaube im Alltag tragfähig ist. Sie müssen wissen, daß es mög-
lich ist, menschlichen Fehlschlägen zum Trotz als Kind Gottes
zu leben. Erzählen Sie in Ihren Geschichten immer wieder von
der Liebe Gottes. Erzählen Sie, wie Gott Ihr Leben in seiner
Hand hielt. Erzwingen Sie aber nichts. Predigen Sie nicht Ihren
Glauben. Sprechen Sie ihn einfach mit der Überzeugung Ihres
Herzens aus.

Eine Großmutter entschied sich für Christus in einer kleinen Kirche auf dem Land, als sie ein kleines Mädchen war.
Jahre später beschrieb sie anschaulich die Musik, den Prediger
und denjenigen, der mit ihr betete, daß Jesus in ihr Leben kommen möge. Sie erzählte, wie ihr Glaube ihr geholfen hatte, die
langen, harten Jahre der großen Wirtschaftskrise zu meistern.
Ihre Enkeltochter hörte ihr aufmerksam zu. Ihre Großmutter
wußte nicht, daß sie gerade mit einer wichtigen Entscheidung
kämpfte. Die Geschichte über den Glauben der Großmutter
führte dann dazu, daß sich die Enkelin in einer kritischen
Angelegenheit für den Gehorsam Christus gegenüber entschied. Außerdem beschloß sie, auch ihre eigenen Kinder einmal zu Christus zu führen.

Großeltern als Vermittler

„Ich denke, das Beste an Oma ist, wie sie Geschichten über
Papa erzählt. Sie erzählt mir, wie er war und was er in meinem
Alter getan hat." Diese Worte einer 15jährigen beschreiben die
Rolle eines Vermittlers, die kreative Großeltern übernehmen
können.

Die Jugendzeit kann für Eltern und Kinder sehr belastend
werden. Sogar die stärksten und liebevollsten Familien bekommen Schwierigkeiten, wenn ihre Kinder Teenager werden. Als
unser Jack sechzehn war, forderte er uns ständig heraus. Immer
wieder probierte er aus, wie weit er Grenzen überschreiten

durfte. Jack war kein böses Kind, überhaupt nicht. Er war ganz normal. Und wir waren keine schlechten Eltern. Wir waren auch ganz normal. Aber unsere normalen Reaktionen verursachten Reibung, und Reibung kann in Zorn und Streit ausarten.

Während dieser Jahre ging Jack oft meinen Vater besuchen – in der Regel, um geliehenes Geld zurückzuzahlen. Jack hätte ihm das Geld auch zuschicken können. Aber ein Gespräch mit Opa und Oma Schreur war etwas Besonderes: Es bedeutete, etwas über seinen Vater zu erfahren.

Meine Eltern erzählten ihm dann von den Kämpfen, die sie mit mir als Teenager hatten. Ich war ein rebellischer Jugendlicher, der immer Ärger hatte. Im Gefängnis ging ich ein und aus. Mein Fahrstil war rücksichtslos und schnell. Das von seinen Großeltern zu hören, machte auf Jack großen Eindruck. Meine Mutter weinte, als sie über ihren eigenwilligen Sohn sprach und darüber, wie sie sich fragte, ob ich mit dem Auto mich oder jemand anderen umbringen würde – oder ob gar die Polizei mich erschießen würde. Während sie erzählte, beschloß Jack, daß er seiner Mutter nicht denselben Kummer bereiten wollte.

Als Jack und ich an diesem Buch schrieben, erzählte er mir, daß die Geschichten meiner Eltern ihm geholfen hätten, mich und meinen Erziehungsstil besser zu verstehen. So wurden meine Eltern zu Vermittlern.

Manche Eltern wollen sich ihren Teenagern nicht preisgeben. Vielleicht haben sie Angst, die Kontrolle oder den Respekt zu verlieren. Als kreative Großeltern können wir dies taktvoll überbrücken, nicht durch Einmischung, aber indem wir ehrlich erzählen, wie es wirklich war.

Es gibt zwei Gefahren, die Großeltern vermeiden sollten, wenn sie vermitteln wollen:
1. Wir dürfen diese Rolle nicht dazu benutzen, uns an unseren Kindern für ungelöste Konflikte zu rächen.
2. Wir dürfen als Vermittler unsere Enkelkinder nicht manipulieren und auch nicht die Autorität ihrer Eltern untergraben.

Wenn wir mit unseren erwachsenen Kindern ungelöste Probleme haben, müssen wir die Angelegenheit mit ihnen selbst regeln. Großeltern dürfen nie ihre Enkelkinder als Waffe in einem Machtpoker benutzen. Teenager sind zu verletzlich und zu wertvoll, um auf diese Weise mißbraucht zu werden! Seien Sie bitte vorsichtig, man geht nur zu leicht in diese Falle! Wenn wir etwas über unsere Kinder erzählen, dann nicht, weil wir mit ihnen abrechnen wollen, sondern weil wir ihnen und ihren Teenagern helfen wollen, einander besser zu verstehen.

Genauso wichtig ist es, daß wir als Vermittler keine Situation entstehen lassen, in der wir und die Eltern der Kinder einander als Konkurrenten gegenüberstehen. Wir wollen Verständnis schaffen, nicht Streit. Daher müssen wir von ihren Eltern mit dem höchstem Respekt sprechen und deren Entscheidungen unterstützen. Auch sollten unsere Kinder wissen, was wir unseren Enkelkindern über sie erzählen und warum wir das tun. So werden Mißverständnisse und Verdächtigungen vermieden.

Ein Großvater erzählte seinem Enkel etwas über die große Enttäuschung im Leben seines Vaters. Dieser wollte Architektur studieren, aber der Krieg und die finanzielle Lage ließen es nicht zu. Offenbar wies diese Geschichte dem Jungen die Richtung und half ihm, seinen Vater zu verstehen. Später absolvierte er ein Studium als Architekt. Er erfüllte somit den Traum seines Vaters und fand zugleich große Befriedigung in seinem Beruf.

Als Vermittler streben kreative Großeltern danach, daß sich Eltern und ihre jugendlichen Kinder besser verstehen. Indem wir dieses Verständnis fördern, schaffen wir eine lebendige Beziehung, die unser Leben mit Freude bereichert und ihre persönliche Identität und Verbindung mit der Vergangenheit stärkt.

Großeltern als Freunde

Die meisten Großeltern möchten mit ihren jugendlichen Enkelkindern zumindest vertraut sein. Doch viele wollen am liebsten Freunde für sie sein. Die Verwirklichung dieses Wunsches kann schwierig, langwierig oder gar unmöglich sein. Wir wollen eine offene und vertrauensvolle Beziehung zu unseren heranwachsenden Enkelkindern, aber sie wollen nicht immer dasselbe von uns.

Da ist zum Beispiel Sarah, eine vitale, aktive 65jährige Großmutter. Ihre fünf Enkelkinder sind für sie fast das Wichtigste im Leben. Sarah macht sich Sorgen um Adam, ihren ältesten Enkel. Er ist vierzehn Jahre alt und möchte nicht mehr in ihrer Nähe sein. Obwohl sie es selten zeigt, trifft es sie sehr, daß er ihre Nähe ablehnt und sie ihn auch nicht mehr küssen darf.

Beim jährlichen Familienurlaub in Florida fühlte Sarah sich entsetzlich. In den Jahren zuvor hatten sie die Zeit im Wohnmobil mit Gesellschaftsspielen überbrückt. Es waren meist einfache Reisespiele wie „Mensch ärgere dich nicht" und „Halma". Aber auf dieser Fahrt saß Adam mürrisch in der Ecke und starrte aus dem Fenster – den ganzen Weg bis nach Florida. Als sie dort ankamen, sah er nicht viel besser aus. Adam versuchte ständig, sich von der Familie zu entfernen und seine eigenen Wege zu gehen. Er lehnte sogar ab, mit Sarah Eis essen zu gehen, was eine langjährige Urlaubstradition war.

Als der Urlaub vorbei war, erzählte uns Sarah ihre Geschichte und fragte: „Was habe ich falsch gemacht? Was kann ich tun, um Adam zurückzubekommen?" Die Antwort: nichts. Abwarten. Adam ist einfach in der Pubertät.

Während sie sich selbst finden, brauchen Teenager Distanz und Freiheit. Manchmal sieht es so aus, als würden sie sich ganz von der Familie abnabeln, aber das ist normalerweise nicht der Fall. Sie verlängern nur die Nabelschnur. Und der Grund dafür ist kein Geheimnis. Obwohl Teenager ein Gefühl der Verbundenheit brauchen, müssen sie auch herausfinden, wer sie außerhalb der Familie sind. Dieser Prozeß kann Mutter und Vater frustrieren und verwirren. Dasselbe gilt für Großeltern, die ihre Enkelkinder lieben und ihr Freund sein wollen. Diesen Großeltern muß klar sein, daß sie nicht abgelehnt werden. Sie können immer noch eine tiefe und bedeutungsvolle Beziehung zu ihrem halbwüchsigen Enkel haben. Aber es muß zu seinen Bedingungen geschehen.

Es gilt, drei Grundsätze zu beachten, wenn Sie während der Pubertät ein Freund Ihrer Enkelkinder sein wollen: warten, akzeptieren, Schutz gewähren. Sehen wir uns jeden davon genauer an:

1. *Warten.* Auf unsere Enkelkinder warten heißt, ihnen die Zeit und den Raum geben, die sie brauchen, um herauszufinden, wer sie sind und wer sie werden. Wenn wir jetzt Nähe fordern, stoßen wir sie ab – vielleicht für immer. Wir müssen geduldig und ausdauernd sein und darauf warten, daß sie zu uns zurückkommen. Enkelkinder entwickeln dieses Distanzbedürfnis gewöhnlich zwischen Zwölf und Fünfzehn. Im Alter von Sechzehn bis Achtzehn überbrücken sie den entstandenen Graben dann langsam wieder. Jüngere Jugendliche sind noch damit beschäftigt, ihre Identität zu finden, während die älteren sich sicher genug fühlen, wieder eine enge Beziehung zu Oma und Opa aufzunehmen.

Ältere Heranwachsende wollen mit ihren Großeltern oft eine Freundschaft eingehen. Indem wir auf sie warten, geben wir ihnen die Chance, erwachsen zu werden. Wenn sie zurückkommen, dann als „schon beinahe Erwachsene". Aufgrund ihres inzwischen gewonnenen logischen Denkens, ihrer Reife und ihres gestärkten Selbstvertrauens macht es wesentlich mehr Spaß, mit ihnen zusammen zu sein als damals, als sie weggingen. Sie distanzierten sich als innerlich zerrissene Kinder und kommen als junge Erwachsene zurück.

Seien Sie also geduldig. Lassen Sie sie tun, was sie zu tun haben. Und vor allem – geben Sie sie nicht zu schnell auf.

2. *Akzeptieren.* Fühlen sich Teenager jemals wirklich akzeptiert? Fernsehwerbung treibt sie auf die Jagd nach dem perfekten Körper, dem perfekten Haar und dem perfekten Gesicht. Wenn sich unsere Teenager mit den Bildern vergleichen, die über den Fernsehschirm flimmern, bekommen sie den unbestreitbaren Eindruck, daß sie minderwertig sind. Weil Heranwachsende mit schwierigen Themen kämpfen, die mit Image und Selbstachtung zu tun haben, können sie leicht ausgenutzt werden.

Mancher Jugendliche würde nahezu alles für die Sicherheit und Geborgenheit tun, die sich einstellen, wenn man akzeptiert wird. Dabei können die Versuche, den Erwartungen der Welt zu entsprechen, unterschiedliche Ausmaße annehmen. Sie können einfach und harmlos sein wie eine verrückte Frisur oder sich in absurd teuren Turnschuhen äußern. Manchmal sind sie sogar tödlich, besonders wenn Alkohol, Kriminalität, sexuelle Ausschweifungen und Drogenmißbrauch im Spiel sind.

Indem die Großeltern ihre Enkelkinder akzeptieren, wie sie sind, und sie ungeachtet ihres Benehmens lieben, können sie Wunder bewirken. Das bedeutet natürlich nicht, daß wir über destruktives oder unmoralisches Verhalten hinwegsehen. Aber wir müssen ihnen zu verstehen geben, daß unsere Liebe und Annahme bedingungslos sind. Das ist natürlich schwierig, wenn sie mit blauer Punkerfrisur herumlaufen. Aber denken Sie daran, Ihre Anerkennung basiert nicht auf dem, was Ihre Enkelkinder tun, sondern auf dem, was sie sind.

Denken Sie darüber nach. Heranwachsende leben in einer leistungsorientierten Welt. Sie werden danach bewertet, wie gut sie eine Sache machen. Haben sie gute Noten, werden sie von Mutter und Vater akzeptiert. Ist ihr Äußeres entsprechend, werden sie von ihren Gleichaltrigen anerkannt. Sind sie im Basketballteam, werden sie von der Öffentlichkeit akzeptiert. In allen diesen Fällen erfährt der Teenager Wertschätzung für das, was er kann, und nicht dafür, wer er ist.

Das hat gefährliche Auswirkungen auf die Selbstachtung und Identitätsbildung. Der Jugendliche lernt schnell, daß seine Gefühle eigentlich für die meisten Leute unwichtig sind; nur seine gute Leistung zählt. Koste es, was es wolle, das wichtigste ist der Erfolg. Allein diese Tatsache bringt viele Teenager dazu, sich selbst zu zerstören oder sich unmoralisch zu verhalten. Ähnliche Auswirkungen haben auch wiederholte Mißerfolge.

Kreative Großeltern begegnen ihren Teenagern mit einer Reihe gefestigter und geprüfter Werte. Sie zeigen ihren Enkelkindern, daß ihre Liebe bedingungslos ist. Sie ist nicht von der äußeren Erscheinung oder Leistung abhängig, sondern von der

Beziehung. „Du bist meine Enkeltochter. Ich werde dich immer liebhaben, egal, ob du erfolgreich bist oder nicht, egal, wie du aussiehst oder was du machst. Für mich wirst du immer schön sein und meine Enkeltochter bleiben. Und ich bin froh und stolz darauf, dich meine Enkelin zu heißen."

Ein wahre Begebenheit macht dies anschaulich. Matt war ein hervorragender Sportler und ein guter Schüler. Viele Teenager kannten und akzeptierten ihn. Aber dann wurde er wegen Alkohols aus dem Basketballteam geworfen. Plötzlich hatten seine Freunde aus dem Team keine Zeit mehr für ihn. Seine Eltern waren von ihm enttäuscht. Schon bald fühlte Matt sich einsam und von allen zurückgewiesen.

Später erzählte er, wie wichtig seine Großeltern während dieser kritischen Zeit für ihn waren: „Mein Großvater und meine Großmutter haben nie aufgehört, sich um mich zu kümmern. Wenn meine Freunde nach der Schule Basketball-training hatten, war ich sehr deprimiert und einsam. Dann bin ich zu meinen Großeltern gegangen. Oma hat mich nie wegen meines Trinkens angeschrien. Sie wußte, daß ich wußte, daß es dumm war. Statt dessen hörte sie mir zu, wenn ich alles mögliche erzählte. Nachdem ich aus dem Team geworfen worden war, waren sie und mein Opa die einzigen, die mich genauso behandelten wie vorher. Beide haben mich die ganze Zeit hindurch liebgehabt, besonders Oma."

Besser hätte man es nicht machen können! Kreative Großeltern hören dem Heranwachsenden zu, der sich durch diese kalte, lieblose Welt schlagen muß, und sie akzeptieren ihn ohne Einschränkung.

3. *Schutz gewähren.* Im Alten Testament wird ein Begriff stark betont, der die Rolle kreativer Großeltern geradezu verkörpert. In Israel gab es sechs Städte, wo man Zuflucht nehmen konnte (Josua 20). Wenn ein Israelit versehentlich einen anderen tötete, konnte er in diese Städte fliehen und sich in Sicherheit bringen. Die Stammesgesetze und die Bräuche verlangten, daß jemand, der einen anderen getötet hatte, auch getötet werden mußte: „Ein Leben für ein Leben." Bei einem Unfall war das

aber nicht gerecht. Um die Unschuldigen zu schützen, ließ Gott in ganz Israel Städte der Zuflucht errichten. Jemand, der aus Versehen einem anderen das Leben genommen hatte, konnte dort Zuflucht finden. Die Bewohner dieser Stadt waren dazu verpflichtet, ihn zu schützen.

Als kreative Großeltern möchten wir uns unserer Enkelkinder annehmen und ihnen durch die Teenagerjahre helfen. Wenn wir ihnen unser Heim als „Zufluchtsstätte" anbieten, können wir dazu beitragen. Wir können ihnen einen Platz anbieten, wo ihnen nichts passiert. Wir können sie beschützen und ihnen Sicherheit gewähren. Die Bibel beschreibt dies folgendermaßen:

Und er soll in eine von diesen Städten fliehen und am Eingang des Stadttores stehen und vor den Ohren der Ältesten jener Stadt seine Sache vorbringen. Und sie sollen ihn zu sich in die Stadt aufnehmen und ihm einen Ort geben, damit er bei ihnen wohnt. Und wenn der Bluträcher ihm nachjagt, dann sollen sie den Totschläger nicht in seine Hand ausliefern . . .
(Josua 20,4–5)

Kreative Großeltern bieten Zuflucht an; unser Heim ist für unsere heranwachsenden Enkelkinder eine Stätte der Geborgenheit. Wir bieten ihnen einen Ort, an den sie fliehen können, wenn sie das Gefühl haben, die Welt breche über ihnen zusammen. Ich stelle mir vor, wie ich am Stadttor stehe und zu den Verfolgern meiner Enkelin sage: „Halt! Sie ist jetzt bei mir. Hier ist sie in Sicherheit. Keiner kann sie jetzt mehr verletzen." Dann müssen die Verfolger meiner Enkeltochter mit leeren Händen wieder abziehen.

Wenn Sie eine Atmosphäre der Sicherheit schaffen, werden Sie Ihren Enkelkindern allezeit lieb und teuer sein. Die Kinder brauchen eine Zufluchtsstätte, einen Unterschlupf, und Sie können ihnen den bieten. Auf diese Weise können Sie ihnen sogar etwas vom Wesen Gottes näherbringen, der ihr ganzes Leben hindurch ihre Festung und Stärke ist (Psalm 27,1).

Als kreative Großeltern können wir mit unseren Enkelkindern befreundet sein. Aber wir müssen darauf warten, daß sie zu uns kommen. Wir dürfen sie nicht zu einer Beziehung zwingen, die sie nicht wünschen. Wir sollten immer für sie da sein. Wir müssen sie so annehmen, wie sie sind, und sollten uns darüber klar sein, daß Jugendliche oft mit einer geringen Selbstachtung und einem Minderwertigkeitsgefühl zu kämpfen haben. Wir können ihnen unsere bedingungslose Liebe zeigen, die weder Zeit noch Entfernung trüben können. Großeltern, die Freunde ihrer Enkelkinder sein wollen, können für sie inmitten einer kalten und feindseligen Welt eine Zufluchtsstätte sein. Unser Heim kann während eines Sturms Unterschlupf gewähren, ein Leuchtturm in der Dunkelheit sein, einen Ort der Sicherheit und Liebe für unsere mit dem Erwachsenwerden kämpfenden Enkel darstellen.

Eine Hausaufgabe!

Großeltern von Teenagern haben es nicht immer leicht und sind manchmal frustriert. Das bringt eine Beziehung mit einem Teenager so mit sich. Während dieser kritischen Jahre können wir eine wichtige Rolle im Leben unserer Enkel spielen. Wir können ihnen bei ihrer Hauptaufgabe helfen, bei der Suche nach sich selbst. Wir tragen kreativ dazu bei, indem wir die Rolle eines Lehrers, Familienhistorikers, Vermittlers und Freundes übernehmen.

Noch ein Vorschlag für Großeltern von Teenagern: Nehmen Sie sich Zeit, etwas über die Pubertät zu lesen. Informieren Sie sich über ihr Wesen und darüber, was die Jugendlichen durchmachen müssen. Wenn man Heranwachsende versteht, kann man auch viel mehr Mitgefühl für sie aufbringen, selbst wenn sie unverantwortlich handeln. Wir schlagen Ihnen deshalb vor, sich ein Buch zum Thema Teenager zu kaufen. Nehmen Sie sich ein paar Wochen in ihrem Leben Zeit, um etwas darüber zu lesen, und sie werden während dieses Lebensabschnitts Ihrer Enkel wesentlich bessere Großeltern sein.

Sie könnten so werden wie Lynns Großmutter. Von ihr lernte Lynn etwas über den Glauben, sie lernte, wie man Angst überwindet, indem man sich ihr stellt, und sie lernte sogar etwas über Jungs. Dabei war sich die alte Dame dessen überhaupt nicht bewußt. Sie liebte ihre kostbare Enkeltochter einfach nur. Sie tat nicht mehr, als Lynn zu akzeptieren und ihr eine Zufluchtsstätte zu bieten. Heute, Jahre später, erzählt Lynn von ihrer Großmutter mit bewegter Stimme: „Oma veränderte mein Leben. Immer wenn ich allein war, war sie meine Freundin. Ohne sie hätte ich es nicht geschafft. Und ich wette, daß sie das nie gewußt hat."

Ich wette, daß sie es tief im Innern doch gewußt hat!

Wenn die Familie auseinanderbricht

Es war einer der Anrufe, vor dem sich alle Eltern fürchten – sie verursachen schlaflose Nächte und qualvolle Tage: „Papa, Mama, hier ist Rebecca. Ich bin bei Patty. Es ist etwas passiert. Könnt ihr sofort herkommen? Ich möchte euch lieber alles selbst sagen."

Für Pam und Mike schien der vertraute Weg zu Pattys Haus kein Ende zu nehmen. Die ganze Zeit fragten sie sich, was wohl geschehen war. War Rebecca oder Patty krank? Oder war der vier Monate alte Jason, der Sonnenschein ihres Lebens, plötzlich krank geworden? Als sie das Haus ihrer ältesten Tochter betraten, stockte Pam der Atem. Es war offensichtlich, daß ihre beiden Töchter geweint hatten. Pams Blick wanderte durchs Zimmer und suchte nach Jasons Babykorb. Erleichterung überkam sie, als sie ihn friedlich in der Ecke schlafen sah. Sie war sich gar nicht bewußt, wie besorgt sie gewesen war. Aber was war passiert?

Rebecca sagte ruhig: „Patty, vielleicht solltest du es ihnen selbst sagen."

„Sag schon. Was ist passiert? Wir machen uns große Sorgen. Wir haben schon gedacht, Jason sei etwas zugestoßen."

Patty versuchte zu sprechen, aber ihre Stimme versagte. Endlich brach es aus ihr heraus: „Mama, Papa, ich kann gar nicht glauben, was mir passiert ist." Die Worte sprudelten nun wie Wasser. „James kam am Freitag von der Arbeit nach Hause, und er sagte, . . . er sagte, . . . er trifft sich mit einer anderen Frau."

„Wie meinst du das? Hat er dir erzählt, daß er eine Affäre hat?"

„Ja! Und, o Papa, er trifft sich mit ihr schon seit mehr als einem Jahr. Ich weiß nicht, was ich tun soll. Er möchte sich scheiden lassen. Das kann doch alles nicht wahr sein. Wirklich nicht! Mama, er liebt mich doch. Zumindest sollte er das. Ich glaube, daß er während meiner ganzen Schwangerschaft mit ihr geschlafen hat." Patty zitterte am ganzen Körper.

Mike schaute sich um. Rebecca weinte. Er fragte sich, ob er wirklich da sei, ob das alles nicht nur ein schlechter Scherz sei. Aber er wußte, daß es nicht so war. Es schien ihm alles so unwirklich, von einem ganz normalen Abendessen an einem ganz normalen Tag weggerufen zu werden, um so etwas zu erfahren. Sein Schwiegersohn war seiner ältesten Tochter untreu. Und die war tief getroffen und verletzt.

Mike blickte seinen schlafenden Enkel an. Das Kind wußte nicht, welche harte Wendung sein Leben genommen hatte. Mike gehörte nicht zu denen, die ihre Gefühle zeigen, aber jetzt vergrub er den Kopf in seinen kräftigen Händen und weinte. Er weinte, weil seiner Tochter so weh getan worden war. Er weinte wegen der ungewissen Zukunft seines Enkelkindes. Und er weinte um seine eigenen zerschlagenen Träume.

Niemand hätte so etwas je erwartet. Er und Pam waren gute Eltern gewesen und hatten ihre Kinder im Glauben erzogen. Sie waren ihnen als gutes Beispiel vorangegangen und hatten ihnen gute Werte vermittelt. Seine Töchter hatten sich zu reifen, attraktiven, christlichen Frauen entwickelt. Sie hatten geheiratet, Häuser gekauft und Kinder bekommen. Das Leben war herrlich. Alles schien perfekt zu sein – bis jetzt. Mike fragte sich, welche Auswirkungen es haben würde, wenn die Familie seiner Tochter auseinanderfiel. Ist es zu spät? Kann man sich noch versöhnen? Das Leben hatte tatsächlich eine schwerwiegende Wende genommen. Es würde nie mehr sein wie zuvor.

Während einer Familienkrise tragen Großeltern eine besondere Verantwortung und Last. Wir können unseren Kindern in dieser Krise helfen. Wir können für sie und unsere

Enkelkinder in diesen dunklen und anstrengenden Tagen von unschätzbarem Wert sein. Krisen schlagen meist ohne Vorwarnung zu. Man kann sich nicht auf sie vorbereiten. Was Mike und Pam erlebten, kommt häufig vor. Viele Familien haben ähnlich großen Kummer durchgemacht. Die Erde dreht sich um ihre Achse wie immer, und alles ist gut; doch im nächsten Augenblick scheint sie aus ihrer Bahn geworfen und taumelt unkontrolliert umher.

In diesem Kapitel werden wir gemeinsam darüber nachdenken, wie Großeltern ihren Kindern eine Hilfe und Stütze sein können, wenn diese eine von vier weitverbreiteten Krisen durchleben müssen: Scheidung, chronische Krankheit, Tod und Behinderung. Keiner kann sich wirklich auf diese Fälle vorbereiten. Manchmal haben wir sogar Angst, darüber zu sprechen. Aber eintreten können sie trotzdem. Und wenn das passiert, kann es von den kreativen, engagierten Großeltern abhängen, ob eine Familie die Krise erfolgreich bewältigt oder ob sie unter der Belastung und dem Druck zusammenbricht. Wir können zwei Dinge anbieten, die in so einer Situation am dringendsten nötig sind: Hilfe und Hoffnung.

Die großelterliche Fürsorge während einer Scheidung

Bei der steigenden Scheidungsrate in unserer Gesellschaft werden viele Eltern bei mindestens einem ihrer Kinder mit ansehen müssen, wie es den Schmerz und das Trauma einer Scheidung durchlebt. Wir wollen an dieser Stelle nicht darüber diskutieren, ob Scheidung vom kulturellen oder biblischen Standpunkt aus richtig oder falsch ist. Wir sehen sie eher als eine traurige Wirklichkeit unserer Gesellschaft in der zweiten Hälfte des zwanzigsten Jahrhunderts an. Wir möchten Großeltern zeigen, wie sie sich kreativ und konstruktiv im Leben ihrer Kinder und Enkelkinder engagieren können, wenn es zu einer Scheidung kommt. Wir sind fest davon überzeugt, daß Großeltern eine starke Hilfe und Quelle der Hoffnung während dieses traumatischen Erlebnisses sein können.

Wenn es notwendig wird, daß Sie Ihre Rolle als Großeltern während der Scheidung eines Ihrer Kinder wahrnehmen, beachten Sie bitte folgende Prinzipien:

➤ Urteilen Sie nicht vorschnell.
➤ Stellen Sie sich mit all Ihren Kräften zur Verfügung.
➤ Legen Sie klare Grenzen fest.
➤ Halten Sie Kontakt.

Urteilen Sie nicht vorschnell. Als Mike im Wohnzimmer seiner Tochter saß, überwältigte ihn die Wut. Wie konnte sein Schwiegersohn sich nur so verhalten? Warum machte er sich so wenig Gedanken um seinen kleinen Sohn? Wie konnte er seine Ehe so einfach wegwerfen? Mike spürte den Zorn in sich aufsteigen. Er wollte James finden und mit ihm abrechnen. Solche Gefühle hatte er nicht mehr erlebt, seit er vor vielen Jahren Christ geworden war. Es war offensichtlich, daß er seine Wut nur mit Mühe unterdrücken konnte, als er fragte: „Patty, wo ist dein Mann? Warum ist er nicht hier?" Mikes Stimme war beherrscht und kühl, obwohl es in ihm brannte. Dann wurde seine Stimme lauter: „Patty, ich möchte mit ihm sprechen. Sag mir, wo er ist. Sofort!"

„Papa, er ist bei der Arbeit. Er wollte nicht hier sein, wenn ich es dir sage. Bitte, überstürze nichts. Das macht die Sache nur noch schlimmer."

Mike ging im Zimmer auf und ab. Dann versuchten er und Pam, so gut sie konnten, Patty ihrer Unterstützung und beständigen Liebe zu versichern. Auf dem Nachhauseweg sprachen sie miteinander. Mikes Zorn verrauchte allmählich, und die Vernunft kam zurück. Als er seine Gefühle zum Ausdruck brachte, sagte Pam immer wieder: „Mike, denk daran, wir wissen nicht über alle Dinge Bescheid, die in diesem Haus vorgefallen sind. Es ist nicht fair, James die ganze Schuld zu geben. Warten wir lieber ab, bis wir die ganze Geschichte kennen."

Mike wollte sich weder beruhigen lassen, noch wollte er beide Seiten sehen. Er liebte seine Tochter. Er konnte es sich nicht vorstellen, daß auch sie einen Teil der Schuld tragen könnte. Und überhaupt – James hatte doch eine Affäre! Patty war durch und durch treu gewesen.

In Wirklichkeit hatten Mike und Pam bei dieser Beziehung von Anfang an Schwierigkeiten vorausgesehen. Eigentlich war es auch weniger die drohende Trennung, die ihn so aufregte, als vielmehr die Tatsache, daß James Patty betrogen hatte. Trotzdem war Pams Standpunkt richtig. Sie und Mike konnten viel besser helfen, wenn sie nicht voreilig urteilten.

Anderthalb Jahre später hatten Mike und Pam diese schwierige Zeit überstanden, und fragt man sie heute: „Welchen Rat würden Sie Eltern geben, deren Kinder in Scheidung leben?", dann antworten sie ohne Zögern und fast einstimmig: „Fällen Sie kein Urteil. Auch wenn es schier unmöglich ist, man darf nicht einem der Beteiligten die ganze Schuld zuweisen."

Großeltern, die bei Eheproblemen ihrer Kinder eine positive und unterstützende Kraft sein wollen, müssen ständig gegen ihre eigene tief verwurzelte Loyalität kämpfen. Die natürliche Neigung ist, sich auf die Seite des eigenen Fleisches zu schlagen. Wir wälzen unseren ganzen Ärger auf den anderen Partner ab. Das ist nicht nur unfair, es kann auch unsere Beziehung zu unseren Enkelkindern stören oder gar zerstören.

Ein Beispiel dafür ist Marcy, deren Enkelkinder bei ihrer geschiedenen Tochter leben. Marcy verbringt jede Woche mindestens zwei Nachmittage mit den Kindern. Sie liebt die Kinder, und die Kinder lieben sie. Marcy ist jedoch sehr wütend auf ihren ehemaligen Schwiegersohn. Die Scheidung ihrer Tochter verlief unerwartet bitter. Es hatte einen geschmacklosen Kampf um das Sorgerecht gegeben, mit Beschuldigungen und versteckten Andeutungen, die von beiden Parteien, die kurz zuvor noch Liebende und Ehepartner gewesen waren, gleichermaßen ausgeteilt wurden. Immer wenn Marcy mit ihren Enkelkindern zusammen ist, kann sie der Versuchung nicht widerstehen, schlecht über deren Vater zu reden. Sie glaubt, daß das vom Gericht zugesprochene gemeinsame Sorgerecht ein gravierender Fehler war. Und so nimmt sie jede Gelegenheit wahr, ihre Gefühle den Kindern gegenüber auszudrücken.

Marcys Wut und Groll haben sie für den Schaden, den sie ihren Enkelkindern zufügt, blind gemacht. Sie drängt sie in eine Lage, wo sie sich entscheiden müssen, wem sie ihre Liebe geben sollen, ihrem Vater oder ihrer Mutter. Deshalb wollen Marcys Enkelkinder, die erst vier und sechs sind, nicht mehr, daß sie auf sie aufpaßt. Die Qual, die sie ihren noch nicht ausgereiften Seelen verursacht, ist zuviel für sie. Sie lieben ihre Mutter und ihren Vater, und sie verstehen immer noch nicht, warum sie nicht mehr zusammenleben. Oma Marcy macht es ihnen nur noch schwerer, sich der neuen Lage anzupassen und damit zu leben.

Während man sich mit einer Trennung herumquält, schreit alles in uns nach einer schnellen Entscheidung zugunsten unserer Kinder. Wir wollen sie beschützen, ihre Handlungen rechtfertigen. Aber eine Scheidung ist selten eine Einbahnstraße. Sogar in Situationen, die völlig eindeutig scheinen, außereheliche Affären beispielsweise, bleiben die wirklichen Schwierigkeiten oft verborgen. Ein Seitensprung ist meistens nur ein Symptom tiefer liegender Probleme und nicht deren eigentliche Ursache. Die Tat darf man deswegen nicht beschönigen. Aber wir müssen darauf achten, daß wir nicht zu Richtern, Geschworenen und Scharfrichtern werden. Auf dem Spiel stehen weit wichtigere Dinge als unsere persönliche Entrüstung, nämlich die Möglichkeit der Versöhnung, die Bedürfnisse unseres Sohnes oder unserer Tochter und das Wohlergehen unserer Enkelkinder. Ihnen zuliebe oder manchmal auch nur, damit die Ehe noch eine Chance bekommt, müssen wir das Urteil für uns behalten.

Stellen Sie sich mit all Ihren Kräften zur Verfügung. Während und nach einer Scheidung können wir ein Ort der Geborgenheit sein und unseren Enkelkindern, die Angst davor haben, einen oder beide Elternteile zu verlieren, beständige Liebe zeigen. Das ist ein weiterer Grund, warum wir mit unserem Urteil zurückhaltend sein müssen. Jetzt, wo Mama oder Papa ausgezogen ist, werden sich die Kinder fragen, ob derjenige, der ausgezogen ist, sie nicht mehr liebt. Vielleicht haben sie Angst davor, daß der Elternteil, bei dem sie geblieben sind, sie auch noch verläßt. Kindern, die mit solchen Gefühlen zu kämpfen haben, können Großeltern während der stürmischen Zeit der Scheidung und ihren Nachwirkungen einen zuverlässigen Zufluchtsort bieten. Mutter und Vater sind möglicherweise gereizt und mit anderen Dingen beschäftigt, aber Oma kann den Kindern in aller Ruhe immer wieder ihre Liebe beteuern und ihnen versichern, daß sie für sie da ist. Manchmal versuchen beide Elternteile, während der Scheidung die Kinder für sich zu gewinnen. Die verwirrten Kinder werden von widersprüchlichen Gefühlen hin und her gerissen und wissen nicht, zu wem sie halten sollen. Wir dürfen sie nicht dazu nötigen, sich für irgendeine Seite zu entscheiden. Sie brauchen eher unser Verständnis und unsere Geduld. Wir sollten ihnen in Ruhe beistehen und ihnen immer wieder zeigen, daß wir sie lieben.

Wir können ihnen auch enorm helfen, indem wir möglichst objektiv bleiben, wenn sie etwas über die Trennung wissen wollen. So könnte ein solches Gespräch aussehen:

„Oma, warum hat uns Mami von Papa weggenommen? Warum können wir nicht mehr mit ihm zusammenleben?"

„Liebes Kind, das ist eine Frage für Erwachsene. Dazu mußt du erst groß werden. Manchmal ist es schwer, auf bestimmte Fragen eine Antwort zu finden, Megan. Ich verstehe auch nicht immer, was mit deiner Mama und deinem Papa los ist. Aber eins weiß ich: Beide lieben dich sehr. Dein Papa hat versprochen, daß ihr beiden euch sehr oft sehen werdet, auch wenn er nicht mehr bei euch wohnt. Manchmal kannst du auch zu ihm nach Hause gehen und bei ihm bleiben."

„Ich weiß, Oma, aber warum sagt Mama so schlimme Sachen über Papa? Ist er böse?"

„Schatz, deiner Mama geht es im Moment nicht gut. Sie und dein Papa haben sich mal sehr liebgehabt, aber jetzt sind sie sich nicht mehr sicher. Das macht deine Mama traurig. Und wenn man traurig ist, sagt man manchmal Dinge, die man nicht sagen sollte. Machst du das auch manchmal?"

„Ja, schon, Oma. Werden sie mich irgendwann auch nicht mehr liebhaben?"

„Nein, Megan, das wird nicht passieren. Du bist ihre Tochter, und so, wie ich deine Mama immer liebhabe, wird sie nie aufhören, dich liebzuhaben. Und ich weiß, daß dein Papa genauso empfindet. Und übrigens, Megan, du wirst immer mein besonderer Schatz sein, auch wenn du viel zu schnell groß wirst."

Wir können unseren Kindern und Enkelkindern eine wertvolle Stütze sein, wenn wir mehr zuhören als reden. Wir müssen unseren Kindern zuhören, wir müssen dem Ehepartner zuhören, und natürlich müssen wir auch unseren Enkelkindern zuhören. Sie müssen uns von ihren Gedanken und Gefühlen erzählen dürfen. Lassen Sie die Kinder die schwierigen Fragen der Erwachsenen stellen. Lassen Sie sie ihre Gefühle ausdrücken. Und wenn sie es tun, sollten wir der Versuchung widerstehen, immer eine Antwort parat zu haben oder sie mit nichtssagenden Worten abzuspeisen. Sagen Sie ihnen ganz offen, daß bei den meisten Scheidungen beide Partner für das Scheitern der Ehe verantwortlich sind. Seien Sie offen für die tiefe Zerrissenheit und den Schmerz, die eine Trennung mit sich bringt. Zeigen Sie Ihren Enkelkindern nicht, daß Sie auf Ihr Kind oder dessen Ehepartner wütend sind. Verwandeln Sie Ihren Zorn in die Kraft, gute und weise Großeltern zu sein, die all ihre Liebe weitergeben. Wenn Sie Ihre Energie an Wut oder Bitterkeit verschwenden, werden Sie nur zusätzlichen Aufruhr in das ohnehin schon aufgewühlte Leben Ihrer Enkelkinder bringen.

Mike und Pam sahen sich bald einer schwierigen Entscheidung gegenüber. Nachdem ihre Kinder zu einer Eheberatung gegangen waren, um ihre Ehe zu retten, entschied sich ihre Tochter dazu, die Scheidung einzureichen. Aber sie wußte nicht, wo sie wohnen sollte, denn in der Vereinbarung stand, daß sie innerhalb von neunzig Tagen das Haus ihres Mannes verlassen mußte. Mike und Pam hatten in Erwägung gezogen, ihre erwachsene Tochter mit dem kleinen Sohn in ihr Haus zu holen. Aber sie waren sich nicht sicher, ob sie wirklich dazu bereit waren. Ihr Lebensstil würde sich drastisch ändern. Nachdem sie schon viele Jahre für sich gelebt hatten, würden sie sich plötzlich um ein Baby und um ihre zunehmend verletzliche Tochter kümmern müssen.

Letztendlich war die Entscheidung dann doch leicht. Es gab einfach keine Alternative. Also gingen sie zu Patty und fragten sie, ob sie vorübergehend zu ihnen ziehen wolle. Erleichtert stimmte Patty zu: „Nur für ein paar Wochen, bis ich mir eine Wohnung leisten kann." Aus diesen paar Wochen wurden Monate. Und Pam und Mike wurden immer mehr in das Leben ihres Enkelsohnes einbezogen, bis zu einem Grad, den sie nicht erwartet hatten. Später betrachteten sie diese Zeit als lohnenswertes und erfüllendes Zwischenspiel in ihrem Leben.

Eltern, die den Belastungen einer Scheidung ausgesetzt sind, verlieren in zunehmendem Maß Zeit und Geld. Im Durchschnitt nehmen die Mittel einer Frau nach einer Scheidung drastisch ab, während die Männer für den Unterhalt der Kinder verantwortlich sind. So wird die Scheidung für alle Beteiligten zu einer großen finanziellen Belastung. Auch wenn Großeltern nicht wohlhabend sind, können sie da helfen.

Eine uns bekannte Großmutter weiß, daß ihre Tochter sie nie um Geld bitten würde, nicht einmal aus Verzweiflung. Deshalb nimmt die Großmutter ihre Enkelkinder mit zum Einkaufsbummel und kauft für sie Kleidung ein. Auf den leichten Protest ihrer Tochter antwortet sie: „Das ist mein Vorrecht als Großmutter." Ihre Tochter akzeptiert das und ist froh, auf diese Weise ihre Würde zu wahren, während gleichzeitig ihre Kinder die notwendige Kleidung bekommen.

Ein Großvater führt seinen geschiedenen Sohn und seinen Enkel zum Abendessen aus. Er weiß, daß sein Sohn finanzielle Probleme hat und daß es ihm schwerfällt, jeden Tag etwas zu kochen. Also gehen sie ein paarmal in der Woche als Familie in ein Restaurant.

Kreative Großeltern werden viele Möglichkeiten finden, wie sie ihren Kindern und Enkelkindern während einer Scheidung helfen können. Und sie werden dies in einer Art und Weise tun, die ihrem Sohn oder ihrer Tochter ihre Würde läßt. So hat zum Beispiel ein Vater die Kaution für die Wohnung seiner Tochter übernommen, weil sie nach der Scheidung von ihrem Mann ihr Haus aufgeben mußte. Es waren fast 400 Dollar, die sie einfach nicht hatte. Er gab ihr zu verstehen, daß er es aus Liebe zu ihr mache, und auf dieser Basis konnte sie es annehmen.

Ihr Engagement sollte allerdings freiwillig sein, Ihrer Freude und Ihrem Wohlergehen als Großeltern zuliebe. Sie sollten es Ihren Kindern nicht aufzwingen, und die sollten es nicht als selbstverständlich hinnehmen. Wenn Ihre Kinder die Erwartung haben, daß Sie immer sofort zur Rettung eilen, wird dieses Vorrecht zur Last. Das trifft übrigens auf alle Arten von Hilfe zu, auch auf das Babysitten.

Wenn Sie Ihren Kindern Ihre Zeit zur Verfügung stellen, ist das oft sogar eine noch größere Hilfe, als wenn Sie Ihnen über einen längeren Zeitraum Geld geben. Eltern, die in Scheidung leben, sind einer großen Belastung ausgesetzt. Die Zeit, die sie haben, brauchen sie, um eine neue Wohnung zu finden, eine Arbeitsstelle zu suchen, den Rechtsanwalt zu treffen, einen Gerichtstermin wahrzunehmen und über die Scheidungsbedingungen zu verhandeln. Die emotionale Belastung ist enorm. Kreative Großeltern werden Wege finden, diese Belastungen aufzufangen.

Pam und Mike zum Beispiel brachten Jason fast jede Nacht ins Bett. Seine Mutter, die von der langen Arbeitssuche völlig erschöpft war und sich auch noch an die neuen Lebensumstände gewöhnen mußte, war erleichtert, wenn Oma und Opa sich anboten, Jason zu baden und ihn für die Nacht fertig zu machen. Patty nahm das Angebot ihrer Mutter, auf Jason aufzupassen, dankbar an. So konnte sie sich nach Arbeit umsehen und wußte, daß ihre Mutter ihr auch dann noch helfen würde, wenn sie eine fand. Wenn Patty übers Wochenende wegfahren wollte, um ihre Gedanken zu ordnen, sich zu erholen und ihre Zukunft zu planen, sorgten Pam und Mike freiwillig für Jason.

Als Großeltern, die von einer Scheidung betroffen sind, sollten Sie sich die Zeit nehmen, über die Situation nachzudenken, in der sich Ihr Kind befindet. Fragen Sie, wie Sie am besten helfen können. Machen Sie ein paar Vorschläge, die Sie sich überlegt haben. Was braucht Ihr Kind an finanzieller Hilfe? Welcher Weg ist der einfachste und schmerzloseste? Wie kann Ihre Zeit zum größten Nutzen Ihres Kindes eingesetzt werden? Das mag anders aussehen, als Sie es sich vorgestellt haben. Stellen Sie ganz konkrete Fragen: „Würde es dir helfen, wenn ich jeden zweiten Vormittag zwei Stunden lang auf die Kinder aufpasse?" „Ist es an diesem Wochenende günstig, wenn ich die Kinder nehme?" So erfahren sie am besten, wie sie in der schwierigen Zeit einer Scheidung helfen können.

Im zweiten Kapitel haben wir darüber gesprochen, daß wir uns große Mühe geben sollten, auf die Bedürfnisse unserer Enkel im Kleinkindalter einzugehen. Genauso sollten wir uns bei einer Scheidung auch unseren Kinder gegenüber verhalten – womit wir zugleich unseren Enkelkindern helfen.

Zuerst müssen wir mit der Wut umgehen lernen, die wir auf unsere Kinder haben, weil sie ihre Kinder in diese Situation gebracht haben. Wahrscheinlich hatten beide Ehepartner Schuld am Scheitern der Ehe. Vielleicht haben Sie es sogar „kommen sehen" und Ihr Kind gewarnt. Und vermutlich gab es bereits lange vor der Trennung eine Reihe falscher Entscheidungen. Entscheidungen, vor denen Sie das Paar gewarnt haben. Vergessen Sie aber auf keinen Fall, daß Ihrem Kind das sehr wahrscheinlich ebenfalls bewußt ist. Die meisten Menschen fühlen sich in dieser Situation ohnehin miserabel. Sie halten sich für Versager, obwohl sie fast alles getan haben, was in ihrer Macht stand, damit alles wieder in Ordnung kommt. Da brauchen sie nicht auch noch ihre Eltern, die ihnen sagen, was sie alles falsch gemacht haben oder wie dumm oder unreif sie sind. Und selbst wenn sie es sind, alles, was wir mit unseren Vorhaltungen erreichen, ist, daß wir sie uns entfremden, wenn sie uns am meisten brauchen. Versuchen Sie, mit Ihrer Wut selbst klarzukommen. Vergiften Sie das Leben Ihrer Kinder nicht mit Bemerkungen wie „Das hab' ich dir doch gleich gesagt!" Stehen Sie Ihren Kindern in dieser kritischen Zeit einfach nur hilfreich zur Seite. Betrachten Sie es als Gelegenheit, sich um Ihre Kinder und Enkelkinder zu kümmern. Sie brauchen nicht Ihren Unmut, sondern Ihre Liebe und Unterstützung.

Sie könnten Ihr Kind auch dazu ermutigen, die Hilfe eines guten christlichen Beraters in Anspruch zu nehmen. Menschen mit ernsten Eheproblemen brauchen jemanden, der ihnen dabei hilft, objektiv an ihrer Beziehung zu arbeiten. Es kann sein, daß Sie Ihre Kinder dazu drängen müssen, eine Eheberatung aufzusuchen, um die Ehe zu retten. Aber selbst wenn es zur Scheidung kommt, könnte Ihr Kind immer noch großen Nutzen aus der Hilfe eines christlichen Beraters ziehen.

Patty blieb sechs Monate lang bei Pam und Mike. Oma und Opa gewöhnten sich in einem Maß an Jason, wie sie es nie für möglich gehalten hätten. Sie fütterten ihn, badeten ihn und spielten mit ihm. Sie förderten seine Lernfortschritte und sahen, wie er heranwuchs. Sie hielten ihn in ihren Armen, wenn er weinte, und trösteten ihn, wenn er sich weh getan hatte. Daß noch immer eine starke Bindung zwischen ihnen und Jason besteht, führen Pam und Mike auf die Monate zurück, in denen er mit seiner Mutter bei ihnen lebte. Natürlich gab es auch mal Streit. Patty hatte manchmal zu hohe Erwartungen an ihre Eltern. Aber alles in allem stärkte diese Erfahrung ihre Beziehung.

Pam und Mike stellten Patty und Jason ihre Wohnung zur Verfügung, kauften alle Lebensmittel und paßten gelegentlich auf Jason auf. Sie bezogen Patty sechs Monate lang in ihr Leben ein. In dieser Zeit konnte sie genug Geld für eine eigene Wohnung sparen. Wenn man Pam und Mike fragt, ob sie irgend etwas bereuen, sagen sie einstimmig: „Es tut uns leid, daß es zur Trennung gekommen ist. Wir hoffen und beten, daß sie sich wieder versöhnen, obwohl es nicht danach aussieht. Aber wir sind gerne wieder mit unserer Tochter zusammen gewesen. Und es hat uns Freude gemacht, während dieser entscheidenden Monate seines Lebens bei Jason zu sein und ihn zu erleben. Diese Erfahrung hat uns zu besseren Eltern und Großeltern gemacht.“

Legen Sie klare Grenzen fest. Mike und Pam hatten in dieser kritischen Zeit immer wieder mit ihrer Rolle zu kämpfen. Manchmal kam es ihnen so vor, als nähmen sie Jason gegenüber die

Elternrolle ein. Doch diese Rolle hatten sie weder gewollt noch gesucht. Ihre Tochter, die mit ihren eigenen Gefühlen zu kämpfen hatte, schien manchmal sich selbst und ihr Kind bemuttern zu lassen.

Der dritte Schlüssel für eine effektive großelterliche Fürsorge während einer Trennungsphase ist: klare Grenzen zwischen Eltern und Großeltern ziehen. Wenn wir Hilfe und Ermutigung anbieten und unseren Kindern und Enkelkindern unsere Kraft zur Verfügung stellen, muß allen Beteiligten klar sein, daß wir nicht zu Ersatzeltern werden. Unsere Rolle ist eine ganz andere. Wir sind bereit, Hilfe und Liebe anzubieten; aber wir sind nicht dazu da, die Aufgabe unserer Kinder zu übernehmen, wenn diese beschäftigt sind oder unter großem Druck stehen. Wir können ihnen zur Seite stehen, aber wir dürfen nicht ihre elterliche Rolle übernehmen.

Großeltern dürfen ihren Kindern nicht ermöglichen, ihre Aufgaben als Eltern zu vernachlässigen, indem sie selbst die elterliche Verantwortung übernehmen. Auch nicht, wenn es ihnen Freude macht. Viele Großeltern sind nur darauf aus, diese Rolle zu übernehmen. Aber Untersuchungen haben gezeigt, daß Großeltern, die die elterliche Verantwortung übernehmen, ihre Zufriedenheit und ihren Spaß verlieren, die doch so wichtig für ihr Wohlbefinden innerhalb der Beziehung sind. Ein Großvater drückte es folgendermaßen aus: „Ich habe schon meine eigenen Kinder großgezogen. Ich liebe meine Enkelkinder und möchte meiner Tochter durch diese Trennungsphase hindurch helfen. Aber ich bin nicht der Vater ihrer Kinder und will es auch gar nicht sein. Und außerdem weiß ich nicht, wie mein Gesundheitszustand in ein paar Jahren aussehen wird."

Wir müssen eine klare Linie zwischen der elterlichen und der großelterlichen Rolle ziehen, wenn wir als Großeltern erfolgreich sein wollen. Das läßt sich nur dadurch erreichen, daß wir unseren Kindern genau sagen, wozu wir bereit sind und was in unseren Augen unangebracht ist. Wenn wir unseren Kindern das nicht mitteilen, wissen sie nicht, wo die Grenze verläuft. Dann wissen sie zum Beispiel nicht, ob sie uns bitten dürfen, ihre Kinder zu füttern oder ins Bett zu bringen.

Oder sie fragen sich, ob wir uns nicht allmählich darüber ärgern, daß wir diese Aufgaben übernommen haben. Wenn die Großeltern realistische und klare Grenzen ziehen, werden Unklarheiten ausgeräumt. Haben Sie keine Angst davor, daß Sie die Gefühle Ihrer Tochter oder Ihres Sohnes verletzen könnten. Die Gefahr, daß Gefühle verletzt werden, ist viel größer, wenn wir unsere Empfindungen nicht klar, präzise und zugleich liebevoll zum Ausdruck bringen.

Halten Sie Kontakt. Großeltern sollten auch nach einer Trennung den Kontakt zu ihren Enkelkindern aufrechterhalten. Das kann sich dann als besonders schwierig erweisen, wenn das Sorgerecht dem Elternteil übertragen wurde, der nicht ihr Kind ist. Oft versuchen Großeltern dann gar nicht mehr, ihre Enkelkinder zu sehen, und geben die Hoffnung auf, am Leben ihrer Enkel teilhaben zu können. Aber das muß nicht sein.

Natürlich können Großeltern viel leichter den Kontakt aufrechterhalten, wenn sie eine gute Beziehung zu dem Elternteil aufbauen, der das Sorgerecht hat. Am Anfang dieses Kapitels haben wir die Großeltern aufgefordert, für keine Seite Partei zu ergreifen und kein voreiliges Urteil zu fällen. Daß man nach der Scheidung weiterhin Kontakt zu den Enkelkindern haben möchte, ist ein Grund dafür. Es ist für die Kinder (und ihre Eltern) besser, wenn Sie keine Feindseligkeit entstehen lassen. Sonst werden die Kinder erneut gezwungen, sich zu entscheiden, zu wem sie halten wollen. Tun Sie Ihr möglichstes, diese Situation zu vermeiden.

In Amerika bekommen in den meisten Fällen die Mütter das Sorgerecht zugesprochen. Wenn Ihr Sohn der Vater der Kinder ist, versuchen Sie alles, um eine liebevolle Beziehung zu Ihrer Schwiegertochter zu bewahren. Vergessen Sie nicht, daß normalerweise beide Elternteile und auch die Begleitumstände für die entstandene Situation verantwortlich sind. Wenn Sie sich davor hüten, Ihrer Schwiegertochter die ganze Schuld zu geben, vergrößern Sie Ihre Chance auf eine gute Beziehung zu ihr. Und das öffnet Ihnen die Türen, um mit Ihren geliebten Enkelkindern Kontakt halten zu können.

Vergessen Sie nicht, daß Großeltern die moralische Verpflichtung haben, auch nach einer Scheidung den Kontakt nicht abreißen zu lassen – vor allem, wenn sie ihren Enkeln weiterhin ihre christlichen Werte vermitteln wollen.

Kinder, deren Großeltern mit ihnen in Verbindung bleiben und eine wichtige Rolle in ihrer Entwicklung spielen, haben im späteren Leben weniger Probleme. Untersuchungen zeigen, daß es gewöhnlich zum Besten des Kindes ist, wenn der Kontakt zu den Großeltern nicht unterbrochen wird. Der Grund dafür ist klar: Engagierte Großeltern helfen ihren Enkelkindern, mit den traumatischen Erlebnissen einer Scheidung fertig zu werden und sich weiterzuentwickeln. Daher sind Großeltern moralisch dazu verpflichtet, ihren Enkelkindern zu helfen, wenn sie als Scheidungskinder aufwachsen. Sie brauchen die Stabilität, Kraft und Liebe, die ihre Großeltern ihnen geben können. Ihre Enkelkinder brauchen Sie dringend, auch wenn ihnen das nicht bewußt ist. Lassen Sie sie nicht im Stich. Versäumen Sie es nicht, den Kontakt mit ihnen aufrechtzuerhalten, auch wenn es schwierig ist.

In einer Familie, die eine Scheidung durchlebt, leidet jeder. Die Kinder kann es besonders hart treffen. Oft fühlen sie sich unsicher und allein gelassen. Sie sind furchterregenden Kräften ausgeliefert, die sie weder verstehen noch ändern können. Diesen Kindern können wir eine Stütze sein, indem wir kein voreiliges Urteil fällen, mit all unserer Kraft zur Verfügung stehen, klare Grenzen ziehen und den Kontakt beibehalten.

Die Rolle der Großeltern während einer Familienkrise

Judy kann den Knoten im Magen immer noch fühlen. Sie kann nicht vergessen, wie sich ihre Eingeweide verkrampften, als sie vom Büro zum Unfallort fuhr. Jacks Anruf hatte sie verstört. „Mutter, ich rufe dich von einem Autotelefon an. Ich bin auf der Autobahn 96. Wir hatten einen Unfall. Jonathan und Erin ist nichts passiert. Kannst du herkommen? Bitte, beeil dich!" Wenn Judy zurückblickt, muß sie daran denken, wie sie sich während der Fahrt ein Leben ohne eins ihrer Enkelkinder vorzustellen versuchte. Wie sollte sie damit zurechtkommen? Wie sollte sie Jack oder Leslie trösten können, wenn ihr eigenes Herz gebrochen war?

Als sie am Unfallort ankam, sah sie gerade noch, wie die Rettungshelfer den einjährigen Jonathan auf eine Bahre legten und in den Krankenwagen schoben. Als nächstes wurden seine dreijährige Schwester Erin und dann ihr Sohn Jack weggefahren. Auf dem Weg zum Krankenhaus betete sie: „O mein Gott, beschütze sie! Laß sie nicht schwer verletzt sein. Bitte, lieber Gott, laß ihnen nichts passiert sein. Bitte!"

Im Krankenhaus bot sich ihr ein gleichermaßen erschreckendes wie beruhigendes Bild. Erin und Jonathan hatten ein paar blaue Flecken und waren ziemlich durcheinander, aber die Untersuchungen ergaben, daß es ihnen ansonsten gutging. Die Sicherheitsgurte hatten sie vor ernsteren Verletzungen bewahrt.

Jack hingegen, der am Steuer saß, als sie mit Tempo 90 angefahren wurden, ging es nicht so gut. Röntgenbilder von der Brust zeigten, daß mit seinem Herzen etwas nicht stimmte. Die Ärzte sprachen von „Verlangsamung" und daß es notwendig sei, „sofort einen Herzkatheter" zu legen. Judys Freude über die Unversehrtheit der Kinder wurde durch diese beunruhigende Nachricht weggewischt. Als sie so mit ihrer Familie und ihren Freunden im Krankenhaus saß, hatte sie schreckliche Angst. Wenn er nun starb? Wie verhält man sich als Großmutter, wenn die Kinder ihren Vater verloren haben?

Die Stille wurde unerträglich. Längere Zeit schon hatte man

von Jack nichts mehr gehört. Als die Spannung beinahe nicht mehr auszuhalten war, kam schwungvoll der Arzt herein. „Ich glaube, daß Jack wieder gesund wird." Alle atmeten auf. „Wir hatten befürchtet, daß sein Herz verletzt wurde und daß er innere Blutungen hat. Aber jetzt gehen wir davon aus, daß das nicht der Fall ist. Trotzdem möchten wir ihn zur Sicherheit über Nacht hierbehalten . . ." Der Arzt sprach weiter, doch Judy hörte schon nicht mehr zu. Sie war zutiefst dankbar, daß das Leben ihres Sohnes verschont wurde und daß ihre Enkelkinder noch ihren Vater hatten.

Viele Großeltern hingegen müssen Wege finden, einer Familie während einer schweren Krise erfolgreich beizustehen. Manche Familienmitglieder können durch den Verlust eines Elternteils oder Kindes eine Zeitlang wie gelähmt sein. Familien, die sich mit dem Tod auseinandersetzen müssen, brauchen Zeit für ihre Tränen und ihre Trauer.

In Zeiten des Kummers und der Veränderungen können Großeltern eine wichtige Stütze sein, wenn sie folgende drei Regeln beachten:

Erste Regel: Seien Sie anwesend. Für ein Kind, das damit fertig werden muß, daß sein Papa vom Krankenhaus nicht mehr nach Hause kommt, kann die Gegenwart der geliebten Großeltern sehr tröstend sein. Man darf nicht unterschätzen, wie sehr die ständige Anwesenheit von Oma und Opa zum Wohlbefinden des Kindes beiträgt. Als man Teenager fragte, was sie sich in unglücklichen Zeiten am meisten von ihren Großeltern wünschten, antworteten sie: „Daß sie da sind." Warum? Weil sie dadurch das Gefühl bekamen, daß sie die Krise bewältigen konnten und daß das Leben sich wieder festigen würde.

Das Leben ist schwierig und schmerzhaft. Manchmal scheint man das Leid nicht mehr aushalten zu können. Die bloße Gegenwart von Oma und Opa tröstet und hilft. Bei uns können sich die Kinder ausweinen. Wir können bei alltäglichen Hausarbeiten helfen, die unter der Last des Kummers unüberwindbar scheinen. Wir können die Enkelkinder zur Schule fahren. Wir können uns um Mittag- und Abendessen kümmern. Wir können unseren Kindern mit unserer lang-jähriger Lebenserfahrung und unserem Wissen zur Seite stehen und ihnen behutsam bei den Vorbereitungen für die Beerdigung helfen. Vor allem aber können wir ihnen und den Enkeln ein Gefühl der Sicherheit und Verbundenheit geben. „Oma, Papa ist im Himmel. Mama weint die ganze Zeit. Ich weiß nicht, wie es weitergeht. Ich fühle mich aber geborgen, weil ihr hier seid, du und Opa."

Zweite Regel: Seien Sie eine Quelle des Glaubens. Wenn Familien ihr Vertrauen zu Gott verlieren, können Großeltern ihren Glauben bekennen und als Beispiel vorangehen. Es ist schwer zu glauben, daß ein liebender Gott alles in seinen Händen hält, wenn man zusehen mußte, wie die kleine Tochter nach einem nur drei Wochen währenden Leben langsam im Krankenhaus starb. Für Kinder ist es unglaublich schwer, zu verstehen, wie Gott es zulassen kann, daß ihre Mama oder ihr Papa oder eins ihrer Geschwister sterben mußte. Da ist es in der Regel keine große Hilfe, wenn ein wohlmeinender Freund die Bibel zitiert und über Gottes Vorsehung spricht. Aber es ist einfacher, dieses Schicksal anzunehmen, wenn einem seine Oma unter Tränen erzählt, daß ihr drittes Kind an Kinderlähmung gestorben ist. Wenn man spürt, wie sie unter dem Verlust gelitten hat, und wenn sie berichtet, wie die Gegenwart und Kraft Gottes sie in dieser Zeit getragen haben, gibt einem das Trost und Hoffnung. Genauso gibt es einem ein Gefühl der Geborgenheit, wenn man seinen Opa jeden Morgen auf Knien für seine Familie beten sieht.

Gerade nach einem Unglück ist der Glaube an Gott lebenswichtig und beruhigend. Diejenigen, die glauben können, sehen einen Ausweg; aber für die Menschen ohne Glauben wird der weitere Lebensweg viel schwieriger sein. Der Lebensstil von uns Großeltern und unsere lebendige Beziehung zu Jesus können der ganzen Familie Mut machen.

> *Gepriesen sei der Gott und Vater unseres Herrn Jesus Christus, der Vater der Erbarmungen und Gott alles Trostes, der uns tröstet in all unserer Drangsal, damit wir die trösten können, die in allerlei Drangsal sind, durch den Trost, mit dem wir selbst von Gott getröstet werden. Denn wie die Leiden des Christus überreich auf uns kommen, so ist auch durch den Christus unser Trost überreich.*
> (2. Korinther 1,3–5)

Diesem Vers zufolge haben sich die meisten Großeltern das Recht erworben, nach einem Unglücksfall vom Trost Gottes zu erzählen. Ihr Glaube hat sie durch viele schwere Situationen und schlimme Zeiten getragen. Das Leben selbst war ihr Lehrer, nicht nur Predigten und Bücher. Großeltern, die in ihrem Leben und Glauben bittere Lektionen gelernt haben, müssen ihre Erfahrungen mit ihren trauernden, fragenden Familien teilen.

Dritte Regel: Bringen Sie Ihren eigenen Schmerz zum Ausdruck. Wenn Ihr Enkelkind beerdigt wird, brauchen Sie keine Maske aufzusetzen, damit Sie „die Kinder nicht aufregen". Ihre Trauer ist echt, und Sie müssen ihren Platz als Trauernder einnehmen. Es ist nicht Ihre Aufgabe, auf Kosten Ihrer eigenen emotionalen und seelischen Gesundheit die ganze Last der Familie zu tragen. Gestatten Sie sich die Freiheit, Ihren Schmerz auszudrücken. Zeigen Sie Ihren Verlust. Es ist für Ihre Kinder und Enkelkinder auch wichtig, Ihr Leid zu sehen. Das Gefühl tiefer Traurigkeit und des Verlustes, das man nach dem Tode eines geliebten Menschen hat, ist ganz natürlich; es ist kein Zeichen von schwachem Glauben. Lassen Sie Ihre Enkelkinder Ihren Kummer sehen, aber nicht als solche, „die keine Hoffnung haben" (1. Thessalonicher 4,13). Indem Sie trauern, geben Sie ihnen zu verstehen, daß sie auch weinen dürfen. Und das wiederum wird allen dabei helfen, den Verlust zu verarbeiten.

Großeltern und ihr behindertes Enkelkind

„Mama! Papa! Es ist ein Junge! Aber offenbar ist er nicht ganz gesund. Die Ärzte machen noch ein paar Untersuchungen, aber sie glauben, daß Todd mongoloid ist."

Bill und Karen freuten sich zwar über die Geburt ihres Enkelsohnes, aber mit dieser Nachricht hatten sie nicht gerechnet, nach all den Stunden des Wartens. Ihr drittes Enkelkind, der erste Junge, war mongoloid. Diese Worte hatten einen düsteren Beiklang. Manchmal hatten sie weggesehen, wenn im Einkaufszentrum eine Mutter mit ihrem mongoloiden Kind vorbeiging. Mit einer Behinderung in der eigenen Familie hatten sie nie gerechnet. Ihr Dasein als Großeltern war bisher sehr einfach gewesen, jetzt aber wurde es auf die Probe gestellt. Bill und Karen fragten sich, ob sie dieses Kind genauso lieben würden. Ob wohl ihre Schwiegertochter ihre Arbeit aufgeben mußte, um sich ganz um Todd zu kümmern? Wenn ja, wie würden sie finanziell dastehen? Welche Auswirkungen hatte diese Nachricht auf die Familie?

Eltern von geistig behinderten Kindern wurden gefragt, wie andere, besonders die Großeltern, ihnen am besten helfen könnten, ihre behinderten Kinder in einer manchmal nicht gerade entgegenkommenden Welt großzuziehen. Was sie an erster Stelle nannten, könnte man unter dem Stichwort „Alltagsbewältigung" zusammenfassen. Die Eltern zählten praktische Dinge auf, beispielsweise daß sie zum Arzt gefahren oder im Haushalt unterstützt werden. Sie zeigten sich dankbar für Großeltern, die bereit waren, auf die Kinder aufzupassen, und ihnen damit eine kurze Ruhepause ermöglichten. Auch bei medizinischen Notfällen standen die Großeltern hilfreich zur Seite, besonders wenn die Familie noch andere Kinder hatte. Das sind praktische Hilfen, die Großeltern Familien mit behinderten Kindern anbieten können.

Der zweite Aspekt, der genannt wurde, war „emotionale Hilfe". Eltern waren dankbar, wenn ihre Mütter und Väter sich bemühten, die besonderen Bedürfnisse und Probleme ihrer behinderten Kinder zu verstehen. Sie betonten auch, daß es für

sie eine besondere Ermutigung und Hilfe sei, wenn die Großeltern Verständnis zeigten für die Belastung, die auf der ganzen
Familie liege. Wenn die Eltern ihre Gefühle frei zum Ausdruck
bringen konnten, ohne von den Großeltern verurteilt zu werden, war das ebenfalls von unschätzbarem Wert.

Das Wichtigste, was Großeltern den Eltern von behinderten
Kindern anbieten können, ist eine „mitfühlende Freundschaft". Ein behindertes Kind zu haben, kann manchmal eine
schwere Belastung sein. Eltern haben oft das Gefühl, sie müßten dieses Schicksal allein tragen. Kreative Großeltern finden
Möglichkeiten, sich mit unter das Joch zu stellen und die Last
mitzutragen.

Die Rolle der Großeltern bei Tod oder Behinderung ist
manchmal sehr schwer. Sie verlangt von uns, daß wir uns dem
Schmerz und Leid öffnen und die Last des anderen tragen
(Galater 6,2). Um ganz ehrlich zu sein, Judy und ich mußten
solche Erfahrungen noch nicht oft aus erster Hand machen.
Wir sind von der Belastung, die eine Scheidung, der Tod oder
eine Behinderung mit sich bringt, verschont geblieben. Doch
haben wir Großeltern bewundert, die diese Prüfungen glän-
zend bestanden. Wir haben Großeltern gesehen, deren Stolz
auf ihre behinderten Enkelkinder für jeden sichtbar war. Als
Berater habe ich Großeltern kennengelernt, die wie der Klebstoff waren, der die ganze Familie in einer ernsten Krise wie
Unfall, Tod oder Scheidung zusammenhielt.

Kreative Großeltern sind bereit, das Leben entschlossen
anzupacken. Sie nehmen seine krummen Wege genauso an wie
seine breiten Pfade und plötzlichen Sackgassen. Wir wissen
und akzeptieren, daß das Leben schwierig ist. Wir haben
gelernt, daß das Leben mit Leid verbunden ist. Aber wir wissen
auch, daß die größten Freuden des Lebens aus seinen tiefsten
Prüfungen erwachsen. Und wir wollen an die Verheißungen
des einen denken, der gesagt hat, er werde uns weder verlassen
noch vergessen, der eine, der von sich selbst sagt, er sei „der
Gott allen Trostes", der eine, der uns befiehlt, willig die Lasten
der anderen zu tragen.

WENN GROSSELTERN
WEIT ENTFERNT WOHNEN

Ken und Joyce hießen ihre erste Enkelin mit hohen Erwartungen in dieser Welt willkommen. Joyce hatte erst kürzlich eine Woche mit ihrer Tochter Dianne verbracht und hatte ihr geholfen, ihr Heim für die Ankunft der Kleinen vorzubereiten. Die Eltern nannten sie Katie, und ihre Großeltern freuten sich sehr, als sie geboren wurde.

Von Anfang an nahmen Ken und Joyce großen Anteil an Katies Leben und wollten für immer ihre Freunde sein. Gespannt warteten sie darauf, die Welt noch einmal durch ihre wunderschönen blauen Augen kennenzulernen, und so war es dann auch. Besonders Joyce war von dem kleinen Mädchen begeistert und spürte, daß ihre Liebe von Katie zehnfach erwidert wurde. Für Ken und Joyce war das Leben so gut wie vollkommen. Katie wohnte ungefähr dreißig Minuten weit weg, und sie konnten sie oft sehen. Sie waren sicher, daß sich daran nichts ändern würde.

Zumindest war das ihr Traum.

Ken war ein erfolgreicher und beliebter Pastor. Er hatte schon oft seine Gemeinde dazu aufgefordert, ihre Kinder Gott nicht vorzuenthalten. Er hatte sogar zur Betonung auf die Kanzel geklopft, als er sagte: „Haltet eure Kinder nicht davon ab, dem Herrn zu dienen. Wir sollten dafür beten, daß unsere Kinder später Gott dienen wollen." Er selbst und Joyce waren zutiefst von seinen Worten überzeugt. Aber dann kam die Reihe an sie. Sie erfuhren, daß Jim, Dianne und Katie wegziehen wollten. Allerdings nicht in eine nahe gelegene Stadt; nicht einmal in einen weit entfernten Bundesstaat. Katies Eltern waren dem Ruf Gottes gefolgt, Missionare zu werden. Sie zogen nach Uruguay. Das ist in Südamerika!

Ken und Joyce sahen traurig zu, wie ihre Tochter, ihr Schwiegersohn und ihre Enkelin in das Flugzeug stiegen, das sie zuerst nach Miami und dann nach Montevideo bringen sollte. Sie sahen einer Zukunft ohne die kleine Katie entgegen, die ihr Leben mit ihrem hübschen Lächeln und ihren liebevollen Umarmungen hell gemacht hatte. Als sie langsam nach Hause fuhren, stiegen die ersten Fragen in ihnen auf: Wie konnten sie ein Teil von Katies Leben bleiben? Würde die Kleine sie wiedererkennen, wenn sie nach vier Jahren zurückkam? Sie war doch erst zwei! Wie konnten sie ihr Leben positiv beeinflussen, wenn Tausende von Kilometern zwischen ihnen lagen?

Heutzutage kommt es immer häufiger vor, daß Großeltern weit weg von ihren Enkeln wohnen. Auch wenn die meisten nicht mit einer so großen räumlichen oder zeitlichen Distanz fertig werden müssen wie Ken und Joyce, gibt es doch viele Großeltern, die sich überlegen müssen, wie sie mit den vielen Kilometern zwischen sich und den geliebten Enkelkindern zurechtkommen.

Manchmal gehen Großeltern in den Ruhestand und ziehen in mildere Regionen, um ihren Lebensabend zu genießen. Damit entscheiden sie sich auch für einen Abschied von ihren Enkelkindern. Vielleicht zieht nach einer Scheidung der sorgeberechtigte Elternteil um, unter Umständen weit weg von Oma und Opa. Auch die zunehmende Mobilität unserer Kultur trägt dazu bei, daß es immer mehr Großeltern gibt, die fern von ihren Enkeln leben. Die Eltern wechseln die Arbeitsstelle, werden versetzt und ziehen insgesamt öfter um als früher. Längst vorbei sind die Tage, in denen man in derselben Stadt aufwuchs, die Schule besuchte und das ganze Leben lang arbeitete wie sein Vater. Diese Tatsachen tragen dazu bei, daß es immer mehr Großeltern gibt, die Mittel und Wege finden müssen, ihre Rolle aus der Entfernung wahrzunehmen.

Großeltern sein ist eine zeitintensive Angelegenheit. Die

Grundvoraussetzung dafür, daß man sich am Leben der Enkelkinder beteiligen kann, ist, daß man anwesend ist. Wenn wir sie nicht regelmäßig sehen, haben wir kaum das Gefühl, Teil ihres Lebens zu sein. Häufig bestimmt die Entfernung, wie oft wir sie sehen. Großeltern, die bis zu fünfzehn Kilometer von ihren Enkelkindern entfernt wohnen, besuchen sie durchschnittlich vierzigmal im Jahr, während Großeltern, die weiter als hundert Kilometer entfernt wohnen, es gerade mal auf drei Besuche pro Jahr bringen. Ganz offensichtlich ist die Entfernung der entscheidende Faktor bei der Frage, wie häufig Großeltern ihre Enkelkinder sehen. Weit entfernt lebende Großeltern sind stark benachteiligt!

Wenn Sie weit weg von Ihren Enkelkindern leben, werden Sie sich vielleicht dieselben Fragen stellen wie Ken und Joyce. Wie können wir am Leben unserer Enkel teilhaben, wenn uns so viele Kilometer trennen?

In diesem Kapitel wollen wir uns nicht scheuen, den Kummer anzusprechen, der einen erfüllt, wenn die Enkelkinder weit weg sind. Anschließend analysieren wir die Probleme, die auftreten, wenn wir über die Entfernung hinweg gute Großeltern sein wollen. Wir werden Möglichkeiten überlegen, wie man sich dennoch im Leben seiner Enkelkinder engagieren kann. Zum Schluß werden wir darüber sprechen, wie man sich vorbereiten sollte, damit Besuche erfreulich und fruchtbar verlaufen.

Der Schmerz von Großeltern, die weit weg von den Enkcln leben

Wenn Joyce über Katie sprach, füllten sich ihre Augen mit Tränen, und sie sprach mit heiserer Stimme. Es war schmerzhaft und schwer gewesen, sich zu verabschieden. Sie hatte ihre Rolle als Großmutter gerne wahrgenommen, und sie und Katie waren unzertrennlich geworden. Es tat weh, sie gehen zu sehen. Doch jede Großmutter, die weit weg wohnt, muß damit fertig werden, daß sie ihre Enkelkinder längere Zeit nicht sieht.

Alle diese Großeltern leiden unter der Trennung. Dieser Tatsache müssen wir ins Auge sehen. Schmerz gehört dazu, wenn man Enkel hat, die ganz woanders leben.

Großeltern, die ihre Enkel selten sehen, vermissen oft die Kleinigkeiten, die so ein Kind unverwechselbar machen.

„Es fehlt mir, wie er das ‚S‘ lispelt, wenn er sagt: ‚Sing mir das söne Lied vor, Opa.‘“

„Ich vermisse es so sehr, wie sie bei Gewitter immer zu mir ins Bett gekrochen kam. Sie machte keine große Sache daraus. Sie schlich einfach nur leise den Flur entlang bis in Omas Zimmer. Dann streckte sie ihre Hand nach meiner aus, drückte sie und schlief weiter.“

„Mir fehlt so sehr, daß er seine Freundinnen zu mir nach Hause mitbringt, damit ich sie kennenlernen kann. ‚Ich möchte einfach nicht mit jemandem ausgehen, den du nicht magst, Oma‘, sagte er immer.“

„Mir fehlen die festen Umarmungen und Küsse.“

„Ich vermisse es, über dem Feuer Würstchen zu grillen. Und dann Stockbrot, ganz knusprig geröstet.“

„Ich konnte nicht miterleben, wie er seine ersten Schritte machte und zum ersten Mal ohne Stützräder Fahrrad fuhr. Ich wünschte, ich wäre dabei gewesen.“

Alle diese Großeltern sprechen von denselben Gefühlen. Ihre Enkelkinder fehlen ihnen, und sie leiden darunter. Und dann bekommen sie auch noch solche Briefe:

Liebe Oma,
danke für das Geburtstagsgeschenk. Aber Du fehlst mir so.
Ich wünschte, Du wärst hier. Komm bald zu uns.
Hier schneit es viel. Ich habe schöne Geschenke
bekommen.

Ich hab' Dich lieb,
Molly

Großeltern, die weit von ihren Enkeln entfernt wohnen, werden immer darunter leiden. Aber der Trennungsschmerz ist nicht das einzige Problem. Diese Großeltern müssen auch auf folgende Fragen eine Antwort finden:

➤ Wie kann ich meine Enkel positiv beeinflussen?
➤ Wie kann ich sie richtig kennenlernen, wenn ich sie so selten sehe?
➤ Werden sie mich kennenlernen? Werden sie sich an mich erinnern?
➤ Was kann ich von meinen Enkelkindern erwarten, wenn ich sie sehe?

Das sind ernste Fragen, die man nicht so ohne weiteres beantworten kann. Es ist eine Tatsache, daß man seine großelterliche Rolle aus der Entfernung viel schwerer wahrnehmen kann als aus der Nähe. Aber es ist nicht unmöglich. Auch wenn ein halber Kontinent Sie von Ihren geliebten Enkelkindern trennt, können Sie kreative und engagierte Großeltern sein. Man muß genaue Überlegungen anstellen, gut und viel planen, kreativ sein und die Herausforderung annehmen wollen. Aber Sie können es schaffen. Lassen Sie also Ihre kreativen Gedanken fließen, und sehen Sie sich einige andere Großeltern an, die ihre Aufgabe über eine große Distanz hinweg erfolgreich wahrnehmen.

Möglichkeiten, positiv auf die Enkel einzuwirken

Ken und Joyce richteten in ihrem Haus ein Spielzimmer ein, das ausschließlich für Katie bestimmt war. Seit ihrer Abreise haben sie es nicht verändert. Sie fragen sich, ob ihre zwei Jahre alte Enkeltochter sich wohl an ihren Lieblingsplatz in Omas Haus erinnern wird, wenn sie erst in vier Jahren zurückkommt. Dieses Problem läßt sich mit Hilfe der modernen Technik lösen. Sie drehen einfach einen Videofilm von all den Orten, die Katie mochte. Im Film kann man die Schaukel im

Garten sehen, das Zimmer, in dem sie schlief, wenn sie Oma und Opa besuchte, und ihr eigenes Spielzimmer – komplett eingerichtet mit Herd, Tisch, Stühlen und einem Teeservice. Wenn Katie dann größer wird, kann dieser Videofilm zum Auslöser werden, daß ihre Eltern ihr von Oma und Opa erzählen. Als Anschauungsmaterial kann er dazu dienen, Katie daran zu erinnern, daß ihre Großeltern sie trotz der großen Entfernung noch immer lieben und an sie denken.

Es scheint, als wären Videokameras für solche Großeltern erfunden worden. Versuchen Sie, sich wenigstens für ein paar Tage im Jahr eine zu besorgen. So eine Kamera ist ein unschätzbares Mittel, um mit Ihren Enkelkindern in Kontakt zu bleiben.

Ein Großvater wollte seinem Enkel, der sich gerade in der Pubertät befand, seine christlichen Werte vermitteln. Also lieh er sich eine Videokamera und schilderte die abenteuerlichen Geschichten seiner Jugend. Er machte von allen Orten, an denen er Fehler begangen hatte, genaue Aufnahmen. Er filmte die scharfe Kurve, wo er betrunken sein Auto zu Schrott gefahren hatte. Dabei erzählte er seinem Enkel, wie er beinahe ums Leben gekommen wäre.

Dann ging er zum Schrottplatz, um zu sehen, ob das erste Auto, das er je besessen hatte, noch da war, weil er in diesem Auto seinen ersten Kuß bekommen hatte. Während er die Geschichte erzählte, ließ er klare Ermahnungen über Freundschaften mit Mädchen einfließen. In diesem Film schilderte er viele Erfahrungen, die er in seinem Leben gemacht hatte. Dabei gab er die Lektionen, die er hatte lernen müssen, genauso weiter wie die Wertmaßstäbe, die ihm wichtig geworden waren.

Als das Päckchen mit dem Film ankam, war sein Enkel zunächst enttäuscht (weil kein Geld drin war). Das Videoband ließ er erst einmal ein paar Tage links liegen. Eines Abends aber, als seine Eltern nach Hause kamen, hatte er sich vor dem Fernseher breitgemacht und sah sich den Film an, in dem sein Opa seine Lebensgeschichte erzählte. Dieser scheinbar so lässige Teenager war von den Jugenderzählungen seines Großvaters gänzlich gefesselt. So hatte der Großvater es mit Hilfe der Technik geschafft, seinem Enkelsohn etwas über das Leben und seinen Glauben an Gott nahezubringen.

Großeltern können ihren Enkelkindern auch dabei helfen, sich vorzustellen, wie ein bevorstehender Besuch bei Oma und Opa aussehen könnte. Sie könnten die Orte filmen, die sie gemeinsam besuchen werden, beispielsweise den Zoo, den Strand, den Garten oder auch die Fußgängerzone. Wenn die Kinder sich den Film ansehen, werden sie sich auf den Besuch bei Oma und Opa freuen.

Die Einsatzmöglichkeiten einer Videokamera sind für kreative Großeltern nahezu unbegrenzt – sie brauchen nur Geduld, um zu lernen, wie dieses Ding funktioniert.

Eine weitere Möglichkeit, um auf weit entfernt lebende Enkelkinder positiv einwirken zu können, ist das Telefon. Es kann wirklich das Nächstliegende sein, besonders wenn man es mit ein wenig Phantasie benutzt.

Wenn zum Beispiel Großvater und Enkel die Liebe zum Fußball verbindet, könnten sie sich gleichzeitig bestimmte Spiele anschauen und am Telefon darüber sprechen. Natürlich ist das nicht ganz billig – aber es ist billiger als ein Flugticket! Dabei ist es so einfach, den Fernseher einzuschalten, den Enkel in den Spielpausen anzurufen und mit ihm über die Spieler zu reden, sie zu kritisieren oder zu loben oder über die offenkundige Sehschwäche des Schiedsrichters zu schimpfen.

Dasselbe kann man natürlich auch bei gemeinsamen Lieblingssendungen machen. Oder bei besonderen Sendungen, die Sie und Ihre Enkelin gleichermaßen interessieren.

Das Telefon könnte es Ihnen auch möglich machen, regelmäßig Zeit mit Ihrem Enkelsohn oder Ihrer Enkeltochter zu verbringen. Großmutter könnte sich zum Beispiel jeden Samstag- oder Sonntagmorgen mit ihrer Enkeltochter am Telefon treffen. Dann können sie sich gegenseitig etwas über die vergangene Woche erzählen und sich darüber freuen, ihre Stimmen zu hören. Alles, was man dazu braucht, ist der Wunsch, dem Vorrang einzuräumen. Und natürlich müssen die Eltern einverstanden sein.

Einige wirklich „hochmoderne" Großeltern stellen die Verbindung zu ihren Teenagern sogar mit Hilfe ihres Computers her. Diese Rechner sind mit einem Modem ausgerüstet, das Datenübertragung per Telefonleitung ermöglicht. So können die fortschrittlichen Großeltern Nachrichten zum Computer ihrer Enkelkinder schicken. Sie können sogar Fotos und Zeichnungen zwischen den Rechnern austauschen. Stellen Sie sich die Reaktion eines Teenagers vor, der auf seinem Computer (den ihm Oma geschenkt hat) einen Bericht schreiben muß. Er schaut mal eben nach, ob er elektronische Post bekommen hat, und findet einen Brief seiner Oma, die ihm von ihrer Reise durch den Grand Canyon erzählt – inklusive Fotos, wie sie auf einem Pferd in die Abendsonne reitet. Noch einmal: Mit ein bißchen Phantasie und gutem Willen kann man hervorragende Kommunikation zustandebringen.

Wenn Sie mit der Technik nicht so vertraut sind, wie wäre es mit einem wöchentlichen Brief? Schicken Sie möglichst oft Fotos mit, die Sie bei irgend etwas Schönem oder Interessantem zeigen. So ein Brief muß nicht an Hemingways literarischen Bericht über das Stierrennen heranreichen. „Hallo! Wie geht es Dir? Ich denke oft an Dich und frage mich, was Du so machst. Auf dem Bild spiele ich gerade Golf." Diese Art von Briefen erfüllt ihren Zweck vollkommen.

Für einige von uns, denen es schwerfällt, ihre Gefühle auszudrücken, ist das Briefeschreiben eine großartige Möglichkeit, um ihren Enkelkindern zu sagen, was sie ihnen bedeuten. Was wir ihnen vielleicht nie direkt sagen könnten, können wir auf dem Papier in Worte fassen und absenden. Alle Enkelkinder, egal, welchen Alters, hören gerne, daß Oma und Opa sie großartig finden.

Sie können dem sogar noch eine besondere Note geben, indem Sie sich und Ihrem Enkelkind dasselbe Briefpapier kaufen. Erklären Sie ihm, daß dieses Briefpapier nur für Briefe zwischen ihnen beiden reserviert ist. Stellen Sie sich die Aufregung vor, wenn dann der bewußte Briefumschlag ankommt! Das ist ein Brief von Oma! Oder von der Enkeltochter! Solche Besonderheiten geben Kindern (und Großeltern) immer das Gefühl, geliebt und einzigartig zu sein.

Auch per Post kann man gemeinsame Interessen teilen oder Informationen über wichtige Ereignisse austauschen. Der Enkel, der seiner Oma sowohl ein Bild von seiner kleinen Schwester als auch einen lebendigen Bericht über die Abenteuer seiner Fußballmannschaft schickt, erwärmt ihr das Herz. Umgekehrt können Großeltern ihren Enkelkindern Fußballbilder für ihre Sammlung schicken. Oder Artikel aus Zeitungen und Magazinen über die Lieblingssportler, -schauspieler oder -musiker der Enkel.

Vielleicht hört sich ein „mutiger" Großvater sogar die Lieblingsmusik seiner Enkeltöchter an. Er könnte ihnen auch Karten für ein Konzert in ihrer Nähe zusenden. Natürlich meckert er über die Texte und die Musik. Aber sie lieben Opas Kommentare über die „Toten Hosen" oder die „Backstreet Boys".

Also: Ihrem Engagement ist nur eine einzige Grenze gesetzt, nämlich wie stark Ihr Wunsch ist, als kreative, Anteil nehmende Großeltern der Freund Ihrer Enkelkinder zu sein. Die Kilometer, die Sie voneinander trennen, spielen demgegenüber nur eine untergeordnete Rolle. Es gibt Großeltern, die wohnen im selben Wohnblock wie ihre Enkel und haben dennoch nicht teil an deren Leben. Man muß sich entscheiden und Prioritäten setzen. Es stellt sich die Frage: Wie sehr sind wir daran interessiert, im Leben unserer weit entfernt wohnenden Enkelkinder eine Rolle zu spielen? Sind sie uns wichtig genug, daß wir uns am Telefon gemeinsam ein Spiel anschauen? Wollen wir den Kontakt zu ihnen pflegen, indem wir schreiben? Sind wir dazu bereit, den Aufwand und die Kosten auf uns zu nehmen, eine Videokamera zu leihen? Ich hoffe, doch!

Wir können auch aus kilometerweiter Entfernung positiv auf unsere Enkelkinder einwirken. Man braucht dazu Kraft und Einfallsreichtum, aber wir können es schaffen!

Sich kennenlernen

Mit den oben beschriebenen Methoden können sich Enkelkinder und Großeltern, die weit voneinander getrennt sind, gegenseitig kennenlernen. Wenn Sie sich dazu entscheiden, Briefe zu schreiben, versuchen Sie folgendes:

- ➤ Regen Sie ein Schreibprojekt an. Fordern Sie Ihre Enkelkinder dazu auf, etwas über ihre Aktivitäten, Freunde, Schule und Gefühle zu schreiben.
- ➤ Schreiben Sie für Ihre Enkel eine Familienchronik. Benutzen Sie dazu ein Buch mit Blankoseiten, und füllen Sie es mit wichtigen Daten, Ereignissen, Beschreibungen und Erinnerungen. Fügen Sie Fotos und Zeichnungen hinzu.
- ➤ Beschreiben Sie interessante Ereignisse Ihrer Kindheit, Teenager- oder Studienzeit. Teilen Sie Ihre schönsten Kindheitserinnerungen mit. Erzählen Sie auch Anekdoten.
- ➤ Lassen Sie auch die schlechten Zeiten nicht aus: Arbeitslosigkeit, leere Schränke während der Wirtschaftskrise oder wie Oma sich langsam von einer Krankheit erholt hat. Beschreiben Sie, was passierte, als Ihr Sohn sich sein Bein brach. Vermitteln Sie ein Gespür für Familienzusammenhalt und Mut.
- ➤ Lassen Sie sich von den Enkelkindern einen typischen Schultag beschreiben oder was sie am Sonntag machen.
- ➤ Die kleineren Kinder könnten ein Bild malen, was sie gemacht haben oder wo sie waren.
- ➤ Beschreiben auch Sie einen schönen Ausflug oder ein lustiges Erlebnis. Lassen Sie dabei Ihre Gefühle erkennen.
- ➤ Würzen Sie alles mit viel Humor. Zeigen Sie den Kindern, daß das Leben Spaß machen kann, auch wenn es mal schwierig ist.

Auf diese Weise können Ihre Enkelkinder an Ihrem Leben und Sie am Leben Ihrer Enkelkinder teilhaben. Bald schon werden Sie sich nicht mehr als Fremde empfinden, wenn Sie einander sehen. Sie haben immer sofort eine Menge Gesprächsstoff.

Aber auch mit Hilfe Ihrer Kamera können Sie die Beziehung zu Ihren Enkelkindern, die in der Ferne leben, verbessern. Fotos von Ihnen sprechen Bände über Sie und Ihr Leben. Nancy, die in New Jersey lebt, schickt ihren Enkelkindern in Michigan regelmäßig Fotos als Postkarten. Sie zieht auf der Rückseite des Fotos Linien, schreibt den Namen und die Adresse darauf, erklärt das Foto kurz, klebt eine Briefmarke drauf und wirft es in den Briefkasten. Das hilft den Enkelkindern, ihre Großmutter lebendig im Gedächtnis zu behalten. Sie kennen ihre Interessen und haben eine ziemlich genaue Vorstellung von ihrem Haus und der Gegend, wo sie wohnt. Und diese „Fotopostkarten" finden immer ihren Platz an der Kühlschranktür oder der Pinwand im Kinderzimmer.

Ihre Enkelkinder müssen wissen, daß Sie nicht nur im Schaukelstuhl sitzen und Pullover stricken. Erklären Sie mit Hilfe von Briefen, Kassetten und Videofilmen, wie Ihr Leben aussieht. Verschaffen Sie Ihren Enkelkindern einen Eindruck von Ihren ausgefallenen Freunden und Ihren eigenen Marotten. In der Tat können Sie Ihre Enkel in hohem Maß an Ihrem Leben teilhaben lassen, obwohl Sie nicht in ihrer Nähe wohnen.

Es wäre einfach, nur im Sessel zu sitzen und über die vielen Kilometer zu jammern, die uns davon abhalten, unsere Enkelkinder kennenzulernen. Wieviel besser wäre es, aufzustehen, um etwas dagegen zu tun! Arthur Kornhaber, ein Forscher und selbst Großvater, schrieb: „Es sollte das Ziel von Großeltern sein, sich um die nachfolgenden Generationen zu kümmern und die emotionale Führung in einer großen Familie zu übernehmen." Wenn wir bereit sind, unsere Phantasie spielen zu lassen und einige unserer Hemmungen abzulegen, können wir das auch aus der Ferne tun.

Besuchsvorbereitungen

Zu guter Letzt gehört es zu den Aufgaben weit entfernt lebender Großeltern, Besuche vorzubereiten. Um das bißchen Zeit, das sie mit ihren Enkeln verbringen können, optimal zu nutzen, müssen sie die Besuche im voraus gut planen. Das ist sehr wichtig, egal, ob wir unsere Enkelkinder besuchen oder sie uns.

Es ist etwas ganz Besonderes, wenn wir unsere Enkelkinder ganz für uns allein haben. Ein paar Tage lang ihr einziger Wegbegleiter zu sein, ist eine besondere Freude. Wir genießen es, sie außerhalb ihrer gewohnten Umgebung zu sehen und sie in unserer Welt zu haben. Trotzdem ist die Vorfreude auf sie manchmal schöner als ihr eigentlicher Besuch, weil wir uns nämlich nicht richtig darauf vorbereitet haben. Wir sind erleichtert, wenn sie wieder gehen, und fühlen uns zugleich schuldig, weil wir nicht alles getan haben, was wir hätten tun können. Gute Vorausplanung kann eine Menge Zeit in Anspruch nehmen, bis man sicher ist, daß der nächste Besuch befriedigender wird.

Zunächst müssen wir ein paar grundsätzliche Fragen klären. Sind unsere Enkelkinder alt genug, um uns „ganz allein" besuchen zu können? Wie oft sollen sie kommen? Sollten wir alle Kosten, auch die Reisekosten, übernehmen? Was möchten wir mit ihnen unternehmen, wenn sie da sind?

In seinem Buch *How To Grandparent* („Die Rolle der Großeltern") empfiehlt Fitzhugh Dodson, daß Kinder mindestens fünf Jahre alt sein sollten, bevor sie allein die Großeltern besuchen.

Ein so kleines Enkelkind wird mit großer Wahrscheinlichkeit während des Besuches Heimweh bekommen. Aber das ist halb so schlimm, und in der Regel bekommt man es gut in den Griff, wenn es eine sorgfältige Vorbereitung seitens der Eltern gab und die Großeltern verständnisvoll reagieren. Wenn das Kind seine Lieblingspuppe oder ein Kuscheltier dabei hat, hilft das schon sehr viel. Man kann dem Kind auch vorrechnen, wie viele Tage es noch sind, bis es Mama und Papa wiedersieht. Vielleicht wird ein Telefonanruf nach Hause unumgänglich, aber diese Möglichkeit sollte man sich bis zum Schluß aufheben.

Bevor Sie dem Kind einen Besuch bei Ihnen vorschlagen, sollten Sie mit den Eltern darüber sprechen und ihre Zustimmung einholen. Klären Sie zuerst mit den Eltern die Einzelheiten der Reise, und sprechen Sie erst dann die Einladung an das Kind aus. Für Eltern gibt es kaum eine unangenehmere Situation, als wenn sie die Bösen sind, die dem Kind einen Besuch verweigern müssen, nur weil Opa Pläne geschmiedet hat, ohne sich vorher mit den Eltern abzusprechen.

Was die Länge des Besuches angeht, da ist es wichtig, daß Sie Ihr Enkelkind kennen. Außerdem sollte sich Ihr Enkel bei Ihnen zu Hause auch beschäftigen können. Wenn Sie in einer quicklebendigen Metropole leben, reichen zwei Wochen wahrscheinlich kaum aus, alle Möglichkeiten auszuschöpfen, die sich bieten. Wenn Sie hingegen abgelegen auf dem Land wohnen und Ihre Enkelkinder aus der Stadt kommen, können zwei Wochen unter Umständen zur Ewigkeit werden. Richten Sie sich nach folgendem Grundsatz: Es ist besser, daß sich Ihr Enkelkind bei der Abfahrt wünscht, es hätte länger bleiben können, als daß es nur darauf wartet, endlich wieder nach Hause zu kommen. Fangen Sie am besten mit einem kurzen Besuch an, der nur ein paar Tage dauert. Wenn die Kinder dann größer werden, können Sie die Besuche entsprechend verlängern.

Wie oft sollten Enkelkinder zu Besuch kommen? Wann sollten sie kommen? Die Antwort hängt von Ihnen und den Eltern ab. Wieviel Zeit können Sie aufbringen? Müssen Sie extra Urlaub nehmen? Oder sind Sie schon im Ruhestand? Wieviel Kraft haben Sie? Nur Sie können diese Fragen beantworten. Ihre persönliche Situation ist ausschlaggebend für Häufigkeit und Länge der Besuche.

Die Sommerferien sind für die meisten schulpflichtigen Enkel die beste Zeit, um ihre Großeltern zu besuchen. Mütter und Väter werden etwa ab der Mitte der Ferien dankbar für eine Atempause sein. Die Kinder langweilen sich inzwischen, weil sie alles schon hundertmal gemacht haben. Da kann ein Besuch bei Oma und Opa genau die Abwechslung sein, nach der alle lechzen.

Wenn die Großeltern in einer Gegend leben, wo es viel schneit, können die Weihnachtsferien eine gute Zeit für einen Besuch sein. Aber stören Sie nicht die Weihnachtstradition der Familie, indem Sie den Enkelkindern überraschend vorschlagen, diese Ferien bei Ihnen zu verbringen. Die meisten Eltern möchten Weihnachten mit der ganzen Familie feiern – und das sollen sie auch! Sie könnten aber vorschlagen, daß die Kinder direkt nach Weihnachten zu Ihnen kommen und nach Neujahr wieder zurückfahren. Denken Sie daran: Zuerst muß die Reise mit den Eltern geplant werden, dann erst mit den Enkelkindern.

Vielleicht können Sie auch verschiedene Termine vorschlagen und die Kinder entscheiden lassen. Das vermittelt ihnen ein Gefühl der Eigenständigkeit. Außerdem vermeiden Sie so, daß die Kinder den Eindruck haben, sie würden abgeschoben, weil sie Mama und Papa auf die Nerven gehen.

Die wichtigste Frage, die sich Großeltern stellt, wenn ihre Enkelkinder zu Besuch kommen, lautet: Was machen wir mit ihnen, wenn sie da sind? Es gibt vier Regeln, an die Sie sich bei Ihrer Vorbereitung halten können, ganz egal, ob die Enkel fünf oder fünfzehn Jahre alt sind:

1. *Seien Sie einfach für Ihre Enkelkinder da.* Schaffen Sie Freiräume in Ihrem Tagesablauf. Das ist der erste und wichtigste Schlüssel für einen schönen Besuch, der alle zufriedenstellt. Ich kenne Großeltern, die sich das ganze Jahr über auf den Besuch ihrer Enkelkinder freuen, sich dann aber weigern, den Kegelabend oder das regelmäßige Frühstückstreffen mit den Freundinnen abzusagen. Wenn Ihre Enkelkinder bei Ihnen sind, müssen Sie sich ihnen auch ganz zur Verfügung stellen. Wenn Sie noch nicht im Ruhestand sind, nehmen Sie etwas Urlaub. Suchen Sie jemanden, der Sie beim Kegeln vertritt. Vor allem kleinere Enkel sind enttäuscht, wenn sie die zweite Geige in Omas oder Opas vollem Terminplan spielen müssen.

Unsere ganzen Vereine sind nicht annähernd so wichtig wie unsere Enkelkinder! Genaugenommen, gilt das auch für geschäftliche Verabredungen oder Vorstandsversammlungen. Auch der Steuerberater kann warten. Wenn Ihre kostbaren Enkel weit weg wohnen, ist Ihre Zeit mit ihnen ohnehin schon begrenzt. Also zeigen Sie ihnen, wie wichtig sie sind und wie sehr Sie sie lieben, indem Sie sich die Mühe machen und Ihr tägliches Leben auf sie abstimmen, wenn sie endlich einmal da sind. Sogar die jüngsten Enkelkinder werden das merken und Ihre Liebe zu ihnen spüren.

Wenn Sie nach einem Besuch mit den Eltern sprechen, machen Sie nicht viel Aufhebens von den Opfern, die Sie bringen mußten, um Zeit für Ihre Enkelkinder zu haben. Die Antwort könnte sonst lauten: „Papa, wenn du so viel dafür aufgeben mußt, dann vergiß es. Es ist sowieso viel einfacher, wenn sie zu Hause bleiben. Du brauchst dir in Zukunft keine Umstände mehr machen." Kreative Großeltern schenken ihre Zeit gerne ihren Enkelkindern, um sie aufwachsen zu sehen und sich an ihrer Gegenwart zu erfreuen. Seien Sie für sie da!

2. *Seien Sie flexibel.* Auch Flexibilität ist unabdingbar, damit der Besuch Ihrer Enkelkinder gelingt. Oft freuen wir uns so sehr auf diese seltenen Gelegenheiten, daß unsere Erwartungen an den Verlauf der Woche starr und unrealistisch werden. Wir erwarten, daß unsere Enkelkinder sofort in unsere Arme springen und uns uneingeschränkt und vorbehaltlos lieben. Meistens sieht die Realität aber anders aus. Kleinere Kinder brauchen vielleicht ein paar Tage, um mit Oma und Opa, die sie wochen- oder monatelang nicht gesehen haben, warm zu werden. Älteren Enkelkindern könnte Ihre Zuneigung peinlich sein. Möglicherweise fragen sie sich, was Sie wohl zu der körperlichen und geistigen Entwicklung sagen werden, die sie seit ihrem letzten Besuch durchgemacht haben. Setzen Sie weder die Kinder noch sich selbst unter den Druck, es müsse alles sein wie immer. Und erwarten Sie von dem Besuch nicht einen Höhepunkt nach dem anderen (wobei Sie auch noch definieren, was Sie als „Höhepunkt" gelten lassen). Versuchen Sie nicht, kostbare Momente früherer Besuche jedes Jahr von neuem zu erleben.

Einer Großmutter bedeuteten die jährlichen Besuche ihrer beiden Enkelkinder sehr viel. Sie lebte auf einem alten Bauernhof, und die Enkelkinder lebten in der Stadt. Jedes Jahr kamen sie zu Besuch und arbeiteten dann mit ihr im Garten. Die Kinder hatten viel Spaß daran. Sie gingen in den Wald oder auf die Felder hinter dem Haus und pflückten wilde Erdbeeren und

Blaubeeren. Das war eine Tradition, auf die sich Oma und Kinder gleichermaßen freuten. Sie ernteten frisches Obst, und Oma machte daraus einen Strudel zum Abendessen. Aber als die ältere Enkeltochter Tina dreizehn wurde, wollte sie keine Beeren mehr pflücken. Sie interessierte sich mehr für die Jungs, die auf dem Bauernhof am Ende der Straße wohnten. Die Oma war gekränkt und verärgert. Was war mit Tina los? Hatte sie ihre Oma nicht mehr lieb? Warum konnte sie nicht einfach tun, was sie immer getan hatte? Wollte Sie der Oma Schwierigkeiten machen?

Die Antwort auf diese Fragen lautet natürlich „Nein". Tina wurde einfach nur älter. Ihre Bedürfnisse und Interessen hatten sich verändert, wie sich auch ihr Körper veränderte hatte. Die Großmutter beging den Fehler, ihre 13jährige Enkelin noch immer für die Siebenjährige zu halten, die mehr wilde Erdbeeren aß, als sie in den Eimer legte. Das Mädchen hatte sich verändert, und auch Omas Erwartungen mußten sich ändern.

Zu hohe Erwartungen können mit Sicherheit einen Besuch Ihrer Enkel ruinieren. Seien Sie deshalb flexibel. Machen Sie sich klar, daß ein Jahr oder bereits sechs Monate einen enormen Unterschied in der Entwicklung Ihres Enkelkindes ausmachen können. Vielleicht ist es gut, wenn Sie die ersten Tage nicht mit Aktivitäten verplanen, die den Kindern bei früheren Besuchen gefallen haben. Nutzen Sie statt dessen die Zeit, um die Kinder von neuem kennenzulernen. Stellen Sie fest, wo sie stehen, und finden Sie heraus, was sie mögen. Finden Sie eine gemeinsame Basis, und bauen Sie darauf auf.

3. Führen Sie Traditionen ein. Flexibilität schließt die Einführung von Familientraditionen nicht aus. Große und kleine Rituale gewährleisten für Großeltern und Enkelkinder, die sich selten sehen, Kontinuität. Sie können ein Ausgangspunkt sein, um eine ruhende Beziehung wieder aufleben zu lassen. Wenn an diese Traditionen nicht zu hohe Erwartungen gestellt werden, können sie dazu beitragen, sich an eine Beziehung zu erinnern und sie wieder zu erneuern.

Als unsere Kinder klein waren, lebten wir in beträchtlicher Entfernung von meinen Eltern. Da wir uns nur selten sahen, gestalteten sich die ersten gemeinsamen Stunden meist eher schwierig. Jon hatte dafür eine Lösung. Wenn seine Oma erfuhr, daß die Jungs zu Besuch kamen, backte sie immer kleine runde Kuchen mit Zuckerguß. Kamen wir dann an, versuchte Jon gar nicht erst, ein harmloses Gespräch mit seinen Großeltern anzufangen. Er ging direkt in die Küche des geräumigen Bauernhauses, um Omas Kuchen zu suchen. Seine ersten Worte waren immer dieselben: „Oma, wo ist der Kuchen? Ich habe schon die ganze Fahrt an ihn gedacht." Was als einfaches, zufälliges Ereignis angefangen hatte, wurde zu einer Tradition, die es den Großeltern und Enkelkindern erleichterte, eine warme Beziehung zueinander aufzubauen.

Diese Tradition hält nun bereits fünfzehn Jahre lang an. Bei jeder Fahrt zur Oma nahmen sich Jon und Jack vor, zuerst den Kuchen zu essen, bevor sie irgend etwas anderes tun würden. Oma liebte das. Jon ist jetzt Ende Zwanzig und hat selbst zwei Kinder. Aber immer wenn er Oma besucht, geht er zuerst in die Küche, um nachzusehen, ob es den Kuchen gibt. Und meistens gibt es einen.

Das ist ein einfaches, kleines Ritual. Es gibt andere, die von größerer Bedeutung sind.

Oma konnte es nicht erwarten, bis ihre Enkelin Lisa zu Besuch kam. Sie müssen wissen, daß Lisa gerade zehn geworden war, und das war für Mädchen in Omas Familie ein ganz besonderes Alter. Wenn ein Mädchen zehn wurde, brachte Oma ihm das Nähen bei. Als sie vor fast fünfzehn Jahren ihrer ersten Enkelin das Nähen beibrachte, beschloß sie, ihre lebenslange Erfahrung im Nähen auch an die nachfolgenden Enkeltöchter weiterzugeben. Immer wenn eine Enkelin zehn Jahre alt wurde, verbrachte sie eine Woche im Sommer bei ihrer Oma, um Nähen zu lernen. Die jüngeren fragten dann immer: „Darf ich es auch lernen?" Aber Großmutter wußte um die Bedeutung von Geduld und Gerechtigkeit, und so mußte jede Enkeltochter warten, bis sie an die Reihe kam.

Wenn dann schließlich ihr zehnter Geburtstag kam und die

Sommerferien anfingen, flatterte zuverlässig eine offizielle Einladung ins Haus: „Liebe Lisa, ich möchte Dich gerne in diesem Sommer eine Woche lang zu mir einladen. Du bist jetzt zehn Jahre alt, und ich würde mich freuen, Dir das Nähen beibringen zu dürfen." Der Brief war immer derselbe, aber diese beinahe förmlichen Worte waren Musik in den Ohren der Mädchen. Und was Oma angeht, nun ja, sie brachte ihnen das Nähen bei, weil sie glaubte, es sei wichtig für die Enkelinnen, daß sie es könnten. Oma bedeutete diese Fertigkeit etwas, darum wollte sie sie weitergeben. Als Oma dann älter wurde, schien es ihr, als würden die Mädchen immer jünger. Mit jedem Jahr wurde es schwieriger, gemeinsamen Gesprächsstoff zu finden. Aber es gab immer noch das Nähen. Manche Mädchen wurden ziemlich geschickt im Umgang mit Nadel, Faden und Nähmaschine. Andere hingegen bekamen den Dreh nie richtig heraus. Aber das störte Oma nicht. Sie genoß die gemeinsamen Stunden. Es waren Stunden, in denen sie das hübsche Profil ihrer Enkelin betrachtete, während diese über den Schnitten brütete, oder wie sie ihren Kopf hielt, wenn sie sich konzentrierte.

Als ihre Enkeltöchter Teenager wurden und über Musik oder Jungen redeten, wurde Oma unsicher, aber meistens konnte sie dennoch ein lebhaftes Gespräch anstoßen, indem sie sagte: „Ich kann mich noch gut daran erinnern, als du zehn warst und zum ersten Mal ein Stück Stoff in die Nähmaschine gespannt hast . . ." Dann erhellte sich das Gesicht ihrer Enkeltochter, und die Jahre, die sie voneinander trennten, waren wie weggewischt – ebenso ihre unterschiedlichen Wertvorstellungen und Sorgen. Aus dieser Tradition schöpften sie Kraft für ihre Beziehung.

Traditionen sind äußerst wichtig, wenn unsere Enkel weit weg wohnen. Sie garantieren ein gewisses Maß an Verbindung zwischen Großeltern und Enkelkindern. Sie helfen dabei, sich an Opa zu erinnern. Sich einfach so an ihn zu erinnern, ist schwer, doch die Erinnerungen an die regelmäßigen Ausflüge in den Wald oder die täglichen Spaziergänge zum Kiosk fallen leicht. Traditionen überbrücken Entfernungen.

Wenn Sie die Entfernung zwischen sich und Ihren Enkelkindern verkleinern wollen, führen Sie Traditionen ein. Zwingen Sie diese Ihren Enkelkindern allerdings nicht auf. Sie müssen allen Beteiligten Spaß machen. Schauen Sie sich die Dinge, die Sie mit Ihren Enkelkindern so machen, mal genauer an. Wahrscheinlich gibt es da schon traditionelle Züge. Weisen Sie Ihre Enkel darauf hin. Ihre Enkelkinder sollen wissen, daß Sie diese Traditionen genauso schätzen wie sie, daß Sie sich freuen, sie mit ihnen zu teilen, und daß Sie diese Gewohnheiten gern beibehalten wollen. Aber lassen Sie die Traditionen auch sterben, wenn die Kinder irgendwann aus ihnen herauswachsen.

Traditionen werden zu einer wichtigen Quelle gemeinsamer Erinnerungen, und über ihre Episoden kann man später lachen. Wenn aus unseren kostbaren kleinen Enkelkindern bereits Erwachsene geworden sind, können die Erinnerungen an alte Traditionen es uns warm ums Herz werden lassen. Wir denken oft an sie. Auch wenn die Jahre vergehen, diese gemeinsamen Erinnerungen bleiben bestehen.

4. Überlassen Sie Ihren Enkelkindern die Führung. Ein letzter Grundsatz für Besuche von Enkelkindern ist dieser: Überlassen Sie den Kindern die Führung. Wir haben Ihnen bereits im Kapitel über Kleinkinder den Rat gegeben, sich dem Tagesablauf des Kindes anzupassen. Gehen Sie also während eines Besuches auf die Interessen und Wünsche Ihrer Enkel ein. Sie haben 51 Wochen im Jahr, in denen Sie tun können, was Sie wollen. Aber wenn die Kinder bei Ihnen sind, dürfen sie bestimmen, was gemacht wird. Ihre Enkelkinder sollen Ihnen sagen, was sie tun möchten und wie sie ihre Zeit verbringen wollen. Bieten Sie ihnen eine Reihe von Möglichkeiten zur Auswahl, und hören Sie sich ihre Vorschläge an.

Manche Großeltern lassen ihren Enkeln die Wahl zwischen zwei verschiedenen Kegelbahnen. Das ist natürlich keine echte Auswahl. Ein wirkliches faires Angebot könnte dagegen so aussehen: Kegeln, Minigolf, Schwimmbad oder Einkaufsbummel. Lassen Sie Ihre Enkelkinder entscheiden – und setzen Sie ihre Entscheidung dann auch in die Tat um!

Wenn man den Kindern die Führung überläßt, gibt man ihnen während ihres Besuches das Gefühl, der wichtigste Mensch für uns zu sein. Oft behaupten wir, unser Leben drehe sich nur um sie, aber wenn sie dann da sind, haben wir oft sehr klare Vorstellungen von dem, was wir tun wollen. Machen Sie sich diese Gefahr bewußt, und kämpfen Sie dagegen an. Indem Sie Ihren Enkeln das Entscheidungsrecht einräumen, zeigen Sie ihnen Ihre Liebe und daß sie wertvoll sind.

Wenn Sie Ihre Enkelkinder besuchen

Wenn Sie Ihre Enkelkinder besuchen, sieht die Sache ein bißchen anders aus. Damit der Besuch gelingt, müssen Sie taktvoll, diskret und selbstlos sein. Doch im Grunde sind die Voraussetzungen für einen gelungenen Besuch bei Ihren Enkelkindern recht einfach:

➤ Denken Sie daran, wo Sie sind.
➤ Lernen Sie, Ihre Enkelkinder mit anderen zu teilen.
➤ Schweigen Sie.
➤ Passen Sie sich an.

Denken Sie daran, wo Sie sind. Wenn wir unsere Kinder und Enkelkinder besuchen, sollten wir nicht vergessen, daß wir die Gäste sind. Unsere Kinder führen ein ausgefülltes Leben, das sich nicht um uns dreht. Obwohl sie sich vielleicht sehr freuen, uns zu sehen, können sie uns auch als störend empfinden. Den ersten Schlüssel zu einem gelungenen Besuch bringen Dorothys Worte zu Tom auf den Punkt: „Wir sind nicht mehr in Kansas." Wir sind nicht mehr in unserer eigenen Umgebung. Hier bestimmen nicht wir die Spielregeln. Unsere Kinder legen sie fest. Und wir müssen die Regeln, die unsere Kinder für unsere Enkel aufgestellt haben, respektieren. Dazu gehören beispielsweise die Schlafenszeit, der Umgang mit Süßigkeiten, Erziehungsmaßnahmen und vieles mehr. Denken Sie immer daran, wo Sie sind!

Lernen Sie, Ihre Enkelkinder mit anderen zu teilen. Es ist wahr, wir sind die Besucher – die Gäste. Dennoch müssen wir diese kostbaren Kinder mit Schule, Freunden, Eltern und eigenen Interessen und Aktivitäten teilen.

Wenn sie uns besuchen, dreht sich ihr Interesse gewöhnlich um uns. Sie sind in einer fremden Stadt und kennen niemanden. Da ist es ganz natürlich, daß sie sich an uns hängen und uns zum Mittelpunkt des Universums machen. Aber wenn wir sie besuchen, ist das etwas anderes. Sie haben weiterhin ihre täglichen Aktivitäten und ihre Freundschaften. Wir sind nur ein Mosaikstein unter vielen. Beispielsweise mögen unsere Enkelkinder im Teenageralter unsere Umarmungen und Küßchen, wenn sie uns besuchen. Aber vor ihren Eltern und Geschwistern sind sie ihnen vielleicht peinlich, und sie ziehen sich zurück. Das ist in Ordnung. Es bedeutet nicht, daß sie uns nicht mehr lieben. Es bedeutet lediglich, daß wir uns auf ihrem Terrain befinden und feinfühlig mit ihren Gefühlen umgehen müssen. Da wir sie ohnehin mit anderen teilen müssen, können wir uns genausogut damit abfinden.

Schweigen Sie. Vielleicht gefällt es Ihnen nicht, wie Ihre Enkelkinder erzogen werden. Ob Ihre Kinder nun zu streng sind oder zu nachgiebig, sehr wahrscheinlich würden Sie es in den meisten Fällen anders machen. Unterdrücken Sie das Verlangen, alles zu kommentieren, womit Sie nicht einverstanden sind. Und reden Sie nicht mit Ihren Kindern darüber, als wären sie wieder elf Jahre alt. Die dritte Regel für einen gelungenen Besuch lautet: Schweigen Sie! Wir sind nicht eingeladen worden, um die erzieherischen Fähigkeiten unserer Kinder zu kritisieren oder ihren Haushalt zu beurteilen. Wir sind als liebende Großeltern gekommen.

Was kann gefährlicher sein als eine Großmutter, die von jeher eine Mischung aus „Meister Proper" und dem „General" war? Ihr Feind ist der Staub, und Dreck ist ihr ein Greuel. Ihr Sohn heiratet ein nettes Mädchen, das eine durchschnittliche Hausfrau ist. Oma kommt zu Besuch, hält es nicht aus und beschließt, ihrer Schwiegertochter neue Maßstäbe zu setzen.

(Vielleicht sorgt sie sich auch insgeheim um die Gesundheit ihrer Enkelkinder.) So fängt sie an, Bemerkungen fallenzulassen, und macht reihenweise Verbesserungsvorschläge. Was glauben Sie wohl, wie sich die Schwiegertochter fühlt? Wie eine elende Versagerin! Sie muß glauben, daß Oma der Meinung ist, ihre Schwiegertochter sei für ihren Sohn oder ihre Enkelkinder nicht gut genug.

Eine Familie ging mit der Nörgelei folgendermaßen um: Der Sohn ging zu seiner Mutter und sagte ganz direkt: „Mama, wenn es dir nicht paßt, wie wir leben, dann geh wieder nach Hause. Ich weiß, daß du die Kinder liebst, und wir lieben dich auch, aber einen Besuch wie diesen wird es nicht mehr geben." Der Großmutter stockte der Atem. Dann weinte sie. Aber schließlich sagte sie sich, daß das Haus im Grunde ja sauber sei, und gab vor sich selbst zu, daß ihr Sohn recht hatte. Sie hatte bei ihrem Besuch einen ehernen Grundsatz verletzt: zu schweigen. Mittlerweile behält sie ihre Gedanken für sich und besucht weiterhin ihre Enkel.

Passen Sie sich an. Damit die Besuche bei unseren Enkelkindern nicht im Streit enden, müssen wir mehr als nur flexibel sein. Anpassungsfähig sein heißt nicht nur, seine eigenen Rituale und Tagesabläufe zurückzustellen, sondern sich den Ritualen und Abläufen des Haushaltes, den man besucht, unterzuordnen. Bemühen Sie sich, ein Teil davon zu werden. Wenn Sie in der Lage sind, sich der Routine und dem Lebensstil der besuchten Familie anzupassen, wird Ihr Besuch weniger anstrengend sein und wesentlich erfreulicher verlaufen.

Als Großeltern weit entfernt von den Enkeln zu leben, kann eine schmerzhafte, schwierige Erfahrung sein. Aber mit etwas Planung und Kreativität lassen sich Streit vermeiden und Befriedigung finden. Entweder lassen wir es zu, daß die Kilometer uns besiegen und uns in bloße Beobachter verwandeln, die von fern zusehen, wie ihre Enkelkinder zu jungen Männern und Frauen heranwachsen. Oder wir stellen uns der Herausforderung, in ihrer Entwicklung eine besondere Rolle zu spielen. Wir fordern Sie deshalb auf: Geben Sie sich Mühe, engagierte, kreative Großeltern zu sein. Die Kilometer sind ein Hindernis, das von Ihnen Kreativität und Engagement verlangt. Aber die Entfernung sollte Sie nicht davon abhalten, ein wichtiger Teil im Leben Ihrer Enkelkinder zu sein.

Checkliste für kreative Großeltern

❑ Ich habe die Tatsache akzeptiert, daß meine Enkelkinder weit weg leben.

❑ Ich beklage mich nicht mehr darüber.

❑ Ich habe mir vorgenommen, mit jedem meiner Enkelkinder Kontakt zu halten, sei es wöchentlich oder wenigstens monatlich.

❑ Ich weiß, was mir eher liegt: Briefe oder Telefonanrufe.

❑ Ich habe den Kindern ein Foto geschickt, das mich innerhalb der letzten drei Monate in meiner Umgebung zeigt.

❑ Ich schicke zu Geburtstagen, Weihnachten und besonderen Anlässen Päckchen.

❑ Ich habe mit meinen Enkelkindern einige Traditionen eingeführt.

❑ Ich besuche sie mindestens einmal im Jahr.

❑ Wenn ihre Eltern sie für alt genug halten, besuchen meine Enkelkinder mich.

❑ Damit ich meine Enkelkinder besser verstehen kann und auf sie vorbereitet bin, habe ich etwas über das Thema „Kindheit und Pubertät" gelesen.

❑ Ich habe mich erkundigt, wie ich ihnen bei ihrer Ausbildung am besten helfen kann.

❑ Ich werde mit ihren Eltern alle meine Absichten vorher besprechen.

Sie und Ihre Kinder

Wissen Sie, ich wünschte, ich hätte gleich als Opa anfangen können. Das Elterndasein einfach überspringen und von Anfang an Opa sein ...! Daß man zuerst Vater sein muß, bevor man Großvater sein kann, beweist, glaube ich, daß Gott Humor hat."

Als wir für dieses Buch Großeltern befragten, hörten wir solche Kommentare immer wieder. Das liegt wohl daran, daß so viele von uns als Eltern zu kämpfen hatten. Aus unseren Kindern ist nicht unbedingt das geworden, was wir uns erhofften. Die Umwege, die sie gingen, haben uns manchmal ziemlich große Sorgen bereitet. Und wenn wir uns über das scheinbare Versagen unserer Kinder ärgerten, schämten wir uns unseres Zorns, und das ärgerte uns nur noch mehr. Wir zweifelten unsere erzieherischen Fähigkeiten an. „Mache ich alles richtig? Kann man es überhaupt ganz richtig machen? Warum nur kommen Kinder nicht mit einer Gebrauchsanleitung auf die Welt ...?"

Zweifelsohne haben Eltern manchmal einen harten Job, und die wenigsten jungen Mütter und Väter sind darauf vorbereitet. Auch wir mußten im Laufe der Zeit dazulernen und manch bittere Pille schlucken. Im Gegensatz dazu ist Großeltern sein das reinste Zuckerschlecken – und das zu genießen, fällt nicht schwer!

Die Freude, die wir als Großeltern erleben, kann uns dazu verleiten, unsere Kinder zu übersehen – doch sie sind die Grundlage unserer Beziehung zu unseren Enkelkindern. Wir müssen erkennen, daß unsere Beziehung zu unseren erwachsenen Kindern die Beziehung zu den Enkeln unmittelbar und grundlegend beeinflußt. Wir können nicht so tun, als hätte es vorher nichts anderes gegeben. Unsere Vergangenheit, die sich vor den Augen unserer Kinder abgespielt hat, hat große Auswirkungen auf unsere Rolle als Großeltern.

Damit wir kreative und gute Großeltern sein können, müssen wir eine gesunde und starke Beziehung zu unseren Kindern haben. Wir werden das an einem Beispiel veranschaulichen. Jim ist gern Großvater. Er kann es kaum erwarten, mit seinen Enkelsöhnen im Alter von sieben, fünf und drei Jahren zusammen zu sein. Manche mögen ihm vielleicht vorwerfen, daß er seine Jungs verwöhnt, wenn sie ihn besuchen. Doch wenn man etwas in dieser Richtung zu ihm sagt, verteidigt er sich mit dem Hinweis, er sehe sie schließlich nur viermal im Jahr.

Dabei ist Jim kein Großvater, der weit weg von seinen Enkeln wohnt. Denn die leben nur etwa fünfundzwanzig Minuten entfernt. Aber Jim und seine Tochter verstehen sich nicht besonders gut. Sie hält ihn für einen schlechten Vater, und er findet sie undankbar. Die Bitterkeit zwischen ihnen verstärkte sich noch, als sie auszog. Noch immer haben sie die Verletzungen und die Wut der Vergangenheit nicht aufgearbeitet. Jim sieht seine Enkel nur viermal im Jahr, weil seine Tochter es nicht öfter zuläßt, und es macht ihn traurig, daß er keine größere Rolle in ihrem Leben spielen kann. Sein schlechtes Verhältnis zu seiner Tochter ist schuld daran, daß er so wenig Zeit mit seinen Enkeln verbringt.

In diesem Kapitel möchten wir untersuchen, welchen Einfluß die Eltern-Kind-Beziehung auf die Rolle der Großeltern hat. Zuerst werden wir zeigen, wie wichtig es ist, daß wir zu unseren erwachsenen Kindern immer eine gesunde Beziehung aufrechterhalten. Dann werden wir uns die Dynamik in unserem Verhältnis zu ihnen genauer ansehen. Zum Schluß werden wir Wege aufzeigen, wie man Beziehungen, die unter der Last ungelöster Konflikte leiden, erneuern kann.

Die großelterliche Rolle, besonders die engagierte und kreative, wie wir sie propagieren, kann nur mit Unterstützung Ihrer

Kinder wahrgenommen werden. Aber vielleicht haben Sie Streit mit ihnen. Wenn dem so ist, kann dieses Kapitel das wichtigste für Sie sein. Zuallererst müssen Sie sich darüber im klaren sein, daß es sehr weh tun kann, wenn Sie Ihre Kinder wiederentdecken. Aber es kann der Anfang von Heilung und Erneuerung sein. Holen Sie also tief Luft, und machen Sie sich bereit für einen ausführlichen Blick in die Vergangenheit, während wir überlegen, was Ihr heutiges Dasein als Großeltern mit Ihnen und Ihren Kindern zu tun hat.

Die Bedeutung einer guten Beziehung

Es ist nicht übertrieben, wenn wir behaupten, daß Ihre Beziehung zu Ihren Kindern große Auswirkungen auf ihre großelterliche Rolle hat. Im Gegenteil, sie ist sogar entscheidend für Ihre Zufriedenheit als Großeltern. Um das zu begründen, möchten wir zwei Begriffe in den Mittelpunkt der Betrachtung rücken: *Zugangskontrolle* und *Macht über Einstellungen*.

Zugangskontrolle. Unsere Kinder kontrollieren unseren Zugang zu unseren Enkelkindern. Wir können sie als die Schleuse betrachten, die zu unseren Enkelkindern führt. Wenn sie dagegen sind, daß wir unsere Enkel sehen, oder uns nur begrenzte Zeit mit den Kindern zugestehen, wird unser Leben ärmer sein.

Man muß kein Atomphysiker sein, um einzusehen, wie abhängig wir davon sind, daß uns der Zugang gestattet wird. Großeltern, die weit weg wohnen, sind auf ihre Kinder angewiesen, wenn sie über Postkarten und Telefonanrufe Zugang haben wollen. Aber auch wenn wir in der Nähe wohnen, kontrollieren unsere Kinder die täglichen Ereignisse im Leben unserer Enkelkinder.

Um zu veranschaulichen, wie wichtig die „Zugangsberechtigung" ist, sehen wir uns Alice und Mary an. Sie sind Nachbarinnen in einer Kleinstadt, jede hat einen fünfjährigen Enkel. Alices Enkelsohn wohnt etwa fünfundvierzig Kilometer von ihr entfernt. Marys Enkel lebt mehr als dreihundert Kilometer weit weg in einem Vorort von Chicago. Vergangenen Sommer verbrachte Mary zwei ganze Monate mit Jimmy. Sie besuchten den Zoo von Brookfield, den Strand und das Shedd Aquarium. Sie fuhren im schnellsten Aufzug der Welt auf den Sears Tower und hatten einen Riesenspaß.

Alice hat ihren Enkel Tony im letzten Jahr insgesamt nur zehn Stunden gesehen.

Warum konnte die eine Großmutter soviel mehr Zeit mit ihrem Enkel verbringen, obwohl sie so weit auseinander wohnen? Weil sie eine sehr gute Beziehung zu ihrer Tochter hat. Sie sind gerne zusammen. Ihre Tochter glaubt, daß es für Jimmy wichtig ist, seine Großmutter kennenzulernen. Daher gewährt sie Mary bereitwillig Zugang zu Jimmy.

Alice und ihr Sohn hingegen kämpfen noch immer mit dem Leid, das er ihr als Teenager zugefügt hat. Er trank und nahm Drogen. Und obwohl er schon seit sieben Jahren „trocken" ist, kann Alice ihm einfach nicht vergeben. Ihre verworrene Beziehung ist für Alice als Großmutter ein großes Hindernis. Zwar lädt sie den kleinen Tony jeden Sommer zu sich nach Hause ein. Aber sie betont jedesmal, daß die Einladung nur ihrem Enkel gilt – nicht ihrem Sohn. Voller Verbitterung wirft dieser daraufhin seiner Mutter an den Kopf, wenn er nicht gut genug für sie sei, dann sei es sein Sohn auch nicht.

Machen wir uns also nichts vor: Unsere Kinder kontrollieren den Zugang zu unseren Enkelkindern. Aber wenn wir gute Beziehungen zu unseren Kindern pflegen und hart daran arbeiten, alte Angelegenheiten zu klären und neue Probleme schnell und vernünftig aus der Welt zu schaffen, brauchen wir uns um unseren Zugang zu unseren geliebten Enkeln keine Sorgen zu machen.

Macht über Einstellungen. Unsere Kinder haben auch Einfluß auf Einstellungen. Ihre Einstellung uns gegenüber ist Vorbild für die Haltung der Enkelkinder gegenüber den Großeltern. Wenn unsere Kinder uns verdächtigen und mißtrauen, werden unsere Enkelkinder das sehr wahrscheinlich auch tun.

Die Macht über die Einstellungen der Kinder ist vielleicht von noch größerer Bedeutung als die Zugangskontrolle. Denn weder können wir die Haltung unserer Kinder uns gegenüber beeinflussen, noch können wir kontrollieren, was sie unseren Enkelkindern über uns erzählen. Ich habe Eltern erlebt, die in Gegenwart ihrer Kinder ständig die Großeltern schlechtgemacht haben. Natürlich bekommen diese leicht zu beeindruckenden, jungen Gemüter auf diese Weise ein negatives Bild von ihren Großeltern. Ihre Kinder samt ihren Ehepartnern können die Zuneigung Ihrer Enkelkinder sehr leicht in bestimmte Richtungen lenken.

Es gibt nun zwei mögliche Fehlreaktionen auf diese Erkenntnis: Wir können uns darüber ärgern und uns zurückziehen, oder wir können uns in übertriebener Weise bemühen, es unseren Kindern recht zu machen. Beides wird unserem Ziel, kreative Großeltern zu sein, nicht dienen. Ein Vater erzählte mir: „Meine Mutter ist nur deswegen nett zu mir, weil sie Angst hat, ich könnte ihr verbieten, die Kinder zu sehen, wenn sie mich so behandelt wie früher. Sie war von jeher scharfzüngig und überkritisch. Jetzt ist sie so übertrieben nett, daß ich es kaum aushalte!"

Ihre Kinder sind nicht dumm. Sie durchschauen Ihr Verhalten und erkennen Ihre Motive. Wenn Sie und Ihr Sohn in der Vergangenheit ein schwieriges Verhältnis zueinander hatten und Sie nach der Ankunft Ihres Enkels plötzlich in seinem Leben auftauchen, als wäre nichts gewesen, wird er Sie schnell durchschauen. Seine Wut und sein Groll aus der Vergangenheit werden nicht mit einem Mal weggewischt sein. Wir können keine nagelneue Beziehung anfangen und einfach alles, was vorher passiert ist, vergessen, nur weil wir jetzt ein Enkelkind haben.

Dennoch ist der Beginn der Großelternschaft eine wunderbare Gelegenheit, unsere Beziehung zu unseren erwachsenen Kindern zu verbessern. Der folgende Brief, den uns der 32jährige Bill zuschickte, macht dies deutlich:

Als ich auf der High School und auf dem College war, habe ich mich mit meinem Vater nicht gut verstanden. Genaugenommen, ist das noch milde ausgedrückt. Ich hatte immer das Gefühl, daß mein Vater zuviel von mir erwartete. Ich mußte der beste Sportler sein, alle Noten sollten sehr gut sein, ich mußte ein perfekter Christ sein. Das habe ich einfach nicht geschafft.

So rebellierte ich die meiste Zeit gegen meinen Vater, und in vielerlei Hinsicht habe ich mich ihm gegenüber wie ein Trottel verhalten. Wissen Sie, ich war gemein, wann immer ich konnte. Über die Jahre hat sich unsere Beziehung ein bißchen beruhigt. Er toleriert mich, und ich schreie ihn nicht mehr an. Aber unsere Vergangenheit haben wir nie richtig aufgearbeitet. Ich hätte das auch gar nicht für möglich gehalten, bis meine Tochter geboren wurde.

Sie ist das erste Enkelkind meiner Eltern. Es war komisch, aber als ich so über Marissas Bettchen stand, begann ich, meinen Vater zu verstehen. Ich erkannte, daß die Hoffnungen und Ängste, die ich bei meiner Tochter habe, denen gleichen, die er auch bei mir hatte. Und wenn ich ihn mit Marissa beobachte, entdecke ich eine Seite an ihm, eine Sanftheit, die ich vorher nie gesehen hatte. Neulich habe ich meinen Vater besucht und ihn zum ersten Mal in meinem Leben um Rat gefragt. Ich dachte, er würde sofort umfallen! Aber es ging nur ein Lächeln über sein Gesicht, und wir redeten miteinander. Wir haben richtig miteinander geredet! Zum ersten Mal seit zehn Jahren.

Weise Großeltern betrachten ihre Kinder nicht als Hindernis auf ihrem Weg zum Glück, sondern als Menschen, die Liebe, Verständnis und Unterstützung brauchen. Manche Großeltern lieben ihre Enkelkinder auf Kosten ihrer Kinder. Was für ein Unglück! Besonders oft passiert das Großeltern, die Schwierigkeiten haben, mit ihren Gefühlen für ihre erwachsenen Kinder umzugehen. Vielleicht denken diese Großeltern, ihre Kinder bräuchten ihre Anerkennung nicht mehr. Nichts ist weiter von der Wahrheit entfernt.

Bis jetzt sind wir davon ausgegangen, daß die Beziehung zwischen Großeltern und Eltern nicht besonders gut ist. Kommen wir zum entgegengesetzten Fall. Großeltern, die das Vertrauen, die Liebe und den Respekt ihrer Kinder genießen, werden mit hoher Wahrscheinlichkeit dieselben Gefühle von ihren Enkelkindern ernten. Meinen Titel „bester Großvater der Welt" habe ich nicht nur der Zeit zu verdanken, die ich mit meinen Enkeln verbringe, sondern auch der Art und Weise, wie meine Kinder mich und meine Taten ihren Kindern gegenüber darstellen, wenn sie mit ihnen über mich sprechen. Ich bin dankbar, daß meine Söhne mich lieben und respektieren. Ich zweifle nicht daran, daß die gute Beziehung, die ich zu meinen Enkelkindern habe, mit der Beziehung zu meinen Söhnen angefangen hat.

Weil wir wissen, wie wichtig unsere Kinder für die Möglichkeiten sind, die wir als Großeltern haben, müssen wir unsere Kinder mit Liebe und Respekt behandeln – besonders in Gegenwart unserer Enkelkinder. Es ist traurig, daß dies oft nicht der Fall ist. Um ganz ehrlich zu sein, auch ich habe in diesem Punkt oft versagt. Manchmal denke ich, daß meine Frau Judy und ich ein Buch hätten schreiben können mit dem Titel: *Wie man seine Kinder in Verlegenheit bringt und sie ärgert.* Wenn Sie Ihre Beziehung zu Ihren Kindern so richtig ruinieren, ihre Einstellungen vergiften und sie dazu zwingen möchten, daß sie Ihre Zeit mit Ihren Enkelkindern drastisch einschränken, haben wir einige Tips für Sie:

1. *Reißen Sie die Elternrolle an sich.* Das funktioniert immer. Nichts wird Ihre Kinder mehr aufregen, als wenn Sie ihre Rolle übernehmen. Sie sind die Großeltern. Wenn Sie sich als Eltern aufspielen, berauben Sie Ihre Kinder ihrer Aufgabe – von ihrem Recht und ihrer Verantwortung vor Gott ganz zu schweigen. Mischen Sie sich bei erzieherischen Maßnahmen

immer ein. Sagen Sie Ihren Enkelkindern, daß Sie sie nie dafür bestraft hätten. Sehen Sie Ihren Kindern immer über die Schulter, wenn sie ihre Elternrolle ausüben. Seufzen Sie jedesmal laut und deutlich, wenn Sie mit dem Erziehungsstil nicht einverstanden sind. Tun Sie so, als hätten Sie die Verantwortung für die Erziehung der Kinder. Ich bin sicher, daß Ihre Kinder sich genauso wie meine darüber freuen werden, wenn sie zu hilflosen, unbeteiligten Zuschauern im Leben ihrer eigenen Kinder werden!

2. *Untergraben Sie die Autorität Ihrer Kinder.* Um das gute Verhältnis zwischen Ihnen und Ihren Kindern schnell und gründlich zu zerstören, müssen Sie ihre Autorität ruinieren. Wenn Ihre Kinder Ihren Enkeln verbieten, vor dem Abendessen Süßigkeiten zu essen, ignorieren Sie das einfach, und kaufen Sie ihnen ein Eis. Je größer, desto besser. Schließlich sind ja wir, Sie und ich, die wirklichen Erwachsenen, nicht wahr? Wir wissen es besser als unsere Kinder. Ich weiß, irgendwie sind sie auch Erwachsene, aber wenn wir nicht wären, würden sie den Enkelkindern nie einen Spaß gönnen. Ohne uns würden sie als Eltern jämmerlich versagen. (Vielleicht ist es eine gute Idee, ihnen das mal zu sagen.)

3. *Kritisieren Sie Ihre Kinder in der Öffentlichkeit.* Wenn Sie Ihre Kinder noch nicht richtig wütend gemacht haben, als Sie sich zu Eltern Ihrer Enkelkinder machten, dann kritisieren Sie sie vor anderen Menschen. Das hilft bestimmt. Sie müssen dabei nicht einmal gemein sein. Geben Sie einfach nur allen Leuten zu verstehen, daß Ihre Kinder als Eltern noch viel zu lernen haben. Hinterlassen Sie den Eindruck, als hätten Sie auf alle Fragen eine Antwort. Das macht man am besten vor ihren Freunden oder noch besser vor Ihren Enkelkindern. Setzen Sie alles daran, die Glaubwürdigkeit Ihrer Kinder den Enkelkindern gegenüber zu untergraben. „Opa weiß es wirklich besser als du, Papa, also hör auf ihn."

Aus einem unerklärlichen Grund ruft das bei Ihrem Sohn oder Ihrer Tochter heftige Stimmungsumschwünge hervor.

„Aber, mein Junge, ich kann es nicht glauben, daß du die Kinder bei diesem Wetter ohne Mütze hinausgehen läßt. Und schau dir mal ihre Mäntel an! Seit wann hast du die nicht mehr gewaschen? Wenn du nicht genug Geld für Wintermäntel hast, sag es mir, und ich . . ." Ein paar Sätze wie diese, und Sie brauchen sich keine Sorgen mehr darüber zu machen, ob Sie Ihre Enkelkinder jemals wiedersehen.

4. *Übertrumpfen Sie Ihre Kinder mit Liebesbeweisen.* Eine andere gute Möglichkeit, Ihre Kinder gegen Sie aufzubringen, ist, wenn Sie ihnen bei der Erkenntnis helfen, daß Ihre Liebe zu den Enkelkindern viel größer ist als die Ihrer Kinder. Natürlich kann es dazu notwendig werden, daß Sie Ihre Enkelkinder mit Süßigkeiten, Kleidung und Spielsachen bestechen. Bereiten Sie sich ein paar Monate lang auf den großen Moment vor. Und wenn er dann da ist, führen Sie die Enkelkinder in das Wohnzimmer, wo die ganze Familie versammelt ist. Dann fragen Sie mit klarer, deutlicher Stimme: „Also, wen habt ihr mehr lieb? Mama oder Oma?" Eltern werden immer darüber erfreut sein, wenn ihre kurz zuvor noch bestochenen Kinder auf Oma zeigen.

5. *Lassen Sie die Vergangenheit nicht ruhen.* Sie können Ihre Kinder auch wunderbar vor den Kopf stoßen, indem Sie sie daran erinnern, wie schlecht sie sich Ihnen gegenüber verhalten haben, als sie klein waren. Erinnern Sie sie ständig an vergangene Fehler. Sorgen Sie dafür, daß Ihre Kinder nie vergessen, wie sehr sie Sie verletzt haben. Betonen Sie, daß das Leben ohne sie viel einfacher gewesen wäre. Erzählen Sie von dem Leid, das sie in Ihrem Leben verursacht haben. Wenn Sie das tun, garantiere ich Ihnen, daß Sie nicht viel Zeit für Ihre Großelternrolle aufbringen müssen. Ihre Kinder und Enkel werden Sie fortan wie die Pest meiden. Und das sollten sie auch!

Versuchen Sie, die Beziehung, die Sie zu Ihren Kindern haben, zu verstehen

Als Peter sechzehn Jahre alt war, hatte er das erste Mal so richtig die Nase voll von seinen Eltern. Dabei hielten sie das Ganze nur für eine Kleinigkeit. Peter war ganz aufgeregt von der Schule nach Hause gekommen, weil er eine gute Note für eine Erzählung bekommen hatte. Seine Lehrerin hatte ihm nicht nur eine „Eins" gegeben, sie hatte auch voller Begeisterung gesagt, er solle sich überlegen, ob er mit seinem Talent und seiner Phantasie nicht Schriftsteller werden wolle.

Peter stürmte durch den Vordereingang, um seinen Eltern diese großartige Botschaft zu verkünden: „Mama, Frau Burdick glaubt, ich könne Schriftsteller werden. Sie findet meine Geschichten einfach toll. Ich glaube, jetzt weiß ich, was ich studieren möchte."

„Ganz ruhig, Peter. Wovon sprichst du überhaupt? Du weißt, daß dein Vater dich gerne als Maschinenbauingenieur sehen würde. Wir haben doch schon darüber diskutiert und auch bereits entschieden. Bei deinen Fähigkeiten in Mathematik und Technik wärst du dumm, so etwas Unsicheres wie die Schriftstellerei anzufangen. Du weißt doch, daß die meisten Schriftsteller kaum Geld mit ihren Büchern verdienen. Die müssen alle als Kellner und Geschirrspüler in Restaurants arbeiten. Warte, da kommt dein Vater. Bill, sprich du mit Peter! Er ist mit ein paar verrückten Ideen nach Hause gekommen. Er möchte Literatur studieren und Schriftsteller werden."

„Schriftsteller? Wie bist du denn auf den dummen Gedanken gekommen, Peter? Du kannst doch dein Leben nicht mit so etwas vergeuden. Du wirst Ingenieur, und zwar ein sehr guter. Wenn du denkst, daß ich dir dein Studium bezahle, damit du Schriftsteller wirst, dann hast du dich geirrt. Das Geld fließt nur, solange du auf uns hörst."

Peter protestierte, aber es hatte keinen Zweck. Es war offensichtlich, daß seine Eltern seine Zukunft schon geplant hatten. Er wurde wütend und sagte Dinge, die er nicht so meinte. Da gaben sie ihm Hausarrest und nahmen ihm zwei Monate lang sein Auto weg.

Peter wurde kein Schriftsteller. Heute sitzt er als Maschinenbauingenieur in seinem Büro vor dem Computer. Seit er sein Diplom gemacht hat, sind nun schon elf Jahre vergangen, und seine Eltern sind außerordentlich stolz auf ihn. Aber Peter ist nicht glücklich als Ingenieur. Er ist seinen Eltern immer noch böse und findet es nach wie vor unfair, daß sie ihre finanzielle Unterstützung als Druckmittel eingesetzt haben. Er hat Angst, daß es inzwischen zu spät ist, etwas an seiner Situation zu ändern. Er hat eine Ehefrau und zwei kleine Töchter, und sie haben sich ein Haus gekauft. Aber spät in der Nacht, wenn seine Familie schon schläft, denkt Peter immer noch ans Schreiben. Mit seinen unerfüllten Träume wachsen auch seine Wut und sein Groll.

Zwei starke Gefühlsstrebungen sind es, die Peter beschäftigen und für den Rest seines Lebens das Verhältnis zu seinen Eltern prägen werden: Loyalität und der Wunsch nach Gerechtigkeit. Diese beiden stehen seiner Erfahrung nach in Konflikt miteinander. Auch Sie und ich müssen uns mit diesen Punkten auseinandersetzen, wenn wir die Beziehung, die wir zu unseren Kindern haben, verstehen wollen.

Peter fühlt sich seinen Eltern gegenüber zu Dank verpflichtet, weil sie so viel für ihn getan haben. Sie haben ihn geliebt, ihn in der Schule ermutigt und sein Studium finanziert. Sein Vater half ihm sogar dabei, seine erste Arbeitsstelle als Ingenieur zu bekommen. Dennoch kollidiert Peters *Loyalität* seinen Eltern gegenüber mit seinem *Gerechtigkeitssinn*. Obwohl seine Eltern so viel für ihn getan haben, wird er das Gefühl nicht los, daß sie ihn letztlich ungerecht behandelt haben. All ihre Opfer waren an Bedingungen geknüpft, die sie benutzten, um ihn zu kontrollieren.

Es fällt Peter schwer, seine Loyalität und seinen Wunsch nach Gerechtigkeit unter einen Hut zu bekommen. Wenn er über das Unrecht nachdenkt, das ihm widerfahren ist, gerät seine Loyalität ins Wanken, und dann fühlt er sich schuldig und wird wütend. Er will vor sich selbst nicht zugeben, daß seine Eltern ihn unfair behandelt haben. Sein Sinn für Loyalität steht ihm im Weg. Denn wie sollte er von Eltern enttäuscht sein können, die sich so für ihn aufgeopfert haben? Das Ergebnis ist, daß seine Einstellung zu seinen Eltern starken Schwankungen unterliegt. Obwohl er sich ihnen zu Dank verpflichtet fühlt, glaubt er, daß sie ihm einige Dinge schuldig geblieben sind.

Wenn wir Großeltern werden, kommen solche alten Konflikte zwischen Loyalität und Gerechtigkeitssinn wieder an die Oberfläche. Wenn ich zurückblicke, sehe ich deutlich, wo diese Punkte für mich und meine Kinder zu einem Problem wurden. Das ist bei Ihnen nicht anders, wette ich. Vielleicht haben wir unseren Sohn nicht in eine Ingenieurskarriere gedrängt, aber wir haben mit Sicherheit Dinge getan und gesagt, die sich zwischen das Loyalitätsstreben und den Gerechtigkeitssinn unserer Kinder gedrängt haben.

Vielleicht ist Ihnen bewußt, wie Ihr Verhältnis zu Ihren Kindern Einfluß darauf hatte, daß deren Gefühle in einen Zwiespalt zwischen Loyalität und Gerechtigkeitssinn gerieten. Die Kinder hielten Sie vielleicht für kaltherzig und fordernd, obwohl Sie es im tiefsten Herzen gar nicht waren. Ihre Tochter denkt vielleicht, daß Sie eins ihrer Geschwister ihr vorzogen. Oder Sie waren so sehr damit beschäftigt, „Essen auf den Tisch zu bringen", daß Sie für Ihre Kinder keine Zeit hatten, weshalb sie Ihnen heute noch böse sind. Es könnte sogar sein, daß Sie Ihr Kind körperlich oder seelisch mißhandelt haben und dadurch in ihm eine tiefe Kluft zwischen dem Wunsch, loyal zu sein, und dem Bedürfnis nach gerechter Behandlung aufgerissen haben.

Sehr wahrscheinlich haben weder Sie noch ich erkannt, was in den Gedanken unserer Kinder vor sich ging. Zu sehr waren wir damit beschäftigt, unser möglichstes zu geben, denn wir wollten ja nur ihr Bestes. Doch es nützt nichts, wenn wir reuevoll zurückblicken und uns wünschen, wir könnten alles rückgängig machen. Statt dessen müssen wir analysieren, wo Loyalität und Gerechtigkeitssinn in unseren Kindern in Konflikt gerieten und wie dieser Zwiespalt sich auf unsere

Beziehung zu ihnen – und letztendlich auch zu unseren Enkelkindern – auswirkt. Täuschen Sie sich nicht! Auch wenn wir es nicht wahrhaben wollen, wirkt sich dieser Konflikt noch heute auf unsere großelterliche Rolle aus. Deshalb liegt eine schwierige und zugleich äußerst wichtige Aufgabe vor uns.

Ein Vater hat seine Kinder körperlich mißhandelt. Er war regelmäßig betrunken und hat sie dann geschlagen. Als sie auf der High School waren, suchte er endlich Hilfe und hörte schließlich auf zu trinken. Nachdem er „trocken" war, hörten auch die Mißhandlungen auf. Aber seine Kinder erinnern sich noch heute daran. Sie sind ihm immer noch böse. Es war so ungerecht, daß ihr Vater sie schlug. Vor allem haben sie gespürt, daß er es nicht tat, weil sie irgend etwas angestellt hatten, sondern nur, um seine eigene Wut abzureagieren. Trotzdem, wie Kinder nun einmal sind, sie liebten ihn immer noch. Aber wenn heute die Familie zusammenkommt, halten sie die Enkelkinder von ihm fern. Sie können sich noch sehr gut an seine Wutausbrüche und Gewalttätigkeiten in ihrer Kindheit erinnern, und unbewußt schützen sie ihre Kinder vor ihm. Er hat sechs Enkelkinder, die er nicht besonders gut kennt, weil die Angst noch immer tief in seinen Kindern sitzt.

In jeder Beziehung gibt es eine Art Geschäftsbuch, fast so etwas wie ein Geschäftskonto. Dieses Hauptbuch listet Schulden, Guthaben und den Saldo auf. Unsere Kinder nehmen ständig Eintragungen in diesen Büchern vor. Auf der einen Seite wird die Loyalität verzeichnet, die sie uns entgegenbrachten, auf der anderen Seite die Gerechtigkeit, die ihnen wider fuhr. Zu irgendeinem Zeitpunkt, meistens dann, wenn sie Eltern werden, holen unsere Kinder diese Bücher zur Prüfung hervor. Wenn Gerechtigkeit und Loyalität sich nicht die Waage halten, wird dies nachhaltige Auswirkungen auf unser Dasein als Großeltern haben.

William ist fünfunddreißig Jahre alt. Sein ganzes Leben lang hat er gegen die hohen Erwartungen seiner übererfolgreichen Eltern ankämpfen müssen. Nie war er so strebsam wie sie. William leitet einen kleinen Supermarkt. Er verdient nicht sehr viel, aber er führt eine gute Ehe, und sein Leben verläuft relativ streßfrei. Trotzdem machen seine Eltern kein Geheimnis daraus, daß sie von ihm enttäuscht sind.

Dann kam Williams Tochter zu Welt. Zum ersten Mal hatte William etwas geleistet, was seine Eltern mit Stolz erfüllte. Nie hatte er ihren Erwartungen gerecht werden können – bis jetzt. Er schenkte ihnen ihre erste Enkeltochter – seit drei Generationen das erste Mädchen in der Familie –, und sie waren stolz auf ihn. William hatte immer das Gefühl, er schulde seinen Eltern etwas, er habe nichts geleistet, was ihre Investition in ihn rechtfertigen könnte. Mit der Geburt der kleinen Jennie war das Hauptbuch ausgeglichen. Wenn er seinen sturen, zielstrebigen Vater beobachtete, wie er mit seiner Enkeltochter herumalberte, stellte William sogar fest, daß die Waage sich zu seinen Gunsten geneigt hatte. Jetzt schuldeten sie ihm etwas, und das gab ihm ein gutes Gefühl.

Williams Eltern werden engagierte Großeltern sein. Er wird sie nicht daran hindern, seine Tochter zu sehen, und daß seine Eltern sich als Großeltern im Leben ihrer Enkelin engagieren wollen, findet seine Zustimmung. Es tut ihm gut, wenn er sieht, wie glücklich seine Eltern sind, wenn sie mit Jennie spielen. Loyalität und Gerechtigkeit sind jetzt halbwegs ausgeglichen, und das ermöglicht es seinen Eltern, kreative Großeltern zu sein.

Sue ist ebenfalls fünfunddreißig, aber ihre Geschichte ist eine andere. Ihr Leben wurde durch die Geburt ihrer Zwillinge erschüttert. Es waren ihre ersten Kinder und die ersten Enkelkinder ihrer Eltern. Sue trägt aus ihrer Kindheit noch immer große Wut mit sich herum. Ihr Vater ist ein Arbeitstier, der für seine Kinder keine Zeit hatte, weil er viel Geld verdienen wollte. Sicherlich liebte er sie, aber er zeigte es ihr weder mit Worten noch mit Taten. Auf Sue machte er immer einen distanzierten und gleichgültigen Eindruck.

Heute dagegen ist Sues Vater ständig bei ihr. Dieser kalte, lieblose Mann ist von seinen Enkeltöchtern total begeistert. Trotzdem ist Sue wütend, wenn sie sieht, wieviel Aufhebens er um die Kinder macht. Warum hat er sich um sie nicht so gekümmert? Warum hat er ihr nie die Zuneigung gezeigt, mit der er jetzt so großzügig ihre Töchter überschüttet? Und warum behandelt er sie immer noch so, als sei sie Luft?

Schließlich konnte sie es nicht mehr ertragen. Sie teilte ihm mit, daß er in ihrem Haus nicht länger willkommen sei. Sie sagte ihm, er übe keinen guten Einfluß auf die Mädchen aus. Sie beschloß, seine Beziehung zu den Enkelkindern zu zerstören, ohne ihm den Grund dafür zu nennen. Er ist wütend, daß sie ihn um seine Enkelkinder betrügt; sie ist ihm böse, daß er sie um seine Zuneigung betrogen und sich ihr in ihrer Kindheit entzogen hat.

Inzwischen hat Sue bei ihrem Verhalten kein gutes Gefühl mehr. Es bereitet ihr kein Vergnügen, ihre Mädchen als Schachfiguren in ihrer Beziehung zu ihrem Vater zu benutzen. Wegen ihrer starken negativen Gefühle, die sie ihrem Vater gegenüber hat, fühlt sie sich schuldig, und das macht sie nur noch wütender. Das Ergebnis ist, daß bei den seltenen Familienbesuchen eine sehr gespannte Atmosphäre herrscht. Wenn Sues Kinder größer werden, werden sie die Spannungen spüren. Sie werden sich in der Nähe ihres Großvaters nicht wohl fühlen, ohne den Grund dafür zu wissen.

Wir haben über einige Beziehungen gesprochen, bei denen eine Versöhnung unbedingt notwendig ist. Wird es auch dazu kommen? Es sieht nicht so aus. Aber Sie *können* alte Wunden heilen. Sie können ein Gleichgewicht zwischen Gerechtigkeit und Loyalität herstellen. Der nächste Abschnitt wird Ihnen zeigen, wie man damit anfängt.

Der Weg zur Versöhnung

Peters und Sues Eltern wüßten zu gerne, was sie tun können, um den Teufelskreis aus Wut, Bitterkeit und Schuldgefühlen, in dem sich ihre Kinder befinden, zu durchbrechen und zu beenden. Sie und ich möchten unsere eigenen zerbrechlichen Beziehungen heilen. Wir sehnen uns danach, kreative Großeltern zu sein. Doch bevor wir damit anfangen können, müssen wir uns mit unseren Kindern aussöhnen. Aber wir wissen nicht, wie.

Wir neigen dazu, unsere Kinder für unsere Gefühle verantwortlich zu machen. Wir haben doch schließlich unser Bestes gegeben, uns mit all unseren Kräften bemüht. Wir sind ernsthaft davon überzeugt, daß wir nichts dafür können, wenn unsere Kinder unsere Absichten falsch verstanden haben oder durch unsere Erwartungen verletzt wurden. Sie hätten doch wissen müssen, was wir wirklich wollten ...

Wenn wir weiterhin mit dem Finger auf sie zeigen und ihnen die Schuld und Verantwortung zuweisen, wird es nie zur Versöhnung kommen. Dann können wir bestenfalls auf einen unsicheren Waffenstillstand hoffen, der unseren leicht zu beeindruckenden Enkelkindern zuliebe erzwungen wird. Aber so muß es nicht sein! Je eher wir uns darüber klar werden, daß wir die Handlungen unserer Kinder nicht kontrollieren können, und je eher wir auch unsere Mitverantwortung für die Situation und den Heilungsprozeß akzeptieren, desto eher werden wir in der Lage sein, als kreative Großeltern aufzutreten.

Wenn Eltern und Großeltern ihre Beziehung zu ihren Kindern neu aufbauen und eine feste Beziehung zu ihren Enkelkindern schmieden wollen, ist es Zeit, das Rechnungsbuch auszugleichen und die alten, staubigen Deckel des Hauptbuches schallend zuzuschlagen!

In dem bekannten Film *Kevin allein zu Haus* sitzt der achtjährige Kevin in der Kirche neben einem Nachbarn, einem kauzigen alten Mann, über den die Kinder des Viertels furchterregende Gerüchte in die Welt setzen. Der Mann hört bei der Chorprobe für das Weihnachtsfest zu. Er weiß, daß er bei der richtigen Aufführung nicht willkommen wäre. Vor Jahren gab es zwischen ihm und seinem Sohn einen langwierigen Streit, der in bösen Anschuldigungen und Handgreiflichkeiten endete. Dem alten Mann wurde verboten, seine Enkeltochter zu besuchen, deshalb mußte er sich fortan heimlich in ihre Nähe schleichen. Kevin, der seinen Kummer und Schmerz spürt, fragt ihn schlicht: „Warum gehen Sie nicht einfach zu Ihrem

Sohn und sagen ihm, daß es Ihnen leid tut?" Der alte Mann murmelt nur, das sei nicht so einfach, und schleicht sich dann davon.

Dabei ist der erste Schritt auf dem Weg zur Versöhnung tatsächlich so einfach. Um den Prozeß der Aussöhnung anzustoßen, folgen Sie dem weisen Rat Kevins, und gehen Sie zu Ihren Kindern. Der erste Schritt wird wahrscheinlich der schwerste sein. Man braucht dazu Demut und darf keine Angst haben, das Gesicht zu verlieren. Die Produzenten des Films *Kevin allein zu Haus* haben wahrscheinlich nicht gewußt, daß sie einen biblischen Rat erteilt haben. Nach Matthäus 18 ist der erste Schritt zur Versöhnung, ganz allein zu der betreffenden Person hinzugehen. Und Matthäus 5,23 sagt: Wenn du jemanden kennst, der etwas gegen dich hat, geh zu dieser Person und versöhne dich mit ihr, bevor du deine Gabe vor den Herrn bringst.

Die Bibel sagt ganz klar: Gehen Sie zu Ihren Kindern! Gehen Sie hin, auch wenn Sie glauben, daß Ihre Kinder Ihnen weh getan haben. Gehen Sie hin, auch wenn Sie dafür Ihren Stolz beiseite legen müssen. Gehen Sie hin, auch wenn Sie sicher sind, daß Ihre Kinder größere Schuld haben als Sie. Ihre Beziehung zu Ihren Kindern und Enkelkindern ist wesentlich wichtiger als die sture Frage, wer wem was angetan hat. Machen Sie den ersten Schritt in Richtung Versöhnung. Gehen Sie zu Ihren Kindern.

Wenn Sie bei Ihren Kindern sind, machen Sie den nächsten Schritt, und geben Sie Fehler zu, die Sie begangen haben. Jetzt ist der richtige Zeitpunkt, um zu sagen: „Ich war im Unrecht und habe es erkannt. Es tut mir leid." Jetzt ist der richtige Zeitpunkt, um zuzugeben, daß Sie manchmal versagt haben. Jetzt ist der richtige Zeitpunkt für das Eingeständnis, daß Sie manchmal falsch gehandelt haben. Erinnern Sie Ihre Kinder daran, daß man als Eltern eine schwere Aufgabe hat. Ihre Kinder sollten das jetzt, wo sie selbst Eltern sind, verstehen.

Wenn wir schon so weit gekommen sind, erwarten wir vielleicht von unseren Kindern, daß sie jetzt einen großen Schritt in unsere Richtung machen. Erwarten Sie das nicht! Schließlich haben Sie vielleicht zehn Jahre gebraucht, um zu erkennen, wo Sie Fehler gemacht haben. Vielleicht brauchen Ihre Kinder weitere zehn Jahre, um ihre eigenen Fehler zu erkennen. Seien Sie nicht verletzt, wenn Ihnen Ihre Kinder nicht mit offenen Armen und unter Tränen entgegenlaufen, nachdem Sie Ihre Fehler zugegeben haben. Tiefe Wunden brauchen sehr lange, bis sie heilen. Aber wenn Sie diese beiden Schritte unternehmen, um den Heilungsprozeß einzuleiten, machen Sie genau das Richtige.

Geben Sie Ihren Kindern zu verstehen, daß Sie von ihnen nichts erwarten, nur weil Sie Ihre Fehler zugegeben haben. Sollten Sie trotzdem etwas zurückbekommen, dann ist das wunderbar! Aber hier geht es nicht um Leistungen und Gegenleistungen. Vielleicht stoßen Sie mit Ihrer schmerzhaften Selbstoffenbarung und Entschuldigung sogar auf Argwohn oder Gleichgültigkeit. Auch das ist in Ordnung! Sie haben Ihren Teil dazu beigetragen. „Wer seine Verbrechen zudeckt, wird keinen Erfolg haben; wer sie aber bekennt und läßt, wird Erbarmen finden" (Sprüche 28,13). Dieses Prinzip gilt auch für uns als Eltern. Vielleicht fühlen wir uns nicht unbedingt, als hätten wir gesündigt, aber wir wissen, daß wir versagt haben. Geben Sie es zu, und bitten Sie um Vergebung. Kümmern Sie sich jetzt nicht um Gerechtigkeit, das wird Gott tun. Gehen Sie sanftmütig zu Ihren Kindern, und geben Sie Ihre Fehler zu.

Der dritte Schritt zur Versöhnung ist, Gottes Vergebung anzunehmen. Wir dürfen uns nicht für Fehler geißeln, die wir in der Vergangenheit gemacht haben. Die Vergangenheit ist vorbei. Natürlich gibt es Dinge, die man nicht einfach ungeschehen machen kann. Wir können die Zeit nicht um zwanzig Jahre zurückdrehen und mit unseren Kindern mehr Zeit verbringen. Wir können böse Worte, die vor vielen Jahren gefallen sind, nicht zurücknehmen. Wir können die Hand, die uns im Zorn ausgerutscht ist, nicht mehr aufhalten. Es ist sogar zu spät, all dies tief zu bedauern. Aber Sie sollten wissen, daß Gott Ihnen Ihr ganzes Versagen, alle Ihre Fehler und alle Ihre Sünden vergeben hat. Weil Sie Ihre Sünden und Ihr Versagen bekannt und bereut haben, hat Gott sich zu Ihnen herabgeneigt und Sie mit seiner liebenden, vergebenden Hand berührt. In Jesus Christus ist Ihnen vergeben worden.

Mary ist eigentlich ständig bedrückt. Voller Sehnsucht und Bedauern blickt sie auf die neunundfünfzig Jahre ihres Lebens zurück. Sie war keine gute Mutter. Sie war ungeduldig und fordernd und wurde sehr schnell wütend. Mit fürchterlichen Worten hat sie ihre Kinder beschimpft. Als Folge davon ist ihr Verhältnis zu ihren erwachsenen Kindern sehr schlecht. Mary hat versucht, die Vergangenheit zu vergessen, aber sie schafft es nicht. Sie weiß, daß sie keine besonders gute Mutter war, aber sie möchte die Chance nutzen, wenigstens eine gute Großmutter zu sein. Allmählich können ihre Kinder ihr vergeben, und Stück für Stück entdecken sie sich neu. Aber es ist sehr mühsam, mit Mary zusammen zu sein, denn sie kann sich selbst nicht vergeben. Ständig brütet sie über uralten Fehlern. Es sieht fast so aus, als könne sie an nichts anderes denken. Sie sehnt sich nach den verlorenen Jahren, aber sie kann sie nicht zurückholen. Und sie verpaßt die Kindheit ihrer Enkel, weil sie die liebende Vergebung Gottes nicht annehmen kann.

In ihrem Buch *Traits of a Healthy Family* („Eigenschaften einer gesunden Familie") weist Delores Curran darauf hin, daß gesunde Familien sich nicht scheuen, um Hilfe zu bitten. Wenn die Probleme zwischen Ihnen und Ihren Kindern so groß und die Mißverständnisse so tief sind, daß Sie nicht mehr in der Lage sind, den Konflikt allein zu lösen, geben Sie nicht auf. Bitten Sie um Hilfe. Wenn wir mit Hindernissen konfrontiert werden, die unüberwindbar scheinen, sollten wir außerhalb von uns selbst nach Hilfe suchen.

Oft ist der, an den wir uns eigentlich zuerst wenden sollten, unser letzter Ausweg. Warten Sie nicht, bis es zu spät ist, ehe Sie Gott bitten, in Ihre Beziehung zu Ihren Kindern einzugreifen. Er ist unsere größte Zuflucht. Immer wieder spricht die Bibel davon, wie machtvoll das Gebet ist. Wenn Sie auf Ihre Kinder zugehen, um sich mit ihnen zu versöhnen, Fehler zu bekennen und Gottes Vergebung anzunehmen, dann machen Sie das

Gebet zu einem wichtigen Teil dieses Prozesses. Bitten Sie Gott um Hilfe.

Suchen Sie auch bei anderen Familienmitgliedern Hilfe. Verbünden Sie sich aber nicht mit ihnen gegen Ihren Sohn oder Ihre Tochter, sondern setzen Sie sie als Vermittler ein. Wenn zum Beispiel jedes Gespräch zwischen Ihnen und Ihrer Tochter im Streit endet, könnte Ihr Sohn beruhigend auf die Situation einwirken. Familienmitglieder können bei der Versöhnung wertvolle Dienste leisten.

Vielleicht können Sie auch bei Ihrem Pastor oder in Ihrer Gemeinde Hilfe finden. Überhaupt sollte die Kirchengemeinde in der Belastung und Ungewißheit einer anstehenden Versöhnung als Anlaufstelle in vorderster Front stehen. Pastoren und Freunde aus der Kirchengemeinde können eine enorme Ermutigung für Sie sein. Sie können Sie in dem Entschluß bestärken, den schwierigen Weg der Versöhnung zu gehen, sie können Sie in den Arm nehmen, wenn es mal nicht so gut läuft, und sich mit Ihnen freuen, wenn die Erneuerung der Beziehung geglückt ist. Der Schlüssel dazu ist natürlich, daß überhaupt jemand weiß, was gerade passiert. Gehen Sie dabei weise und diskret vor. Sagen Sie der Person Ihres Vertrauens die Wahrheit, und machen Sie deutlich, daß Sie ihre Unterstützung und ihr Gebet brauchen. Sie können es nicht allein bewältigen, und das müssen Sie auch nicht. Lassen Sie es nicht zu, daß Scham und Verlegenheit Sie daran hindern, die liebevolle und vertrauliche Unterstützung Ihres Pastors und Ihrer Freunde in Anspruch zu nehmen.

Wenn Sie allerdings gar keinen Weg finden, wie Sie sich versöhnen können, dann wenden Sie sich an einen ausgebildeten Familienberater. Er kann Ihnen helfen, Ihre Vergangenheit und deren Auswirkungen auf Ihr Verhalten als Eltern zu verstehen. Der Berater kann Ihre aktuellen Beziehungen in einen neuen Blickwinkel rücken. Er kann Ihnen Einblicke vermitteln und Ihnen helfen, einen Plan zur Aufarbeitung vergangener Verletzungen zu entwickeln.

Den Prozeß überdenken

Entscheidend für Ihre Rolle als Großeltern ist in erster Linie Ihre Beziehung zu Ihren Kindern. Unterschätzen Sie das nicht. Übernehmen Sie deshalb die Führung, unternehmen Sie etwas. Suchen Sie nach Möglichkeiten, wie Sie die Haltung Ihrer Kinder Ihnen gegenüber verbessern können. Suchen Sie Gelegenheiten, um Ihre Kinder zu stärken und zu segnen. Denken Sie daran: Eine Beziehung zwischen Eltern und ihren erwachsenen Kindern funktioniert nicht von allein. Pflegen Sie dieses Verhältnis – nicht nur, weil Sie es sollen und wollen, sondern auch, weil Ihr Dasein als Großeltern davon abhängt. Nehmen Sie die Risiken in Kauf, die eine Versöhnung mit Ihren Kindern mit sich bringen kann. Geben Sie die Hoffnung nicht auf, daß aus Ihnen jemals kreative, engagierte Großeltern werden können. Tun Sie, was richtig ist, streben Sie nach Versöhnung. Lassen Sie sich nicht von Ihrem Stolz abhalten. Ihre Enkelkinder brauchen Sie. Tun Sie es für sie, für sich selbst und für Gott.

Der Weg zur erfüllten Großelternschaft geht über Ihre Kinder. Sie gewähren uns den Zugang zu den Enkelkindern, und ihre Einstellung ist von größter Wichtigkeit. Machen Sie als Großeltern Fehler? Mißachten Sie manchmal das Stoppschild? Untergraben Sie die Autorität Ihrer Kinder? Dann treten Sie erst einmal einen Schritt zurück, und entspannen Sie sich. Sprechen Sie mit Ihren Kindern offen über Ihre Fehler. Fragen Sie, was Ihre Kinder von Ihnen erwarten. Seien Sie ganz offen, ehrlich, unverblümt und liebevoll.

Wenn Sie in Ihrer großelterlichen Rolle eingeschränkt sind oder Ihnen der Kontakt zu den Enkeln verwehrt ist, weil Sie ein gespanntes oder gestörtes Verhältnis zu Ihren Kindern haben, dann fangen Sie an, daran zu arbeiten. Nehmen Sie die Risiken einer Versöhnung auf sich. Tragen Sie Ihren Teil dazu bei. Gott wird das Seine tun, das macht er immer. Dann warten Sie geduldig darauf, daß sich die Tür zu Ihren heißgeliebten Enkelkindern, die Sie so sehr brauchen, langsam öffnet.

Quiz für kreative Großeltern

Ich respektiere meine Kinder und ihre Bemühungen als Eltern.

○ Ja   ○ Nein

Meine Enkelkinder hätten es bei mir besser.

○ Ja   ○ Nein

Ich erkenne, daß meine Einschätzung der erzieherischen Fähigkeiten meiner Kinder vielleicht unrealistisch ist.

○ Ja   ○ Nein

Wenn Eltern mit ihrem Kind Streit haben, muß immer das Kind den ersten Schritt zur Versöhnung zu machen.

○ Ja   ○ Nein

Meine Erziehungsmethode hat keinen Einfluß auf die meiner Kinder.

○ Ja   ○ Nein

Ich bin fest davon überzeugt, daß meine Enkelkinder von mir mehr Liebe bekommen als von ihren Eltern.

○ Ja   ○ Nein

Ich erkenne, daß meine Erziehung in meinen Kindern manchmal einen Konflikt zwischen Loyalität und Gerechtigkeitssinn ausgelöst hat.

○ Ja   ○ Nein

Ich weiß, daß Versöhnung ein Prozeß ist, nicht ein einmaliges Ereignis.

◯ Ja   ◯ Nein

Ich bin bereit, mich einer Prüfung als Großvater bzw. Groß-mutter zu unterziehen, indem ich meine Kinder bitte, mir ehr-lich zu sagen, wie ich meine Aufgabe erfülle.

◯ Ja   ◯ Nein

Engagement statt Einmischung

Martha ist sehr mit sich zufrieden. Auf ihre eigene Initiative hin ist sie zu einem Fahrradgeschäft in ihrer Nähe gegangen und hat ihrer fünf Jahre alten Enkeltochter Julia ein wunderschönes rosafarbenes Fahrrad ausgesucht. Die Wahl ist ihr nicht leichtgefallen. Martha hat lange und intensiv danach gesucht. Es sollte nicht irgendein Fahrrad sein, denn Julia war etwas Besonderes: temperamentvoll, voller Liebe und immer in Bewegung. Die Suche nach einem Fahrrad, das zu Julias Persönlichkeit paßte, war anstrengend und langwierig gewesen. Schließlich hatte Martha es gefunden. Es war mit Fähnchen ausgerüstet und hatte ein Bild von einem blonden Mädchen auf dem Rahmen. Martha zögerte nicht. Sie holte ihre Kreditkarte heraus und nahm das Fahrrad noch am selben Tag mit nach Hause.

Eigentlich hatte Julia schon ein Fahrrad, aber in Marthas Augen war es nicht gut genug. Das alte Fahrrad hatte einen platten Reifen, einen abgenutzten Sattel und eine rostige Lenkstange – ein heruntergekommenes Erbstück eben. Julia hatte ihre Mutter um ein neues Fahrrad gebeten, aber sie hatte zur Antwort bekommen, dafür sei kein Geld da. Martha wußte, daß sie mit dem Fahrrad zu Julias Heldin werden würde. Also präsentierte sie ihrer überraschten und aufgeregten Enkelin an einem sonnigen Samstag im Mai ihr neues Fahrrad. Das strahlende Lachen und die folgende Umarmung waren es wert, Zeit, Kraft und 125 Dollar investiert zu haben. Oma ging selig nach Hause, als Heldin ihrer Enkeltochter.

Donna, Marthas Tochter, war nicht so begeistert. Eine alleinerziehende Mutter zu sein, ist nicht einfach. Seit der Scheidung war das Geld knapp. Ihr Gehalt reichte gerade für das Essen, die Kleidung und eine Wohnung für sie und ihre beiden Töchter. Extras wie ein neues Fahrrad waren da nicht möglich. Julia hatte schon den ganzen Frühling um ein neues Fahrrad gebettelt. Donna wünschte wirklich, sie könnten sich eines leisten, aber sie hatte das Geld dafür einfach nicht. Es war gar nicht einfach gewesen, das Julia zu erklären. Am Ende war Julia weinend in ihr Zimmer gelaufen und hatte gerufen: „Du hast mich nicht lieb! Du bist eine gemeine Mama."

Dann kam Oma angeritten, um sie zu retten, wie die Kavallerie in einem John-Wayne-Film. Gerade als Julia allmählich begriff, daß man ihr altes Fahrrad für ein paar Dollar reparieren konnte, daß sie nicht alle möglichen neuen Sachen brauchte und daß man im wirklichen Leben Geld zum Bezahlen von Lebensmitteln und Rechnungen verdienen mußte, tauchte Oma auf. Allein die Erinnerung daran machte Donna wütend. Wie konnte ihre Mutter 125 Dollar für ein neues Fahrrad ausgeben, das Julia wirklich nicht brauchte, während Donna nicht wußte, wie sie die Stromrechnung bezahlen sollte? Warum hatte sie nicht zuerst gefragt? Donna hätte ihr gesagt, daß sie Julia gerade beibringen wollte, welchen Wert Geld hat. Julia mußte verstehen lernen, daß 125 Dollar viel Geld sind; Geld, das man erst einmal verdienen muß und das man für weitaus wichtigere Dinge ausgeben kann.

Für Donna war das nur ein weiteres Beispiel dafür, wie sehr ihre Mutter sich einmischte. Seit der Scheidung hatte ihre Mutter unter dem Deckmantel, sie wolle der Familie helfen, ständig versucht, ihre Kinder zu erziehen. Dauernd kaufte sie ihnen Geschenke, versprach ihnen einen Besuch in Disneyland, den Donna sich nie leisten könnte, und lud sie oft zum Eis ein – und das alles, ohne Donna zu fragen. Donna war enttäuscht und verletzt. Das waren ihre Mädchen, und sie verlor sie an ihre Mutter. Immer wenn Mama „Nein" sagen mußte, sagte Oma „Ja". Mittlerweile machen sich Julia und Lisa nicht einmal mehr die Mühe, ihre Mutter zu fragen. Sie übergehen sie einfach und wenden sich direkt an die Quelle der Freigebigkeit, an die Oma. Und Oma Martha sagt selten „Nein".

Großeltern können die Grenze zwischen kreativem Engagement und Einmischung in die elterliche Erziehung schnell überschreiten. Häufig bestehen zwischen Großeltern und Eltern ähnlich unterschiedliche Auffassungen wie zwischen Martha und Donna. Die Oma wollte nur helfen und dachte, sie sei eine gute Großmutter. Die Mutter aber empfand es als Eindringen in ihr Territorium. Sie fühlte sich bedroht und wurde wütend.

In diesem Kapitel wird es um den schmalen Grat zwischen Engagement und Einmischung gehen. Wie können Großeltern sich im Leben ihrer Enkelkinder kreativ engagieren, ohne sich dabei in die Aufgaben der Eltern einzumischen? Um diese Frage zu beantworten, werden wir uns ansehen, wo es Konfliktpotential gibt, wenn es um die Erziehung, um Erwartungen, um den Lebensstil und um das Verwöhnen geht. Wir werden Ihnen außerdem klare Regeln für Großeltern geben, die gerne wissen möchten, wo die Grenze zwischen Beteiligung und Einmischung liegt.

Erziehung ist nicht Ihr Problem!

Fragen über Kindererziehung können zu grundlegenden Meinungsverschiedenheiten zwischen Eltern und Großeltern führen. Bei diesem Thema unterliegen Großeltern sehr stark der Versuchung, sich einzumischen. Es kann außerordentlich an unseren Nerven zerren, wenn wir sehen, wie unsere Kinder unsere Enkelkinder erziehen. Sie haben andere Grundsätze, als wir sie hatten. Bei der Erziehung unserer Kinder war eine Tracht Prügel normal. Der Grundsatz lautete: „Wer mit der Rute spart, verzieht das Kind." Heutzutage ist körperliche Züchtigung bei Entwicklungspsychologen in Verruf geraten. Unsere Kinder, die selbst noch mit Schlägen erzogen wurden, sitzen ein bißchen zwischen den Stühlen. Auf der einen Seite prophezeien ihre Eltern, daß aus Kindern, die ohne „richtige

Führung" aufwachsen, Alkoholiker und Drogenabhängige werden. Natürlich verstehen die Eltern unter „richtiger Führung" gewöhnlich Schläge. Auf der anderen Seite sagen die Erziehungsexperten gleichermaßen Erschreckendes für Kinder vorher, die regelmäßig geschlagen worden sind.

Wir Großeltern sagen oft Sachen wie: „Wenn du so mit mir gesprochen hättest, als du klein warst, hätte ich es dir schon gezeigt." „Ich sag dir mal was: Du hattest vor mir Respekt! Du warst nicht so frech wie deine Kinder." Wenn wir glauben, daß der Erziehungsstil unserer Kinder zu nachgiebig ist, scheuen wir uns oft nicht, ihnen das zu sagen. Natürlich haben wir lautere Motive dabei. Schließlich wollen wir, daß aus unseren Enkelkindern großartige Persönlichkeiten werden. Aber wir halten unseren Weg für den einzig richtigen.

Möglicherweise steckt auch etwas viel Bedenklicheres dahinter. Vielleicht wollen wir in Wirklichkeit unsere erwachsenen Kinder beherrschen. Vielleicht geht es uns gar nicht so sehr darum, daß sie ihre Kinder richtig erziehen, sondern einzig und allein darum, daß sie es so machen, wie wir uns das vorstellen. Wenn der Erziehungsstil unserer Kinder von unserem abweicht, ist das wie ein Schlag ins Gesicht, als würden sie alle unsere Methoden in Frage stellen. Das trifft vor allem dann zu, wenn sie damit auch noch Erfolg haben. Wir sind verletzt und auch ein bißchen wütend; wir fühlen uns abgelehnt und mißachtet.

Ein trauriger Großvater drückte seine Gefühle folgendermaßen aus: „Bin ich ein so schrecklicher Vater gewesen, nur weil ich meine Kinder ab und zu geschlagen habe? Aus allen ist etwas geworden. Aber jetzt tut mein Sohn so, als wären seine Kinder zu kostbar, um sie mal zu schlagen. Ich wette, er denkt, daß ich zu streng mit ihm war. Aber ich habe mein Bestes gegeben. Warum erzieht er seine Kinder nicht so, wie er erzogen worden ist?" Dieser Großvater hat Angst, daß seine Kinder ihm ihre Kindheit übelnehmen. Und das wiederum stellt seine Fähigkeiten als Vater in Frage. In seiner Unsicherheit könnte er nur noch entschlossener beweisen wollen, daß seine Erziehungsmethode die richtige ist.

Manchmal zeigen wir unseren Enkelkindern überdeutlich unsere Mißbilligung. Tun Sie das nie! „Johnny, deine Mama und dein Papa lassen viel mehr durchgehen als ich. Wenn du mein Sohn wärst, würde ich dir zeigen, wo's langgeht. Ich bin nicht dein Vater, bei mir kommst du nicht so einfach durch."

Wenn wir meinen, unsere Kinder sollten strenger sein, seufzen wir oftmals sehr vernehmlich und murmeln vor uns hin, gerade laut genug, daß jeder es hören kann: „Vielleicht haben sich ja die Zeiten geändert, aber . . ."

Aber es gibt auch den umgekehrten Fall. Manchmal glauben wir, daß unsere Kinder zu streng zu unseren Enkelkindern sind. Dann verspüren wir den Drang, in den Streit einzugreifen und als Schiedsrichter der Familie aufzutreten. Diese Mißtrauensbekundung wird Ihre Kinder mit Sicherheit wütend machen und Ihre Enkelkinder verwirren.

Gelegentlich ist es allerdings angebracht oder gar notwendig, zum Wohle Ihres Enkelkindes einzugreifen, beispielsweise in Fällen körperlicher Mißhandlung oder sexuellen Mißbrauchs. Dann haben Großeltern sogar die Pflicht, im Interesse der Kinder zu handeln und sie der Gefahr zu entreißen. Im schlimmsten Fall müssen die Großeltern vielleicht ihre eigenen Kinder anzeigen. In aller Regel haben wir es aber nicht mit Mißhandlungen zu tun, sondern eher mit Eltern, die ihre Kinder anschreien, die Nerven verlieren und die Kinder mehr bestrafen als erziehen. In solchen Situationen sollten wir Großeltern daran denken, daß wir nicht Vollzeitmitglieder des Haushaltes sind. Wir wissen nicht, was vorher schon alles passiert ist. Wenn Jill ihr Ausgehverbot bereits an fünf aufeinanderfolgenden Wochenenden mißachtet hat und wir erst am sechsten Wochenende miterleben, wie ihre Mutter die Nerven verliert, ist unser Bild unvollständig.

Denken Sie daran, daß Großeltern bei der Erziehung eine untergeordnete Rolle spielen. Die Eltern sind dafür verantwortlich, bei ihren Kindern langfristige Ziele zu erreichen. Sie möchten, daß sie sich gut in die Gesellschaft eingliedern und einen wertvollen Beitrag leisten. Die Ziele der Großeltern sind dagegen viel eigennütziger und schneller zu erreichen. Wir wollen lediglich ein strahlendes Gesicht oder eine rasche Umarmung. Aber das hat mit Erziehung nichts zu tun. Oft tut es uns auch weh, wenn wir den Kummer sehen, den die Erziehungsmaßnahmen unserer Kinder unseren Enkeln vorübergehend bereiten. Obwohl unser Verstand sagt, daß es ihnen, langfristig gesehen, zugute kommt, lassen wir uns von unserem Herz verleiten, uns einzumischen, weil wir den Schmerz verhindern wollen. Das ist verständlich. Aber es ist auch verständlich, daß unsere Kinder unsere Einmischung in ihre Erziehungsmethoden nicht zulassen.

Wenn wir uns in den Erziehungsstil unserer Kinder einmischen, gibt uns das vielleicht das Gefühl, Einfluß zu haben oder wichtig zu sein, aber es verletzt nur die zerbrechliche Beziehung zu unseren Kindern und erschwert ihre Aufgabe als Eltern. Indem wir eingreifen, signalisieren wir ihnen, daß sie unfähig sind, ihre eigenen Kinder zu erziehen. Diese Botschaft kommt allerdings nicht nur bei den Eltern an. Auch unsere Enkelkinder spüren bald die Geringschätzung, die wir ihren Eltern entgegenbringen. Das macht die Erziehung nur schwieriger. Eigentlich ist es unser erklärtes Ziel, unseren Kindern bei der Erziehung zu helfen. Doch ironischerweise bewirkt unsere Einmischung gerade das Gegenteil.

Angie ist sechzehn Jahre alt. Im großen und ganzen ist sie ein nettes Mädchen. Sie ist gut in der Schule, nimmt keine Drogen und trinkt keinen Alkohol. Schon seit einiger Zeit ist sie mit ihrem Freund zusammen. Es ärgert ihre Eltern, daß sie ihre Zeit lieber mit ihm verbringt als mit ihnen. Angie darf ihren Freund am Wochenende sehen und einen Abend pro Woche. Kürzlich haben Valerie und Doug, ihre Eltern, herausgefunden, daß sie sich auch an anderen Tagen heimlich mit ihm trifft, nachdem die Eltern zu Bett gegangen sind. Sie sind wütend und besorgt. Wütend, weil Angie sie angelogen und hintergangen hat; besorgt, weil sie fürchten, Angie könnte mit ihrem Freund intim sein. Die ganze Lage spitzte sich zu, als Opa und Oma zu Besuch waren. Die Eltern erwischten Angie dabei, wie sie gerade durch ihr Fenster zurück ins Zimmer kletterte, und die nachfolgende Szene weckte die Großmutter. Sie zog ihren alten Morgenmantel an und wollte nachsehen, was die Ursache des nächtlichen Krawalls sei. Als man Oma die Geschichte erzählte, lachte sie laut und sagte zu Valerie: „Kannst du dich noch daran erinnern, wie du dich heimlich rausgeschlichen hast, um dich mit Tommy Herman zu treffen? Ich wußte die ganze Zeit, was du tust, aber ich habe kein Wort gesagt. Laß Angie jetzt einfach in Ruhe schlafen gehen." Valerie war wütend. Sie fand es angebracht, Angie einen Monat lang Ausgehverbot zu erteilen, und jetzt wurde sie von Angie und ihrer Oma ausgelacht. Die Situation war Valerie entglitten. Ihre Mutter hatte Valeries Glaubwürdigkeit gegenüber Angie zerstört – nicht durch die Enthüllung ihrer jugendlichen Abenteuer, sondern weil sie Valeries Entrüstung und Wut als unbedeutend abtat. Valerie wußte, daß Angie beim nächsten Streit Omas Reaktion als Waffe einsetzen würde.

Angies Großmutter hat die Grenze zwischen Engagement und Einmischung übertreten. Trotzdem erzählt sie noch heute voller Stolz diese Geschichte. Sie findet das verlegene Gesicht, das ihre Tochter machte, tatsächlich lustig und ist davon überzeugt, sie habe Angie vor gravierendem Unrecht bewahrt. Letzte Weihnachten erzählte Oma die Geschichte der ganzen Familie, zur allgemeinen Belustigung fast aller Anwesenden. Daß Valerie daraufhin unter dem Gelächter der ganzen Familie das Zimmer verließ, fand Oma ein wenig übertrieben. Diese Großmutter hat nicht begriffen, daß man sich in die Erziehungsmethoden nicht einmischen darf.

Dabei ist die Regel ganz einfach: Erziehung ist nicht unsere Aufgabe. Immer wenn wir unseren Kindern einen ungebetenen Rat hinsichtlich ihrer Erziehungsmethoden geben, übertreten wir die Grenzen. Beißen Sie sich auf die Zunge. Ihre Kinder werden Fehler machen, meine ebenfalls (gemessen an meinen hohen Ansprüchen). Aber unsere Kinder müssen ihre eigenen Erfahrungen machen, so wie wir. Wenn Sie Ihren Kindern die Freiheit lassen, ihren eigenen Weg zu gehen, ohne an ihnen herumzunörgeln, werden sie vielleicht sogar auf Sie zukommen und um den Rat bitten, den Sie so gerne geben wollen. Wenn Sie Ihren Kindern Ihre Ratschläge und Weisheit aufzwingen, werden Sie auf der ganzen Linie auf Ablehnung stoßen.

Vor gar nicht langer Zeit fragte mich mein Sohn: „Papa, glaubst du, daß ich zu meinen Kindern zu streng bin?" Jack machte sich Sorgen darüber, ob er vielleicht zu streng sei, obwohl er sehr selten körperlich züchtigt. Er fragte sich, ob er vielleicht zuviel erwarte. Ich konnte ihn dann beruhigen, indem ich sagte: „Nein, Jack. Du machst das großartig. Ich glaube, daß du ein sehr guter Vater bist." Wenn Judy und ich ihn jemals dazu gezwungen hätten, unseren Erziehungsstil zu übernehmen, oder wenn wir ihn vor seinen Kindern lächerlich gemacht hätten, hätte er uns nie nach unserer Meinung gefragt.

Vergraulen Sie Ihre Kinder nicht. Erziehung ist nicht Ihre Aufgabe. Jeder Versuch, die Verantwortung dafür an sich zu reißen, wird nur zu Verletzungen und bösem Blut führen.

Sind die Erwartungen zu hoch oder zu niedrig?

Bill verließ die High School ohne Abschluß. Heute ist er mit fünfundsechzig Jahren im Ruhestand, aber die meiste Zeit hat er zehn bis zwölf Stunden am Tag im Stahlwerk gearbeitet, um für den Lebensunterhalt seiner Frau und seiner zwei Söhne zu sorgen. Seine Söhne sollten es einmal besser haben, darum verlangte er von ihnen sehr viel, besonders was die Leistungen in der Schule anging. Bill erwartete, daß sie sehr gute Noten hatten, denn sie sollten später studieren. Sein Leben lang träumte er, daß sie ein besseres Leben führen sollten als er. Sie waren intelligente Jungen und liebten ihren Vater. Also taten sie, was man von ihnen verlangte. Beide Söhne studierten Medizin, einer wurde Chirurg, der andere Anästhesist. Und beide hatten eigene Söhne, die Bill sehr liebte.

Aber jetzt ist Bill ziemlich wütend. Joe, sein ältester Enkel, hat ihm kürzlich nur widerwillig sein Zeugnis gezeigt. Er hatte zweimal „gut", dreimal „befriedigend" und ein „ausreichend". Da wurde Opa zornig. Er ging zu seinem Sohn und fragte ihn:

„Hast du das fürchterliche Zeugnis deines Sohnes gesehen? Man sollte ihm Hausarrest erteilen. Hast du ihm gesagt, daß er sich das nächste Mal mehr anstrengen soll?"

„Papa, ich habe mit Joe gesprochen, er hat wirklich sein Bestes getan. Er ist kein Musterschüler und wird es wahrscheinlich auch nie werden. Aber mir ist es eigentlich egal, welche Noten er hat, solange er sein Bestes gibt."

„Sein Bestes gibt?" Opa tobte. „Es ist offensichtlich, daß der Junge nur faul ist. Er ist fünfzehn Jahre alt, und du behandelst ihn wie ein Baby. Du wirst schon sehen, daß er es zu nichts bringen wird."

Bill hat seinen Sohn und seine Schwiegertochter durch seine Einmischung ziemlich verärgert. Aber das ist noch nicht alles. Er hat beinahe seinen Enkel zerbrochen, denn Joe hat den größten Teil von Opas Schimpftirade miterlebt. Bill sieht nicht ein, daß er die Grenze überschritten hat. Statt dessen wirft er seinem Sohn vor, er erwarte zuwenig von Joe.

Unsere Vorstellungen, die wir als Großeltern haben, können uns dazu bringen, daß wir uns in die Erziehung unserer Enkelkinder einmischen. Wir wollen, daß sie Entwicklungsstufen wie Laufen und Sprechen schnell erreichen. Wir stellen an ihr Benehmen hohe Anforderungen, in der Öffentlichkeit genauso wie im privaten Bereich. Wir haben ganz bestimmte Vorstellungen von ihrer Zukunft. Wir wissen, was aus ihnen einmal werden soll und was sie aus ihrem Leben machen sollen.

Oft sind diese Erwartungen unser kleines Geheimnis, das wir keinem verraten. Sie sind verborgen, bilden sich langsam heraus und kommen zum Vorschein, ohne daß wir uns besonders dafür anstrengen. Wenn sie sich jedoch erst einmal geformt haben, üben sie eine große Macht auf uns Großeltern aus.

Es ist nicht unbedingt falsch, wenn man für seine Enkelkinder bestimmte Vorstellungen hat. Das ist ganz normal. Problematisch wird es dann, wenn unsere Hoffnungen zu unrealistischen und starren Erwartungen werden.

Wir haben zwei Enkelkinder, die schon sehr früh sprechen konnten, und zwei andere, die dafür etwas länger brauchten.

Zufällig war gerade das erste Enkelkind eins von denen, die es sehr früh lernten, und wir hatten unsere Freude an dem Geplapper im Haus. Als Lauren zwei Jahre alt war, konnte sie ein ganzes Weihnachtsgedicht vortragen. Wir konnten es kaum glauben und waren überzeugt, sie sei das klügste Mädchen der Welt. Dann wurde Erin geboren, und als sie drei war, sprach sie wie ein Teenager. Wir glaubten, die zwei intelligentesten Enkeltöchter der Welt zu haben. Aufgrund ihrer verbalen Fähigkeiten erwarteten wir, daß alle unsere Enkelkinder sich so früh entwickeln würden. Doch wir irrten uns. Jonathan und Elena waren als Kleinkinder nicht halb so sprachgewandt wie Lauren und Erin. Wir hatten unrealistische Erwartungen entwickelt. Einige Kinder fangen einfach früher an zu sprechen als andere, doch das hat mit Intelligenz wenig zu tun.

Viele Großeltern verbringen ihre Zeit damit, daß sie mit ihren Enkeln angeben. Es ist ihre Lieblingsbeschäftigung. Manchmal kommt es sogar zu richtigen Wettkämpfen.

„Mein Enkel konnte schon mit elf Monaten laufen. Ich habe gehört, daß Ihr Enkel das erst mit dreizehn Monaten konnte. Was war los mit ihm?"

„Gut, er konnte zwar erst mit dreizehn Monaten laufen, aber als er drei Jahre alt war, konnte er *Hamlet* auswendig."

„Meine Enkelin kam aus dem Bauch ihrer Mutter herausgelaufen und zitierte dabei die Bibel..."

Sie wissen, was ich meine? Solche Wortgefechte zwischen befreundeten Großeltern können Erwartungen wecken, denen kein Kind gewachsen ist. Also fangen wir an, die Eltern zu piesacken. Wir fragen sie, ob sie mit ihrem Kind nicht zu einem Sprachtherapeuten gehen wollen, weil nach unserer Vorstellung Zweijährige entwicklungsverzögert sind, wenn sie noch nicht richtig sprechen können. Wir wollen unsere Enkel dazu bringen, daß sie schon mit sechs Monaten auf uns zulaufen. Beim leisesten Anflug von Entwicklungsverzögerung bei unseren Enkeln nörgeln wir an unseren Kindern herum. Wir machen uns darüber Sorgen, ob unsere Enkelkinder früh genug sauber werden, und wenn sie einmal ins Bett machen, befürchten wir, daß es immer so bleibt. Besorgt fragen wir uns, ob unsere Töchter und Schwiegertöchter ihre Babys zu lange stillen, und machen uns Gedanken, wenn das Kind irgendeiner Norm nicht entspricht.

Das alles wäre halb so schlimm, wenn wir unsere Erwartungen für uns behalten würden. Aber die meisten von uns fühlen sich gedrängt, ihre Bedenken ihren Kindern mitzuteilen. Dadurch erzeugen wir nur Frustration und Wut. Wir beschämen unsere Kinder und bringen sie vor ihren Kindern in Verlegenheit. Aber was noch viel schlimmer ist: Wir erlegen den kleinen Schultern unserer Enkel eine sehr große Last auf.

Ob unsere Enkelkinder mit zwölf, achtzehn oder vierundzwanzig Monaten sauber sind, hat keinen Einfluß darauf, ob sie später erfolgreich durchs Leben kommen oder nicht. Ich bin mir sicher, daß es Vorstandsmitglieder gibt, die im Alter von zwei Jahren noch kein Weihnachtsgedicht aufsagen konnten. Drängen Sie Ihre Enkelkinder nicht. Sie werden noch schnell genug erwachsen werden.

Großeltern haben auch hohe Erwartungen an das Benehmen ihrer Enkelkinder. Ein Großvater weigerte sich, seine Enkelkinder in ein Restaurant mitzunehmen, weil sie sehr jung, unruhig und laut waren. Kleinkinder, die seinen hochfliegenden Erwartungen nicht entsprachen, machten ihn verlegen. Kleine Kinder können nicht sehr lange still sitzen, und das hat nichts damit zu tun, daß ihre Eltern ihre Pflicht vernachlässigen. Man kann Kleinkinder nicht dafür bestrafen, daß sie sich wie Kleinkinder verhalten. Trotzdem hören wir oft, wie sich Großeltern in Restaurants bei ihren Kindern darüber beschweren, daß ihre kleinen Enkel sich nicht so verhalten, wie sie es von ihnen erwarten. „Debbie, kannst du nicht dafür sorgen, daß dein Sohn leise ist? Es starren uns ja schon alle an, weil er so laut weint. Sei jetzt ruhig, Jason. Bitte, sei ruhig . . .“ An dieser Stelle rutscht Jason mit Sicherheit aus seinem Hochstuhl und rast davon. Anstatt verlegen und böse zu sein, beschäftigen Sie die Kindern lieber, oder gehen Sie das nächste Mal gleich in ein familienfreundliches Restaurant. Das wäre die Lösung für kreative und engagierte Großeltern.

Wir wollen, daß sich unsere Enkelkinder im Teenageralter wie Erwachsene benehmen. Wir erwarten von ihnen, daß sie „junge Damen" oder „Gentlemen" sind. Das wäre nicht zuviel verlangt, wenn man davon absieht, daß wir in Wirklichkeit meistens sagen wollen: „Benimm dich nicht wie ein typischer Teenager." Wir sind entsetzt, wenn sie in zerrissenen Jeans und dem T-Shirt einer Rockband an uns vorbeischlurfen. „Jill, hast du gesehen, was Bobby anhat? Ich verstehe nicht, warum du ihm das erlaubst. Ich hätte dich in diesem Aufzug nie aus dem Haus gelassen."

Wegen Jacks Art, mit mir und Judy zu sprechen, fragte sich meine Schwiegermutter immer, ob er uns eigentlich respektiere. Als Jack etwa dreizehn war, hat er mich immer „Pap" genannt. Einmal machte er sich in Gegenwart seiner Großmutter über meine beginnende Glatze lustig und nannte mich „Platte". Seine Oma war entgeistert, daß wir unseren Kindern erlaubten, so mit uns zu reden. „Judy, findest du nicht, daß er auf eine merkwürdige Art mit Jerry spricht?" Meine Frau, die wußte, daß Jack und ich uns sehr gut verstanden, sagte: „Nein." Sie hielt es für den Ausdruck unseres guten Verhältnisses, daß Jack mich so auf die Schippe nahm. Trotzdem blieb Oma dabei: „Aber was sollen die Leute denken, wenn sie hören, wie Jerry mit Jack spricht?" Oma verstand nicht, worum es ging. Sie hatte sich in unsere Erziehung eingemischt. Im Grunde sagte sie zu uns: „Ihr erzieht euren Sohn nicht gut genug. Ihr bringt ihm nicht bei, daß er euch respektieren soll. Sein Benehmen entspricht nicht meinen Erwartungen."

Vielleicht sorgen wir uns am meisten um die Zukunft unserer Enkelkinder. Weil wir das Beste für sie (und uns) wollen, entwickeln wir Vorstellungen, die sowohl unsere Kinder als auch unsere Enkel ersticken. Sie haben ein paar Seiten weiter vorne Bill kennengelernt. Bill ist kein schlechter Großvater. Eigentlich ist Bill sogar ein kreativer, engagierter Großvater. Aber seine Erwartungen an seine Enkelkinder bringen ihn dazu, sich laut und auf eine abstoßende Weise einzumischen. Ist es falsch, daß Bill das Beste für seine Enkelkinder möchte? Natürlich nicht. Aber in der Art und Weise, wie er seine Vorstellungen äußert, geht er einen Schritt zu weit. Er hat starre und unrealistische Erwartungen entwickelt, die seine Enkel nie erfüllen können. Was macht Bill, wenn sein ältester Enkel beschließt, für seinen Lebensunterhalt Himbeeren zu ernten? Wird er ihn enterben? Wird er den Eltern auf immer böse sein? Bills Erwartungen und seine Einmischung schränken unweigerlich seine Möglichkeiten als Großvater ein. Und das ist die wirkliche Tragödie, nicht der Enkel, der Himbeeren pflückt.

Unsere Kinder werden es uns übelnehmen, wenn wir ihnen unsere Erwartungen aufzwingen. Unsere Einmischung wird einen Keil zwischen uns treiben. Deshalb lautet die Richtlinie für den Umgang mit Ihren Vorstellungen: *Zwängen Sie Ihre Kinder und Enkelkinder nicht in Ihre Erwartungen.* Lassen Sie sie zu den Menschen heranwachsen, zu denen Gott sie bestimmt hat. Mit ihren einzigartigen Begabungen, Fähigkeiten und Persönlichkeiten, die gemeinsam eine wunderbare Schöpfung ergeben.

Andere Lebensstile sind nicht falsch

Janey geht mit wackelndem Kopf und schwingenden Hüften an Oma Rose vorbei. Die Musik aus Janeys tragbarem CD-Spieler ist nicht zu überhören. Die Texte sind nach Omas Meinung Schund. Janey trägt enganliegende Shorts und eine hauchdünne Bluse. „Janey, Janey, JANEY!"

„Ja, Großmutter?"

„Du gehst doch wohl nicht in dieser Kleidung zu deiner Verabredung, oder?"

Janey muß lachen. Sie liebt ihre Großmutter und ist gerne mit ihr zusammen, aber ihre Großmutter ist so . . . nun ja, so alt. „Natürlich, Oma. Ich bin doch nicht nackt oder so etwas. Bis später."

Rose schüttelt ihren Kopf. Sie fragt sich, ob sie das ihren Kindern erzählen soll.

Janey macht so einen vernachlässigten Eindruck. Ihre Eltern gehen mit ihrem Lebensstil zu locker um. Rose hatte so-

gar den schrecklichen Verdacht, daß Janey und ihr Freund . . .
nun ja, Sie wissen schon. Sie beschloß, daß diese Angelegenheit
zu wichtig war, um sie zu ignorieren, und so marschierte sie in
das Schlafzimmer ihrer Tochter. „Barbara, hast du gesehen, was
Janey heute abend anhat? Entschuldige, aber sie sieht aus wie
eine, eine . . . Ich kann es noch nicht einmal aussprechen, aber
du weißt, was ich meine. Und die Musik, die sie sich Tag und
Nacht anhört, ist einfach unmoralisch. Habe ich dich so
schlecht erzogen, daß du dich nicht darum kümmerst, was
deine Kinder machen?"

Unterschiedliche Auffassungen über den Lebensstil können
zu großen Meinungsverschiedenheiten zwischen Eltern und
Großeltern führen. Beide haben Angst, daß es mit dem Kind
ein böses Ende nimmt, nur wollen die Eltern nicht unbedingt
auch noch an diese Angst erinnert werden. Vielleicht denkt die
Großmutter, die Eltern hätten den blauen Irokesenschnitt ihrer
Tochter irgendwie übersehen. Sie fühlt sich verpflichtet, sie
darauf hinzuweisen – nur zur Sicherheit. Das Ergebnis dieser
Art von Einmischung sind Reibereien und Schuldgefühle.
Womöglich sind auch die Eltern nicht besonders glücklich
über den Lebensstil ihrer Kinder, haben aber beschlossen, daß
es wohl am besten ist, sich nicht einzumischen. Wenn dann die
Großeltern darauf herumreiten, setzen sie bei den Eltern
Schuldgefühle frei, weil sie nichts dagegen unternommen
haben.

Noch einmal: Das kann verheerende Folgen haben. Wüten-
de Eltern können unseren Kontakt zu diesen Enkelkindern, die
wir trotz blauer Haare doch lieben und sehen möchten, einschränken.

Noch schwieriger wird die Lage, wenn Großeltern den
Lebensstil der Eltern kritisieren. Ein Beispiel: Eine Großmutter
ist extrem ordentlich. Na, vielleicht ist „ordentlich" ein wenig
untertrieben. Die Frau ist unerreichbar penibel, wenn es um
Sauberkeit geht. Ihre Kinder sind nicht ganz so reinlich, wahrscheinlich als Reaktion auf die keimfreie Umgebung, in der
sie aufwuchsen. Einer von ihnen ist eindeutig unordentlich.
Nein, um ganz ehrlich zu sein, der Junge ist schlampig. Und

seine Frau fördert diese Eigenschaft eher, als daß sie gegensteuert.

Nach der Geburt ihres ersten Kindes kam die Großmutter, um zu helfen. Ihrem Sohn und seiner Frau schwante Übles. Sie ahnten, daß Oma einige kritische Kommentare zu ihrem entspannten Lebensstil verlieren würde, aber da irrten sie sich. Sie hatte *eine ganze Menge Kritisches* über ihren Lebensstil zu sagen. „Das darf doch wohl nicht wahr sein, daß euer Baby in so einer Umgebung aufwachsen soll! Ihr habt schon seit Monaten den Boden nicht mehr geschrubbt, und im Kühlschrank schimmelt es vor sich hin. Und das Baby? Es wird wahrscheinlich alle Krankheiten bekommen, die es in der Menschheitsgeschichte je gab, vor lauter Bakterien auf dem Boden ..." Kurz und gut, der Sohn und die Schwiegertochter hielten es nicht mehr aus. Also geleiteten sie die Großmutter am vierten Tag ihres Besuches, der eigentlich zwei Wochen dauern sollte, zur Tür hinaus und brachten sie zum Flughafen. Sie kauften ein Ticket erster Klasse und sahen dankbar ihrem Flugzeug nach.

Hatte die Oma recht? Sollte ihr Sohn reinlicher sein? Natürlich. Hat sie sich falsch verhalten? Und ob! Noch heute, vier Jahre später, sind sie böse aufeinander. Wenn wir in der Versuchung sind, uns in den Lebensstil einzumischen, sollten wir an folgenden Schlüsselsatz denken: *Es ist das Leben Ihrer Kinder, halten Sie sich heraus.* Wir wollen für unsere Kinder und Enkelkinder das Beste und sind überzeugt, wir wüßten ganz genau, was für sie am besten ist. Sehr wahrscheinlich haben wir auch tatsächlich einen besseren Durchblick als sie. Aber sie sind auch nur Menschen, und letztlich sind sie selbst dafür verantwortlich, ihren eigenen Weg in dieser Welt zu finden. Sie können frei entscheiden, was für Menschen sie werden wollen.

Ich möchte das veranschaulichen. Jack wollte immer alle Herausforderungen annehmen, die es nur gab. Er machte uns Sorgen. Auch die Art, wie er als junger Erwachsener sein Leben gestaltete, beunruhigte uns. Jetzt, Jahre später, ähnelt sein Lebensstil sehr dem unseren. Wir arbeiten beide für die Kirche und schreiben gemeinsam an diesem Buch.

Unser Sohn Jon war das genaue Gegenteil. Wir wußten, daß er seinen Weg machen würde, weil er in der High School und am College sehr erfolgreich war. Während seiner Schulzeit ähnelte Jons Lebensstil dem unseren. Heute, als Flugzeugbauingenieur, ist Jon ein revolutionärer Mensch. Er hat sich für einen Lebensstil entschieden, der sich von unserem ziemlich unterscheidet. Judy und ich haben gelernt, beide Söhne und ihre Verschiedenheit von uns zu schätzen (und das war nicht einfach). Es ist ihr Leben, also sollen sie es leben. So gern wir es auch würden, wir können ihren Lebensstil nicht bestimmen. Ich kenne den Drang, sich einzumischen, ziemlich gut. Auch ich verspüre ihn und muß dagegen ankämpfen. Aber die Regel, die wir genannt haben, hat schon ihre Richtigkeit. Wenn wir unsere Zeit damit verschwenden, an Nebensächlichkeiten wie Frisur und Kleidung herumzunörgeln, werden unsere Kinder und Enkelkinder sich taub stellen, wenn wir dann über die wirklich wichtigen Dinge des Lebens mit ihnen sprechen müssen.

Wo ist die Grenze beim Verwöhnen?

Die häufigste Klage über Großeltern ist, daß sie ihre Enkelkinder verwöhnen. Viele Großeltern neigen dazu, diesen Vorwurf mit einem Lachen abzutun. Sie denken oder sagen offen, es sei die Aufgabe der Großeltern, ihre Enkelkinder zu verwöhnen. Sehr oft meinen wir damit, daß wir die Freiheit haben möchten, unseren Enkelkindern Dinge zu geben, die wir unseren Kindern nicht gegeben haben. Aber unser Sohn oder unsere Tochter sieht das in einem weniger strahlenden Licht. In ihren Augen verwöhnen wir ihre Kinder, weil wir ihnen zu viele und zu teure Geschenke machen.

Doch was zwischen Ihnen und Ihren Kindern abläuft, ist in diesem Fall gar nicht so wichtig. Das eigentliche Problem, wenn es auch von Gezänk und verletzten Gefühlen verdeckt wird, ist das Aufschieben von Befriedigung. Sozialwissenschaftler und Kinderpsychologen weisen uns auf einen neuen, beunruhigenden Trend in den Persönlichkeitsstrukturen der heutigen Jugendlichen hin. Es sieht so aus, als könnten Kinder nicht mehr auf etwas warten. Sie wollen alles, sie wollen es sofort, und sie wollen es haben, ohne dafür Opfer zu bringen. M. Scott Peck weist in seinem Buch *The Road Less Traveled* („Der wunderbare Weg") darauf hin, daß dieses Phänomen eine der Wurzeln der Selbstsucht und Unzufriedenheit der Amerikaner ist.

Unsere Enkelkinder werden in einer Welt groß, in der Sinnlichkeit am meisten zählt und in der man in erster Linie dem Vergnügen nachjagt. Mit *Sinnlichkeit* meine ich nicht die Sexualität, obwohl sie ein Teil davon ist. Ich spreche davon, daß man sich hemmungslos seinen Gefühlsregungen überläßt und sich vollkommen den Launen seiner Sinneseindrücke und Emotionen ausliefert. Das ist der Lebensstil vieler unserer Enkelkinder.

Wenn meine Enkelin sich in der Nachbarschaft umsieht, sieht sie, was los ist. Darüber hinaus sehen ihre sieben Jahre alten Augen, was ihre Freunde kaufen, anziehen und besitzen. Und das will sie auch haben. Dieses Jahr waren Rollerblades der große Renner in der Schule. Sie kennen sie wahrscheinlich schon. Die Dinger sehen aus wie Rollschuhe, nur daß die Rollen hintereinander liegen. Sie sind sehr schnell, machen viel Spaß, sind sehr beliebt und sehr teuer. Also bettelte Lauren ihren Vater um Rollerblades an.

„Bitte, Papa. Ich kann mich draußen nicht sehen lassen, wenn ich keine Rollerblades habe. Bitte . . ." Wenn Siebenjährige etwas wollen und der Meinung sind, man schlage es ihnen völlig ungerechtfertigterweise ab, haben sie eine ganz besondere Art, ihren Wunsch durchzusetzen.

Ihr Vater blieb hartnäckig. „Lauren, letztes Jahr mußtest du Rollschuhe haben. Diesen Winter waren es Schlittschuhe. Ich habe dir beides gekauft. Wenn du Rollerblades möchtest, mußt du dein Taschengeld sparen und sie dir davon kaufen."

„Aber, Papa, ich brauche sie jetzt sofort! Kannst du mir das Geld nicht leihen? Ich zahle es dir später zurück. Ich verspreche dir, ich werde dich nie mehr um etwas anderes bitten."

Als Lauren gerade versuchte, Rollerblades zu bekommen, verbrachte ich einmal ein bißchen Zeit mit ihr. Wir waren noch keine drei Minuten zusammen, da fragte sie mich, ob wir nicht in einen Laden gehen könnten, um ihr Rollerblades zu kaufen. Judy und ich kaufen unseren Enkelkindern sehr gerne Geschenke. Wir lieben ihren Gesichtsausdruck, wenn wir ein neues Geschenk mitbringen und sie vor lauter Freude überschäumen. Aber dieses Mal sagte ich „Nein". Ich wußte, daß es falsch wäre, nicht zuerst mit Jon und Lynn darüber zu sprechen. Gut, daß ich Laurens Versuch widerstanden habe! Als ich mit Jon Rücksprache hielt, erzählte er mir die ganze Geschichte.

„Papa, Lauren weinte und bekam einen Wutanfall, weil ich ihr keine Rollerblades kaufen wollte. Ich habe ihr gesagt, sie müsse ihr eigenes Geld zusammensparen, um sich davon die Rollerblades zu kaufen. Sie schnappte beinahe über, bis ich sie dann bat, sich meine Schuhe anzusehen. Ich sagte: ‚Lauren, wie sehen meine Schuhe aus?' Sie sagte, die sähen schrecklich aus. Ich fragte sie, ob sie der Meinung sei, ich sollte mir neue kaufen. Sie fand durchaus, daß die Zeit für neue Schuhe gekommen sei. Diese sähen schrecklich aus. Dann sah ich ihr in die Augen und fragte, was neue Schuhe kosten würden. Sie meinte, daß ich wahrscheinlich welche für etwa 45 Dollar bekäme. Dann fragte ich sie: ‚Lauren, warum habe ich mir noch keine neuen Schuhe gekauft?' Unsicher antwortete sie: ‚Weil du kein Geld hast.' Ich lächelte, nickte und fragte sie, warum ich ihr keine Rollerblades kaufen würde. ‚Weil du kein Geld hast,' war die langsame Antwort.

Papa, wenn du ihr die Rollerblades gekauft hättest, wäre alles, was ich Lauren beibringen wollte, vergeblich gewesen. Sie glaubt, sie könne alles umsonst haben – und zwar sofort. Und ich versuche, ihr beizubringen, daß man die Sachen, die man haben will, nur durch harte Arbeit bekommt, dadurch, daß man etwas tut, was man nicht unbedingt gerne macht. Danke, daß du dich nicht eingemischt hast."

Aus dieser Geschichte habe ich viel gelernt. Mir wurde wahrscheinlich zum ersten Mal klar, daß es im Kern gar nicht ums Verwöhnen geht. Es geht darum, daß wir unseren Kindern dabei helfen, aus ihren Kindern verantwortungsvolle Erwachsene zu machen. Verantwortungsvolle Erwachsene können Wünsche zurückstellen. Sie sehen, daß Eltern für ihre Kinder langfristige Ziele haben. Sie und ich denken gewöhnlich kurzfristig, wenn wir lediglich von unseren Enkelkindern geliebt und umarmt werden möchten. Wir müssen nicht streng sein. Und das ist auch in Ordnung, solange wir nicht das, was unsere Kinder bei ihren Kindern erreichen wollen, unterwandern.

Alles ist erlaubt, aber nicht alles ist nützlich; alles ist erlaubt, aber nicht alles erbaut. Niemand suche das Seine, sondern das des anderen.
(1. Korinther 10,23–24).

Kreative Großeltern berücksichtigen den Rat des Apostels Paulus. Verwöhnen ist nicht nützlich, es erbaut nicht, und letztlich ist es auch nicht zum Wohl des anderen. Unsere Enkelkinder zu lieben, bedeutet, auf unser flüchtiges Glück zu verzichten, das wir bei jedem neuen Geschenk bekommen, wenn wir ihre strahlenden Augen sehen. Wir sind bereit, bei der Formung ihres Charakters mitzuhelfen. Unsere Enkelkinder haben sowieso schon mehr, als sie brauchen. Was Kinder, Jugendliche und junge Erwachsene wirklich brauchen, ist Charakter. Behutsame, kreative Großeltern können ihnen auf diesem Weg helfen, indem sie sich nicht in Angelegenheiten wie Erziehung, Erwartungen und Lebensstil einmischen.

Checkliste: Engagement statt Einmischung

❑ Für mich ist es wichtig, meinen Enkelkindern ab und zu einmal eine Freude zu bereiten.

❑ Eine Großmutter hat das Recht, ihren Enkeln Dinge zu kaufen, die sie brauchen.

❑ Meine Kinder sind viel zu nachsichtig mit meinen Enkelkindern.

❑ Wenn ich nicht eingreifen würde, würden sie im Gefängnis landen.

❑ Meine Enkelkinder haben das Recht, über die schweren Erziehungsfehler ihrer Eltern aufgeklärt zu werden.

❑ Wenn ich mich über meine Kinder hinwegsetze, können meine Enkelkinder alles viel besser durchschauen.

❑ Mein Enkel wird schon vor seinem dritten Geburtstag auf einem Fahrrad ohne Stützräder fahren können.

❑ Ich bin verpflichtet, meine Erwartungen, die ich an meine Enkelkinder habe, mit denen ihrer Eltern zu vergleichen.

❑ Meine Kinder sollten dieselben Hausregeln einführen, wie sie bei mir galten.

❑ Wenn meine Kinder sich etwas nicht leisten können, ich aber schon, dann habe ich das Recht, es meinen Enkeln zu kaufen.

❑ Meine Enkelkinder sollten auf die Erfüllung ihrer Wünsche nicht warten müssen, solange ich sie ihnen erfüllen kann.

Unter ungewöhnlichen Bedingungen Grosseltern sein

Schön und gut, aber meine Lage sieht ganz anders aus. Wir sind nicht die typische Vorortfamilie mit Vater, Mutter und zweieinhalb Kindern. Ich bin in der Baptistengemeinde einer Kleinstadt groß geworden und habe einen Jungen aus dem Ort geheiratet. Aber mein Sohn ist schon zweimal geschieden und hat gerade ein jüdisches Mädchen aus der Bronx geheiratet, das schon zwei Kinder aus erster Ehe hat. Wie soll ich, eine Landfrau aus Indiana, deren Großmutter sein? Und jetzt bekommen mein Sohn und seine neue Frau auch noch ihr eigenes Baby."

Die besorgte Frau fuhr fort: „Großmutter sein ist für mich nicht mehr dasselbe, was es für meine Mutter und Großmutter einmal war. Ich kann nicht wie sie voraussetzen, daß meine Enkelkinder mit meinen Wertvorstellungen aufwachsen. Genauso wenig kann ich voraussetzen, daß ich in der Lage bin, viel Zeit mit ihnen zu verbringen. Eigentlich habe ich nicht die entfernteste Ahnung, wie ich mit meiner neuen Schwiegertochter umgehen soll. Meine Enkelkinder, die ich sozusagen über Nacht bekommen habe, sind sechs und zehn und in New York City aufgewachsen. Als sie mich letzte Woche besuchten, sahen sie zum ersten Mal in ihrem Leben eine echte, lebendige Kuh und waren zum ersten Mal in der Sonntagsschule. Es ist wohl keine Übertreibung, wenn ich behaupte, daß ich mich von anderen Großmüttern unterscheide!"

Diese Oma sieht sich Tatsachen gegenüber, von denen ihre Großeltern noch nicht einmal geträumt hätten. Heutige Großeltern müssen in der Lage sein, mit unterschiedlichen religiösen Hintergründen, ethnischen Eigenheiten und einer Vielzahl verschiedenster Familienkonstellationen kreativ umzugehen. Die meisten von uns gehen davon aus, daß ihre Kinder erwachsen werden, heiraten, Kinder bekommen und dann glücklich und zufrieden bis an ihr Ende leben. Aber in Wirklichkeit tritt bei vielen Familien das „glücklich bis ans Lebensende" nie ein.

In diesem Kapitel erklären wir, wie man sich im Leben seiner Enkelkinder engagieren kann, wenn die Familienkonstellation ungewöhnlich ist, die Kinder sich von anderen abheben und es Unterschiede in den Wertvorstellungen gibt. Hier sind einige Beispiele.

➤ Jo ist eine 58jährige farbige Großmutter, deren schwangere Tochter kürzlich einen weißen Mann geheiratet hat. Jo fragt sich, ob ihre Tochter auf die ethnischen und kulturellen Unterschiede vorbereitet ist, die sie erwarten.

➤ Bills Tochter war dreimal verheiratet. Aus diesen Ehen hat sie vier Kinder. Gerade hat sie ihm eröffnet, daß sie mit ihrem neuen Freund zusammenzieht. Bill macht sich Sorgen um die Wertvorstellungen seiner Enkel und fragt sich, ob seiner Tochter klar ist, welchen Schaden sie womöglich anrichtet.

➤ Ken, vierfacher Großvater, hat seinen Kindern mitgeteilt, daß er sich von ihrer Mutter scheiden läßt. Er fragt sich, welche Auswirkungen das auf die Beziehung zu seinen Enkeln haben wird.

➤ Sophia hat sechs Enkelkinder. Sie war die erste Frau in der Familie, die Ärztin wurde. Die meisten Ziele, die sie für ihre Kinder und Enkelkinder hat, drehen sich um deren Ausbildung. Sophias Tochter, die ein Diplom besitzt, heiratete kürzlich einen Mann ohne Hochschulabschluß. Für beide ist es die zweite Ehe. Sophia hat Angst, daß seine mangelnde Bildung negative Folgen für die schulische Laufbahn haben könnte, die ihr für ihre Enkelkinder vorschwebt.

➤ Vor fünf Jahren hat Jims Sohn ein nettes Mädchen geheiratet, das nicht an Gott glaubt. Letzte Woche haben sie Jims erstes Enkelkind im Krankenhaus abgeholt. Jim befürchtet, daß sein Sohn und seine Schwiegertochter seinen Enkel nicht zur Gottesfurcht erziehen werden.

➤ Colin ist jetzt fünf Jahre alt, aber wenn man mit ihm spricht, merkt man das nicht. Colin ist ein Kind, das besondere Pflege braucht, denn er ist geistig behindert. Seine Großeltern fragen sich besorgt, wie sie zu ihrem Enkelkind, mit dem sie nicht sprechen können, eine Beziehung aufbauen können.

➤ Rogers Enkel braucht eine Sprachtherapie. Mark, vier Jahre alt, kann nur ein paar undeutliche Wörter sprechen. Die Fachleute sagen, seine häufigen Ohrenentzündungen seien die Ursache für die langsame Sprachentwicklung. Roger hat Angst, daß sein Enkelsohn nicht besonders klug ist. Es ist ihm unangenehm, Mark irgendwohin mitzunehmen, weil er oft nicht weiß, was Mark will, und ihn oft nicht versteht.

Jede der oben beschriebenen Situationen verlangt nach Großeltern, die mit ungewöhnlichen Bedingungen fertig werden. Ethnische und religiöse Unterschiede, Mischehen und behinderte Enkelkinder stellen engagierte Großeltern vor außergewöhnliche Probleme. Viele Frauen und Männer haben sich diesen besonderen Herausforderungen furchtlos gestellt. Das Ergebnis war, daß sie als Großeltern Erfahrungen gemacht haben, die sie mit Zuversicht, Freude und Dankbarkeit erfüllen.

Hier sind sechs Grundsätze, die Ihnen helfen werden, Ihre Rolle als Großeltern auch unter ungewöhnlichen Bedingungen mit Freude anzunehmen.

1. Lernen Sie, mit den Entscheidungen Ihrer Kinder zu leben. Jo, unsere erste Großmutter, ist auf ihre Tochter ziemlich wütend. Obwohl sie sich ihrer Vorurteilslosigkeit rühmt, nimmt sie es ihrer Tochter übel, daß sie sie in diese schwierige Lage gebracht hat. Sie hatte nicht erwartet, Großmutter zu werden, schon gar nicht Großmutter eines Mischlings. Sie ist auf ihre Tochter und ihren neuen Schwiegersohn wütend, und zugleich ärgert sie sich darüber, daß sie sich so aufregt. Jo muß den ersten Grundsatz für Großeltern in ungewöhnlichen Situationen lernen. Sie muß lernen, mit den Entscheidungen ihres Kindes zu leben.

Wir alle vergeuden Zeit und Kraft, wenn wir uns über Dinge Sorgen machen, die wir doch nicht ändern können. Sicherlich wäre es einfacher für Jo gewesen, wenn ihre Tochter erst geheiratet und dann ein Kind bekommen hätte. Und es wäre viel einfacher gewesen, wenn sie einen Farbigen geheiratet hätte. Aber sie hat es nicht getan, und außerdem gehen Jo diese Entscheidungen nichts an. Ihre Tochter hat sie getroffen, und jetzt muß Jo einen Weg finden, wie sie damit lebt. Sich zu wünschen, man könnte diese Ereignisse ungeschehen machen, führt zu nichts. Wir können die Uhr nicht zurückdrehen und die Entscheidungen unserer Kinder nicht rückgängig machen. Möglicherweise hängt die Rolle, die wir im Leben unserer Enkelkinder spielen, davon ab, wie gut wir mit diesen Entscheidungen umgehen können. Wenn unsere Kinder sich immer wieder anhören müssen, wie wir uns über ihre Entscheidungen beklagen, wollen sie uns wahrscheinlich nicht oft sehen.

Vielleicht fühlen wir uns für die Entscheidungen unserer erwachsenen Kinder verantwortlich. Wenn sie gute Entscheidungen treffen, loben wir ihre Urteilsfähigkeit und unsere Erziehung. Wenn sie schlechte Entscheidungen treffen, stellen wir unsere elterlichen Fähigkeiten und die Vernunft unserer Kinder in Frage. Diese Reaktionen sind zerstörerisch. Unsere erwachsenen Kinder müssen ihre eigenen Entscheidungen treffen und dafür die Verantwortung übernehmen. Wir hingegen müssen lediglich lernen, mit ihren Entscheidungen zu leben, und unsere Kinder, ihre Ehepartner und unsere Enkel weiterhin lieben.

Wahrscheinlich hätten Leslies Eltern nicht gerade Jack als Mann für ihre Tochter ausgesucht. Einige seiner Wertvorstellungen und Überzeugungen stimmten mit den ihren nicht überein. Dennoch, als Leslie sich dazu entschieden hatte, Jack zu heiraten, standen ihre Eltern fest hinter ihr und ließen sie nie spüren, daß sie mit ihrer Entscheidung unzufrieden seien. Leslies Eltern wußten, daß sie diese Entscheidung akzeptieren mußten, und es gelang ihnen großartig, Jack in ihre Familie aufzunehmen. Jetzt sind sie Großeltern, und weil sie so bewundernswert mit der Ehe ihrer Tochter umgingen und begriffen, daß sie mit der Entscheidung ihrer Tochter leben mußten, stehen ihnen großartige Möglichkeit offen, ihre großelterliche Rolle wahrzunehmen. Hätten sie sich ständig und unverhohlen bei Leslie über Jack beschwert, dann hätten sein Groll und seine Bitterkeit sie daran gehindert, sich im Leben ihrer Enkelkinder zu engagieren.

2. Bestrafen Sie Ihre Enkelkinder nicht für Entscheidungen Ihrer Kinder. Auch die zweite Regel für Großeltern in ungewöhnlichen Situationen ist äußerst wichtig. Wenn Sie das im folgenden beschriebene Konzept verstehen und anwenden, werden Sie es als Betroffene leichter haben. Wir dürfen unsere Enkelkinder nicht für die Entscheidungen unserer Kinder bestrafen.

Ein Großvater hat seinen neunjährigen Enkel noch nie gesehen, obwohl er nur fünfzehn Kilometer von ihm entfernt wohnt. Seine Tochter hat einen Mann geheiratet, dessen Vorfahren aus Asien stammten. Die Abneigung ihres Vaters Asiaten gegenüber hat ihre Wurzel im Koreakrieg, und er hat sich nie mit ihr auseinandergesetzt. Als seine Tochter ihre Verlobung bekanntgab, warf er sie aus dem Haus. Seither hat er nicht mehr mit ihr gesprochen. Doch mit seiner Wut über die Entscheidung seiner Tochter bestraft er nur sein einziges Enkelkind und sich selbst. Seine Vorurteile haben ihm die Möglichkeit genommen, sich an seinem Enkelsohn zu erfreuen.

Eine Entscheidung unseres Sohnes oder unserer Tochter mag uns ärgern oder enttäuschen, aber wir dürfen unsere Wut nicht an unseren Enkeln auslassen. Sie haben nichts getan. Ich bin oft enttäuscht darüber, wie wenig selbst Christen einander verstehen und vergeben können. Der besagte Großvater ist Ältester in einer Kirchengemeinde, aber ich glaube nicht, daß er noch Gottes Gefallen findet. Er sündigt nicht nur, indem er Vorurteile hat, sondern auch durch seinen Zorn. Überdies sündigt er, wenn er seine Tochter, ihren Ehemann und ganz besonders den Enkelsohn nicht liebt.

Wenn jemand sagt: Ich liebe Gott, und haßt seinen Bruder, ist er ein Lügner. Denn wer seinen Bruder nicht liebt, den er gesehen hat, kann nicht Gott lieben, den er nicht gesehen hat. Und dieses Gebot haben wir von ihm, daß, wer Gott liebt, auch seinen Bruder lieben soll.

(1. Johannes 4,20–21)

Die Bibel ruft ganz klar zur Liebe auf. Obwohl Johannes von der Liebe zu den Brüdern in Christus spricht, müssen wir davon ausgehen, daß wir auch unsere eigenen Familienmitglieder lieben sollen. Enttäuschung und Wut türmen riesige Barrieren auf, die wir nicht überwinden wollen oder können. Vielleicht sind auch Sie, die Sie dieses Buch lesen, gerade jetzt überrumpelt und verwirrt. Vielleicht hat Ihre ledige Tochter Sie gerade zu Großeltern gemacht, und Sie sind voller widersprüchlicher Gefühle wie Liebe, Wut, Freude, Enttäuschung und Scham. Lassen Sie diese Gefühle nicht an Ihrem Enkelkind aus. Mehr als alles in der Welt ist es Ihre Aufgabe, diesen kleinen Jungen oder dieses kleine Mädchen zu lieben. Egal, ob sein Vater Katholik, Baptist, Moslem oder Buddhist ist, lieben Sie das Kind! Bestrafen Sie Ihr Enkelkind nicht für die Entscheidungen, die seine Eltern getroffen haben.

Sie müssen kein Drama daraus machen, wenn Ihre Tochter oder Ihr Sohn jemanden heiratet, der nicht den gleichen religiösen Hintergrund hat wie Sie, oder wenn der Ehepartner vielleicht Ausländer ist. Es ist auch keine Tragödie, wenn Ihr lediger Sohn oder Ihre Tochter Ihnen eine Schwangerschaft offenbart. Die weitaus größere Tragödie ist es, wenn Sie darauf so wütend und bitter reagieren, daß Sie keine Möglichkeit mehr haben, zu Ihren Enkelkindern ein enges Verhältnis aufzubauen. Alle Kinder brauchen Wärme und Liebe. Und alle jungen Eltern brauchen die Gewißheit, daß ihre Eltern in Liebe hinter ihnen stehen und sie akzeptieren und unterstützen.

3. *Akzeptieren Sie Ihre Enkelkinder so, wie sie sind.* Erinnern Sie sich noch an Colins Großeltern? Colin ist behindert, und seine Großeltern fragen sich, welche Rolle sie in seinem Leben spielen können. Wenn sie andere Großeltern im Zoo beobachten, wie sie mit ihren Enkelkindern reden und lachen, wissen sie, daß sie so etwas mit Colin wahrscheinlich nie erleben werden. Er ist an den Rollstuhl gefesselt und kann nicht sprechen. Trotzdem haben Colins Großeltern ihn nicht aufgegeben. Sie haben die dritte Regel für Großeltern in außergewöhnlichen Umständen verstanden: Akzeptieren Sie Ihre Enkelkinder so, wie sie sind.

Es wäre vergeblich, wenn sich Colins Großeltern wünschen würden, daß sein Körper und sein Geist zusammenarbeiten mögen. Das wird nicht passieren, sofern nicht ein Wunder geschieht. Doch statt sich ihrem Kummer hinzugeben, haben Colins Großeltern sich entschlossen, ihn so zu akzeptieren, wie er ist, und ihn bedingungslos zu lieben. Sie machen mit Colin alles, was sie auch mit einem „normalen" Enkelkind machen würden. Sie gehen mit ihm in den Zoo, zu McDonald's und in den Park. Genaugenommen, machen sie sogar mehr als andere Großeltern. Weil sie seine besonderen Bedürfnisse kennen, helfen sie seinen Eltern bei der Therapie und begleiten ihn auf seinen häufigen Fahrten ins Krankenhaus. Manchmal ist es schwer für sie, ihn in seinem Rollstuhl zu sehen. Sie kennen den liebenswerten kleinen Jungen, der in diesem verkrümmten Körper gefangen ist, und sie wünschen sich um seinetwillen, daß er so laufen und springen könnte wie andere kleine Jungen. Aber eines haben sie begriffen: Wenn auch Colins Krankheit ein besonderer Stachel in ihrem Herzen ist, so ist doch seine kleine Persönlichkeit eine ganz besondere Freude. Sie können sich ein Leben ohne ihn nicht mehr vorstellen. Er hat sie gelehrt, das Leben mit anderen Augen zu sehen. Jeder Tag mit Colin ist ein kostbares Geschenk für sie. Sie haben beschlossen, ihre begrenzte Zeit mit ihm auszukosten. Sie sind engagierte, kreative Großeltern, und sie lieben ihren behinderten Enkel von ganzem Herzen.

Der Grundsatz, Ihre Enkelkinder so zu akzeptieren, wie sie sind, gilt für alle, egal, wo ihre Defizite liegen. Wenn Ihre Enkelkinder nicht zur Kirche gehen, akzeptieren Sie sie trotzdem. Wenn sie ohne die Werte aufwachsen, die Ihnen wichtig sind, akzeptieren Sie sie trotzdem. Wenn sie nicht hören oder sehen oder laufen können, lieben und akzeptieren Sie sie trotzdem. Das kann sehr schwer sein und ist vor allem leichter gesagt als getan.

Um behinderte Enkelkinder annehmen zu können, ist Ehrlichkeit so wichtig wie Wissen. Zum einen bedürfen wir unbedingt einer konsequenten und vorbehaltlosen Ehrlichkeit vor uns selbst, die uns unsere wahren Gefühle offenbart. Wir müssen uns unsere unterschwelligen Motive und unsere eigenen Vorurteile eingestehen. Ebenso wenig dürfen uns etwas über die tatsächliche Behinderung und die Heilungschancen vormachen. Vor allem aber müssen wir Gott gegenüber ehrlich sein.

Zum anderen kann bestimmtes Wissen es leichter machen, die Kinder anzunehmen. Wenn Sie Großeltern eines behinderten Enkelkindes sind, nehmen Sie sich die Zeit, und machen sich die Mühe, seine besonderen Bedürfnisse zu verstehen. Informieren Sie sich über seine tatsächlichen Fähigkeiten, seine Möglichkeiten und seine Grenzen. Behinderte Kinder sind häufig zu sehr viel mehr fähig, als wir ihnen zutrauen. Die Mutter eines behinderten Kindes mußte ihren Eltern immer wieder sagen, sie sollten ihre Enkelin nicht ständig wie ein Baby behandeln. Obwohl sie sechzehn Jahre alt war, sprachen die Großeltern ihrer Behinderung wegen mit ihr wie mit einer Fünfjährigen. Das erniedrigte die Tochter und brachte ihre Mutter zur Weißglut. Beobachten Sie den Entwicklungsstand des Kindes, und bringen Sie etwas über seine Möglichkeiten und Grenzen in Erfahrung. Arbeiten Sie an der Überwindung der Grenzen, und fördern Sie die Möglichkeiten.

Sollte Ihr Enkelkind mit einem anderen kulturellen Hintergrund aufwachsen, weil es einen ausländischen Elternteil hat, dann nehmen Sie sich die Zeit, möglichst viel darüber zu erfahren. Sie werden Ihr Enkelkind dann besser verstehen und leichter annehmen können. Dasselbe gilt auch für Großeltern, deren Enkelkinder in einem anderen Glauben erzogen werden. Auch hier gilt: Informieren Sie sich, so gut es geht. Sie werden dann mit Ihren Enkelkindern besser über religiöse Werte sprechen können. Der beste Weg, seine Enkel anzunehmen, ist, sie kennenzulernen.

4. Schließen Sie Kompromisse. Wenn uns der Glaube wichtig ist, nicht aber unseren Kindern, wie können wir damit umgehen, und wie können wir unseren Enkelkindern trotz allem dabei helfen, zum Glauben zu finden? Eine ganz ähnlich gelagerte Frage ist: Wie können wir unsere Moralvorstellungen unseren Enkelkindern vermitteln, wenn unsere Kinder diese Werte gar nicht teilen? Die Antwort auf beide Fragen gibt der vierte Grundsatz für Großeltern in ungewöhnlichen Situationen: Seien Sie bereit, Kompromisse zu schließen.

Normalerweise lassen sich die Begriffe *Kompromiß, Glaube* und *Werte* kaum vereinbaren. Und wir werden auch nicht eine Sekunde lang vorschlagen, daß Großeltern in Angelegenheiten, die den Glauben oder die Moral betreffen, Kompromisse schließen sollen. Aber seien wir realistisch. Besser eine kleine Chance, unseren Glauben und unsere sittlichen Maßstäbe weiterzugeben, als gar keine. Damit wir überhaupt eine Chance haben, müssen wir damit aufhören, uns nur für einen Sieg auf ganzer Linie zu interessieren. Wir müssen statt dessen überlegen, was für unsere Enkelkinder am besten ist.

Wenn es um Glauben und Moral geht, sind die Kontraste oft sehr scharf. Entweder man ist Christ, oder man ist es nicht. Entweder man hält vorehelichen Geschlechtsverkehr für falsch, oder man tut es nicht. Die Positionen sind klar abgesteckt. Deshalb meinen wir, wir würden das Handeln unserer Kinder stillschweigend billigen, wenn wir sie nicht dafür zurechtweisen, daß sie nicht in die Kirche gehen oder daß sie lockere Moralvorstellungen haben. Aber warten Sie einen Augenblick. Dieses Buch plädiert nicht dafür, daß wir unser Ziel aufgeben sollen, unseren Enkelkindern gute sittliche Maßstäbe zu vermitteln. Noch will es alle moralischen Ansichten relativieren. Wir sind fest davon überzeugt, daß es Werte gibt, die keine Kompromisse zulassen, wo es wirklich nur Schwarz oder Weiß gibt. Dennoch, die Art und Weise, wie wir diese Werte unseren Enkelkindern vermitteln, ist nicht ganz so eindeutig zu bestimmen.

Ich möchte Ihnen ein Beispiel geben. Marianne ist eine fromme Christin. Ihre Tochter geht schon seit Jahren nicht mehr in die Kirche. Marianne ist davon überzeugt, daß ihre Enkelkinder mindestens einmal in der Woche eine Kirche von innen sehen sollten. Ihrer Tochter ist das egal, und sonntags schläft sie gewöhnlich sehr lange. Marianne hat ihre Tochter gefragt, ob sie ihre Enkel sonntags mit in die Kirche nehmen könne. Weil ihre Tochter aber nicht so früh aufstehen will, um sie für die Kirche anzuziehen, hat sie es abgelehnt.

Jetzt hatte Marianne die Wahl. Sie hätte wutentbrannt aus dem Haus stürmen und den Rest ihres Lebens ohne ihre Enkelkinder zur Kirche gehen können. Aber Marianne wußte, wie wertvoll ein Kompromiß sein kann. Sie erkannte völlig richtig, daß es besser ist, nur ab und zu in die Kirche zu gehen als gar nicht. Also schlug sie ihrer Tochter vor, daß die Enkel zweimal im Monat am Samstag bei ihr schlafen und am Sonntag dann mit ihr in die Kirche gehen. Ihre Tochter war einverstanden! Marianne ist gerne jedes zweite Wochenende mit ihren Enkelkindern zusammen. Sie ist keinen Kompromiß hinsichtlich ihres Zieles, den Glauben ihrer Enkel zu fördern, eingegangen, aber sie hat dieses Ziel erreicht, indem sie sich auf dem Weg dorthin kompromißbereit gezeigt hat.

Damit Kompromisse möglich sind, sollte man es vermeiden zu richten. Wenn wir unsere Enkelkinder zur Kirche abholen und dabei immer ihre Eltern beschimpfen, weil sie nicht mitgehen, werden wir diese Möglichkeit wahrscheinlich nicht sehr oft nutzen können. Wenn wir mit unseren Enkeln zusammen sind und über Glauben oder Moralvorstellungen sprechen, dürfen wir nicht das religiöse Verhalten ihrer Eltern kritisieren. Wenn wir uns dazu hinreißen lassen, werden Mutter und Vater das verständlicherweise als Versuch ansehen, sie als Eltern zu untergraben und zu verurteilen. Unsere Kinder sind ohnehin schon in Verteidigungsstellung, weil sie sich vom Glauben und den Wertvorstellungen der Familie abgewendet haben. Vielleicht sehen sie in jedem Kommentar oder Seufzer eine Verurteilung und Rechthaberei. Dagegen können wir nichts tun, aber wir können ihnen zu verstehen geben, daß wir sie immer lieben werden und daß sie in unserem Haus immer willkommen sind, auch wenn wir ihren Weg nicht gutheißen.

Wenn wir etwas zur moralischen und geistlichen Entwicklung unserer Enkelkinder beitragen wollen, müssen wir Kompromisse schließen können. Wenn wir eine unnachgiebige Haltung vertreten, haben wir vielleicht bald gar keine Gelegenheit mehr, einen positiven Einfluß auf das Glaubensleben unserer Enkelkinder auszuüben.

5. *Kümmern Sie sich nicht um die Meinung der anderen.* Einige von uns lassen sich durch die Vorurteile und fixen Ideen ihrer Freunde, Nachbarn und Mitchristen beeinflussen. Wir bilden uns gerne ein, ihre Einstellungen hätten keinen Einfluß auf uns, aber die Meinung anderer Menschen ist uns doch wichtig. Wir sollten uns das ehrlich eingestehen und als Großeltern unter ungewöhnlichen Bedingungen auf der Hut sein.

Vielleicht sind Sie befangen, wenn Sie Ihren geistig behinderten Enkel zum ersten Mal zum Gottesdienst mitnehmen. Möglicherweise hat noch nie jemand wie er daran teilgenommen. Unter Umständen flüstert man hinter ihrem Rücken, wenn Sie ihn nach dem Gottesdienst stolz zum Auto führen. Engagierte Großeltern kümmern sich nicht darum. Sie haben die Wahl: Möchte ich, daß mein Enkelkind ungeachtet seiner Andersartigkeit weiß, daß ich es liebe und daß es mir wertvoll ist? Oder lasse ich mich durch das engstirnige und sündige Denken anderer – vielleicht sogar meiner engsten Freunde – von meinem Enkelkind fernhalten?

Wenn Sie dieses Buch lesen, haben Sie sich schon entschieden. Sie haben beschlossen, daß ein Leben als engagierte Großeltern wichtiger ist als Tennis oder Skat und mit Sicherheit wichtiger als das, was die Nachbarn denken. Trotzdem sollten wir vorsichtig sein. Man wird schneller von anderen beeinflußt, als man denkt. Möglicherweise schämen wir uns ja doch ein bißchen für die Andersartigkeit unserer Enkelkinder. Schließlich haben Sie und ich ja auch unsere Vorurteile. Wir tragen unsere Überzeugungen schon lange mit uns herum, und Scheinheiligkeit verschwindet nicht mit der Geburt eines Enkelkindes, das „anders" ist. Tief im Innern schämen wir uns vielleicht noch immer.

Mit diesen Gefühlen sollten wir uns sofort befassen. Wir können nicht so tun, als gäbe es sie nicht. Sie äußern sich auf subtile Art. Mit der Zeit werden sich unsere wirklichen Einstellungen zeigen. Um unsere Bedenken gegen die Andersartigkeit zu überwinden, müssen wir zuerst zugeben, daß sie uns Probleme macht. Viele von uns tun ihr ganzes Leben lang so, als hätten sie weder Probleme noch Vorurteile, obwohl wir in Wahrheit beides haben. Solange wir unsere irrationalen und sündhaften Einstellungen nicht zugeben, können wir keine erfolgreichen Großeltern sein.

Der zweite Schritt ist, daß wir zu unseren Kindern gehen, ihnen unsere Gefühle bekennen und sie um Vergebung bitten. Sie müssen wissen, daß wir es ernst meinen mit unserer Liebe zu ihnen und ihrem Kind. Sie müssen sehen, daß wir das Problem erkennen und uns damit auseinandersetzen wollen.

Schließlich dürfen wir Gott um Hilfe bitten, damit er unsere Denkweise erneuert. Wir brauchen seine Hilfe, um unsere Gedanken von Scheinheiligkeit, Vorurteilen und falscher Scham frei zu halten. Nur Gott kann uns von sündigen Einstellungen reinigen, die wir über die Jahre genährt haben.

Lassen Sie sich nicht von den unwissenden Einstellungen anderer davon abhalten, als Großeltern Ihr Bestes zu geben. Sagen Sie ihnen, wie sehr Sie Ihr Enkelkind lieben. Sagen Sie es deutlich und immer wieder. Lassen Sie jeden hören und sehen, wie stolz Sie auf Ihr „andersartiges" Enkelkind sind und wieviel Freude es Ihnen bereitet, mit ihm zusammen zu sein. Das wird das Geflüster beenden und für Ihr Enkelkind und seine Familie wahre Wunder wirken.

6. *Folgen Sie dem biblischen Auftrag zu lieben.* Jesus selbst gab denen unter uns, die als Großeltern mit ungewöhnlichen Umständen zu kämpfen haben, das bestmögliche Beispiel. Er saß neben einem Brunnen und war in ein tiefes Gespräch mit einer Frau versunken, die eine niedrige Moral hatte und aus einem anderen Land kam. Er hat sie weder verdammt noch gescholten, sondern hat sie geliebt. Wir haben den Auftrag, seinem Beispiel zu folgen. Lieben Sie Ihre Enkelkinder und Ihre Kinder. Wenn auch das Leben manchmal Überraschungen für Sie bereithält, nehmen Sie diese nicht zum Anlaß, böse zu werden oder sich von Ihrer Familie abzuwenden. Laßt uns einander lieben, sagt die Bibel, denn die Liebe ist aus Gott (1. Johannes 4,7). Ich weiß, es ist leichter gesagt als getan, aber Sie können es schaffen – mit Gottes Hilfe.

Ed und Jean saßen mit versteinerten Gesichtern in meinem Büro. Sie waren auf ihre 18jährige Tochter böse. Vor einer Woche hatte diese ihnen mitgeteilt, daß sie schwanger und der Vater ein Schwarzer sei. Wie so viele mittelständische Weiße ihrer Generation haben auch Ed und Jean viele Vorurteile und waren schockiert. Die Schwangerschaft war schon schlimm genug, wenn sie auch im Grunde nur ihre schlimmsten Befürchtungen bestätigt hat. Aber die Tatsache, daß das Baby ein Mischling war, regte sie noch viel mehr auf.

Als Ed davon erfuhr, verlor er vor seiner Tochter die Beherrschung. Er schwor, er werde den Vater umbringen. Jean lief heulend ins Schlafzimmer; die Träume, die sie für ihre Tochter gehabt hatte, waren zerstört. Nun wollten Ed und Jean wissen, was sie tun sollten. Sie wollten den Kontakt zu ihrer Tochter abbrechen, außer um sie davon zu überzeugen, daß sie ihr Baby zur Adoption freigeben solle. Ich hörte ihnen zu und sagte ihnen dann, daß das nicht richtig sei. Sie waren enttäuscht und wütend und konnten nicht mehr klar denken. Ich ermutigte sie, ihre Tochter gerade in dieser schwierigen Zeit zu lieben. Ich gab ihnen den Rat, daß sie versuchen sollten, ihre Tochter und deren Motive zu verstehen. Ich sagte ihnen, daß sie ihre Tochter unterstützen sollten, auch wenn sie das Baby gegen den Wunsch der Eltern behalten wollte. Ich bat sie, ihr

Herz diesem kleinen Leben zu öffnen. Sie dankten mir höflich und gingen, immer noch wütend. Ich glaubte, sie nie mehr wiederzusehen.

Acht Monate später, an einem sonnigen Nachmittag, saß ich an meinem Schreibtisch und hatte gerade ein anderes Ehepaar in meiner Beratungsstunde. Da rief mich meine Sekretärin an: „Jerry, hier draußen ist ein Ehepaar, das Sie unbedingt sehen will."

„Joy, ich bin gerade mitten in einem Gespräch, kann es nicht warten?" antwortete ich.

„Nein, ich glaube, Sie möchten das hier sehen."

Ich entschuldigte mich und ging nach draußen, um nachzusehen, was so wichtig sei. Lächelnd wurde ich von Ed und Jean begrüßt. Nein, sie lächelten nicht, sie strahlten über das ganze Gesicht. In ihren Armen hielten sie ihren sechs Wochen alten Enkel. Und sie waren sehr stolz auf ihn. Ich schaute in die Decke, und da war er, mit seinen strahlenden braunen Augen.

„Danke, Jerry. Am Anfang waren wir böse auf Sie. Aber als wir uns beruhigt hatten, beschlossen wir, Ihren Ratschlag anzunehmen. Und sehen Sie sich unseren Jungen an. Ist er nicht der süßeste Junge von allen?" Ed und Jean begannen zu weinen, und ich weinte an diesem Nachmittag mit ihnen. Ich weinte Freudentränen. Als ich sie mit ihrem wunderschönen Baby sah, sah ich die tiefe, echte Liebe zweier Großeltern zu ihrem außergewöhnlichen Baby. Das waren ungewöhnliche Großeltern!

Haben auch Sie es mit ungewöhnlichen Umständen zu tun? Geben Sie nicht auf! Sie können die Hürden unterschiedlicher Nationalitäten, Rassen, Religionen oder Lebensstile überwinden. Sie können einem behinderten Kind kreative Großeltern sein. Auch unter ungewöhnlichen Umständen können Sie gute Großeltern sein. Vergegenwärtigen Sie sich die sechs Regeln:

1. Lernen Sie, mit den Entscheidungen Ihrer Kinder zu leben.
2. Bestrafen Sie Ihre Enkelkinder nicht für Entscheidungen Ihrer Kinder.
3. Akzeptieren Sie Ihre Enkelkinder so, wie sie sind.

4. Schließen Sie Kompromisse.
5. Kümmern Sie sich nicht um die Meinung der anderen.
6. Folgen sie dem biblischen Auftrag zu lieben.

Checkliste für Großeltern
in ungewöhnlichen Situationen

❑ Ich bin bereit, die Partnerwahl meines Kindes zu akzeptieren.

❑ Der soziale Status des Ehepartners meines Kindes ist wirklich nicht wichtig.

❑ Ich glaube nicht, daß ich eine bessere Herkunft oder bessere Kinder habe als andere.

❑ Ich mache vor meinen Enkelkindern keine abfälligen Bemerkungen über ihre Mutter oder ihren Vater.

❑ Ich habe nicht mehr so viele Vorurteile wie vor zehn oder zwanzig Jahren.

❑ Ich bin Gott nicht mehr böse, nur weil mein Enkelkind anders ist, als ich es mir vorgestellt habe.

❑ Ich habe konkrete Schritte unternommen, um die Kluft zwischen mir und meinen Kindern zu überbrücken.

❑ Ich habe alles über die chronische Krankheit oder Behinderung meines Enkelkindes gelesen und gelernt.

❑ Ich lasse es nicht zu, daß die Vorurteile oder Meinungen anderer meine Gefühle beeinflussen.

❑ Ich habe mit meinem Kind offen über die Unterschiede zwischen unserer Familie und der seines Ehepartners gesprochen.

❑ Ich kann Menschen, die anders sind als ich, lieben und gern haben.

Der Glaube unserer Väter

*V*or ein paar Monaten ist Onkel Herman gestorben. Die letzten Jahre seines Lebens kämpfte er gegen den Krebs, und im Alter von zweiundsiebzig Jahren verlor er den Kampf. An sich war Onkel Hermans Leben kaum erwähnenswert. Er bebaute das Land, das sein Vater schon vor ihm bebaut hatte. Er zog seine Kinder groß, ging zur Kirche und liebte seine Frau. Hermans Leben war nicht außergewöhnlich, aber seine Beerdigung, ja, seine Beerdigung war etwas Besonderes.

Der Gedenkgottesdienst war traditionell, auf die Bibel bezogen und spendete Trost. Als einer, der an Jesus Christus geglaubt hatte, war Onkel Herman bereit gewesen, von diesem Leben ins nächste zu wechseln. Seine Beerdigung endete damit, daß Familienmitglieder Erinnerungen an ihn weitergaben. Seine fünf erwachsenen Enkelkinder sprachen abwechselnd über ihren Großvater. Sie erzählten, wie er ihnen die uralte Kunst beibrachte, dem Land Nahrung abzuringen, wenn sie auf dem Hof mithalfen. Sie gaben sich den Erinnerungen hin, wie sie die Ernte einbrachten und ihr Großvater stolz auf ihre gute Arbeit war.

Onkel Hermans jüngste Enkeltochter stand zuletzt auf. Als sie zu reden begann, versagte ihr die Stimme, und Tränen liefen über ihr Gesicht. „Mein Großvater hat mir viele Dinge beigebracht", sagte sie, „und ich liebte es, bei ihm auf dem Bauernhof zu sein. Aber ich werde ihm immer für das dankbar sein, was er mir über Jesus erzählte. Sein Glaube war echt und voller Kraft. Ich werde seinen Glauben für immer und ewig in meinem Herzen tragen." Ich war tief bewegt, als ich dies hörte.

Dieses Mädchen trägt den Glauben ihres Vaters in sich und den Glauben ihres Großvaters. Für uns als gläubige Großeltern ist es die wichtigste Aufgabe, unseren Glauben an Christus unseren Enkelkindern weiterzusagen. Das wußte Onkel Herman. Obwohl er nach allgemeinen Maßstäben ein Mann mit bescheidenen Mitteln war, starb er reich, weil seine Enkelkinder Jesus lieben.

Bei einer neueren Untersuchung über die Rolle der Großeltern stellte man fest, daß die meisten von uns ihren persönlichen Glauben nicht mit ihren Enkelkindern teilen und daß wir keinen großen Einfluß auf ihren Glauben haben. Viele von uns haben offensichtlich beschlossen, wir hätten nicht die Pflicht, unseren Glauben an Jesus mit unseren Enkelkindern zu teilen. Wir gehen davon aus, dies sei Aufgabe der Eltern. Die Hauptverantwortung für die geistliche Erziehung unserer Enkelkinder liegt in der Tat bei den Eltern. Aber das bedeutet nicht, daß wir unseren Teil der Verantwortung vernachlässigen dürfen. Viele Großeltern versuchen noch nicht einmal, mit ihren Enkelkindern über den Glauben zu sprechen. Wir halten es vielleicht für wichtig und beten auch dafür, daß unsere kostbaren Enkelkinder sich für Christus entscheiden, aber es „kommt einfach nie zur Sprache". Den meisten von uns fällt es in Begegnungen mit anderen Menschen schwer, über den Glauben zu sprechen. Das gilt für Gespräche mit unseren Freunden auf dem Sportplatz genauso wie für Autofahrten mit unseren Enkeln. Es fällt uns nicht leicht, über unsere Beziehung zu Jesus zu sprechen.

Wir müssen uns vor Augen halten, daß unsere Enkelkinder in einer „nach-christlichen" Gesellschaft aufwachsen. Die wichtigsten Überzeugungen der heutigen Zeit sind den Werten des Christentums diametral entgegengesetzt. Unsere Enkelkinder werden unseren Glauben nicht automatisch übernehmen. Daher sollte sich jeder Christ im Leben eines Kindes dafür verantwortlich fühlen, seinen Glauben diesem Kind weiterzugeben. Es ist für die Zukunft unserer Enkelkinder unbedingt erforderlich, daß ihre Väter, Mütter, Onkel, Tanten und Großeltern ihnen ihren Glauben vorleben. Wenn wir das nicht tun, gehen wir das Risiko ein, noch eine Generation an den „Zeitgeist" zu verlieren. Wir werden unsere Enkelkinder an unsere Kultur verlieren, an unsere dekadente, gottlose Gesellschaft. Nicht Jesus wird ihr Einfluß sein, sondern die Welt. Das gab es schon einmal.

Josua war ein mächtiger Mann Gottes. Wenn wir von seinen Heldentaten in der Bibel lesen, bewundern wir seinen Glauben. Stolz zitieren wir seine berühmten Worte: „Ich aber und mein Haus, wir wollen dem Herrn dienen" (Josua 24,15). An dieser Stelle hören wir dann auf, doch wir sollten noch ein bißchen weiterlesen. Dann sehen wir nämlich, daß zwar Josuas Kinder Gott dienten, seine Enkelkinder aber nicht mehr. Josuas Enkel wandten sich sogar von Gott ab und der Verderbtheit zu. Wie konnte das geschehen? Wir kennen nicht die ganze Geschichte, aber wir können davon ausgehen, daß irgendwann irgendwer nicht mitbekommen hat, daß Gott der Mittelpunkt des Lebens ist. Zwischen der Erklärung „Wir wollen dem Herrn dienen" und dem Erwachsenwerden von Josuas Enkeln war eine Lücke in der Nachfolge entstanden.

Ich habe während meines Lebens als Pastor sehr oft Glaubenslücken gesehen. Die Großmutter war eine Heilige, ein Fels geistlicher Stärke. Die Mutter war eine wahre Frau des Glaubens, die hingebungsvoll Gott diente. Aber die Enkeltochter hat keine Beziehung zu Jesus. Kreative Großeltern können wesentlich daran beteiligt sein, daß das in ihrer Familie nicht passiert.

Wenn wir uns mit all unseren Kräften konsequent bemühen, unseren Glauben an Christus vorzuleben und ihn mit unseren Enkelkindern zu teilen, dann werden wir großen Einfluß auf sie haben. Die Bibel erzählt nicht nur die Geschichte Josuas, sondern berichtet auch von Timotheus: „Denn ich erinnere mich des ungeheuchelten Glaubens in dir, der zuerst in deiner Großmutter Lois und deiner Mutter Eunike wohnte, ich aber bin überzeugt, auch in dir" (2. Timotheus 1,5). Paulus rechnete es der Großmutter Timotheus' hoch an, mit dem Glauben angefangen und ihn nicht nur an ihr Kind, sondern auch an ihren Enkel weitergegeben zu haben. Wir können unsere Enkel für Christus gewinnen! Lois hatte sich nicht nur vorgenommen, ihren Kindern den Glauben zu vermitteln, sondern auch ihren Enkelkindern. Tatsächlich beschreibt die Bibel sogar, daß Lois noch immer Einfluß auf das Leben des Timotheus hatte, als dieser schon eine bedeutende Stellung in der frühen christlichen Gemeinde innehatte.

Wir sind als Großeltern mit unseren Aufgaben noch nicht am Ende. Wir würden gerne sehen, daß unsere Enkelkinder ihr Leben nach Gott ausrichten. Die meisten von uns denken allerdings nur an den Aufwand, der nötig ist, um diese unerledigte Arbeit zu Ende zu führen. Damit wir diese äußerst wichtige Aufgabe erfüllen können, brauchen wir einen Plan. Wenn wir keinen Plan haben, wird es uns nicht gelingen, unseren Glauben an unsere Enkelkinder weiterzugeben.

In diesem Kapitel werden wir Ihnen einen Plan anbieten, wie wir den Glauben unserer Väter an unsere Enkelkinder weitertragen können. Wir sehen uns noch einmal die einzelnen Entwicklungsstufen Ihrer Enkelkinder an und schlagen Möglichkeiten vor, wie Sie ihnen Jesus jeweils am wirksamsten vermitteln können. Die letzte Entscheidung, ob Ihre Enkelkinder Gott nachfolgen wollen oder sich von ihm abwenden, liegt nicht in unserer Hand. Die Entscheidung ruht ganz allein auf ihren jungen Schultern. Wir können sie ihnen nicht abnehmen. Trotzdem können wir ihnen in Zusammenarbeit mit ihren Eltern an jedem Tag ihres Lebens echten und lebendigen christlichen Glauben vorleben. Und das wird sich auf ihre geistlichen Entscheidungen auswirken.

Die wunderbaren Jahre

Als Jessica von der Sonntagsschule nach Hause kam, fragte sie ihren Vater: „Papa, wie kann mich Gott sehen, wenn ich ihn nicht sehen kann?" Der Vater sah zur Decke, als fände er dort Hilfe. Er überlegte hin und her, wie man einer Fünfjährigen erklären konnte, daß Gottes Wesen Geist ist. „Also, Jessica, Gott hat keinen Körper, so wie du und ich. Er hat auch keine

Haare . . ." „Aber, Papa, Jesus hatte das alles, und er ist doch Gott, oder?" Der Vater war nicht gerade davon begeistert, daß Jessica auch noch das Geheimnis der Dreieinigkeit ins Spiel brachte. „Schatz, das ist schwer zu erklären, aber Gott und Jesus sind dieselbe Person und trotzdem verschieden . . ."

Diese Diskussion aus dem richtigen Leben veranschaulicht die Probleme, die auftauchen können, wenn wir Großeltern unseren Enkelkindern geistliches Wissen vermitteln wollen. Kleine Kinder werden immer mehr Fragen haben, als Sie und ich beantworten können. Und sie werden noch Fragen stellen, wenn wir schon längst nicht mehr antworten wollen. Aber das heißt nicht, daß alles hoffnungslos ist. Die unbegrenzte Neugier kleiner Kinder öffnet uns die Türen, ihnen etwas über Jesus zu erzählen. Glücklicherweise brauchen sie keine Antworten auf die tiefsten Geheimnisse des Universums. Darum brauchen wir auch keine besondere theologische Ausbildung, um unseren Glauben an sie weiterzugeben.

Kleine Kinder müssen drei Dinge über Gott lernen: Zunächst müssen sie erfahren, daß Gott immer bei ihnen ist und sich um sie kümmert. Dann müssen sie wissen, daß Gott eine Person ist, daß er jemand ist, mit dem man jederzeit sprechen und auf den man sich in schweren Zeiten verlassen kann. Schließlich müssen sie erfahren, daß Gott alles in seiner Hand hat, daß er der Schöpfer ist und das ganze Universum erhält. Vorschulkinder müssen weder die Dreieinigkeit noch die Offenbarung noch die neuesten Überlegungen zur Wesensverschiedenheit der drei göttlichen Personen verstehen. Für sie reicht es, wenn sie die genannten drei grundsätzlichen Wahrheiten kennen.

Vorschulkinder sind manchmal sehr ängstlich. Eine Großmutter erzählte von den Alpträumen, die ihre fünfjährige Enkeltochter hatte. Das Kind träumte regelmäßig von Ungeheuern, die seine Mama und seinen Papa wegholten. Als es seine Oma besuchte, traten die Träume häufiger auf und wurden lebhafter. Die Großmutter tröstete ihr Enkelkind mit Geschichten aus der Bibel. Sie hat eine besondere Gabe, Geschichten zu erzählen, und indem sie erzählte, wie Gott

Menschen beschützte, linderte sie die Angst im Herzen ihrer Enkeltochter. Sie erzählte ihr, wie Gott Daniel in der Löwengrube behütet und David in der Gegenwart des Riesen beschützt hat. Wenn das Kind ins Bett ging, betete seine Großmutter mit ihm: „Lieber Gott, wir wissen, daß du Nikki liebst. Wir wissen, daß du für sie das Beste willst. Bitte, laß sie ruhig schlafen. Und, Herr, laß sie wissen, daß du immer bei ihr bist, besonders dann, wenn sie Angst hat, und daß du sie niemals allein läßt."

Diese Großmutter erkannte, daß es ängstlichen Kindern Geborgenheit schenkt, wenn sie wissen, daß Gott da ist. Sie wußte aber auch, daß bloßes Reden über Gottes Allmacht und Allgegenwart kleinen Kindern nicht hilft. Also tat sie etwas ganz Natürliches, sie erzählte Geschichten. Eingekuschelt in Omas Armen, erfuhr ihre kleine Enkeltochter, was es bedeutet, bei Jesus sicher und geborgen zu sein.

Durch die einfachen Gebete dieser Großmutter wurde die zweite wichtige Wahrheit über Gott, die kleine Kinder kennen sollten, weitergegeben: Er ist eine Person und ein Helfer in der Not. Mit abstrakten Vorstellungen von Gott können Kinder nichts anfangen. Sie können sich unter einem allmächtigen, allwissenden Wesen nichts vorstellen. Für sie muß Gott lebensnah gemacht werden. Sie brauchen einen Gott, mit dem sie sprechen können und der ihnen zuhört. Sie brauchen den Gott der Bibel.

Vor dem Essen zu beten, ist nicht gerade der höchste Ausdruck von Geistlichkeit. Aber bei uns wird nie gegessen, ohne daß zuvor Gott für alles gedankt wurde. Wir glauben, daß es unseren Enkelkindern hilft. Nach unserer festen Überzeugung müssen die Kinder sehen, daß wir mit Gott reden, wenn sie erkennen sollen, daß Gott jemand ist, der sich um sie kümmert. Daher beten wir vor jeder Mahlzeit. Wir halten das für eine wunderbare Möglichkeit, ihnen zu zeigen, daß Gott uns hört und beachtet.

Vorschulkinder fühlen sich sehr stark willkürlichen Kräften ausgeliefert, die sie nicht verstehen können. Wenn Mutter und Vater sich trennen, fragt sich ein zwei- bis dreijähriges Kind, wann Papa wieder nach Hause kommt. Wenn die Familie umzieht, kann sich das Kind nicht vorstellen, was aus seinen Spielkameraden, seinem ehemaligen Zimmer und seinem Lieblingsplatz im Garten wird. Aus diesem Grund und um eines Sicherheits- und Geborgenheitsgefühls willen müssen unsere Enkelkinder im Vorschulalter wissen, daß Gott die ganze Welt in seiner Hand hält. Sie sollen Gott als den erfahren, der die Sterne und die Sonne gemacht hat. Sie brauchen immer wieder die Bestätigung, daß der Gott, der die Bäume und die Blumen gemacht hat, der Gott, der uns mit seinen eigenen Händen geformt hat, immer alles unter Kontrolle hat – auch wenn wir manchmal Dinge erleben, die uns erschrecken und die wir nicht verstehen.

Tom, ein kreativer Großvater, geht mit seinen drei Enkeln oft in den Park. Sie laufen dann unter den hohen Bäumen umher und über das saftige Gras, vorbei an wunderschönen Blumen und grünen Hecken. Tom ist ein Hobbybotaniker und zählt die Namen und Eigenschaften der Flora und Fauna, die sie bei ihrem Spaziergang sehen, auf. Tom erinnert seine Enkelkinder immer wieder daran, daß Gott all die wunderschönen Dinge gemacht hat, die sie sehen. Er erzählt ihnen, daß Gott alles gemacht hat, was es gibt, sogar die Sterne, die so funkeln, wenn sie zu Bett gehen. Dann hält Opa Tom an, bückt sich auf Augenhöhe zu seinen kleinen Enkelkindern hinunter und sagt: „Derselbe Gott, der all das hier gemacht hat, hat auch dich gemacht, und er liebt dich. Er paßt jetzt auf dich auf. Gott kennt dich in- und auswendig und liebt dich so, wie du bist." Und dann richtet Tom sich wieder auf und setzt seinen Spaziergang fort. Tom weiß, was seine Enkelkinder über Gott erfahren müssen. Er verschwendet nicht ihre Zeit mit langen Predigten. Statt dessen zeigt er ihnen auf eine kreative Weise, daß Gott sie liebt und sich um sie sorgt. Das wird ihnen helfen, mit ihren Ängsten umzugehen.

Vielleicht werden unsere Enkelkinder nie große Theologen. Aber wir haben viel erreicht, wenn sie sich in ihrer frühen Kindheit in den Armen Gottes sicher und geborgen fühlen. Dreijährige wissen nichts über Sühne oder Endzeitlehre, aber sie wissen, was Angst ist und wie es ist, geliebt und umsorgt zu werden. Wenn wir ihnen vermitteln können, daß Gott sie in seinen mächtigen Armen hält und immer lieben wird, dann haben wir viel dazu beigetragen, sie auf den Weg der Nachfolge Jesu zu führen.

Die mittleren Jahre

„Opa, ich muß dich etwas fragen. Aber die Frage ist irgendwie dumm."

„Macht nichts, John. Fang einfach an, und frag mich. Ich entscheide dann, ob sie dumm war oder nicht."

„Ich komme mir irgendwie blöd vor, aber du bist der einzige, mit dem ich darüber reden kann. Versprich mir, daß du es Mama nicht sagst. Sie wäre bestimmt böse."

„Weißt du was, John? Du sagst mir, was dich bewegt, und ich verspreche dir, daß es unter uns bleibt – vorausgesetzt, du willst weder dir noch jemand anderem etwas antun."

„Nein, Opa, um so etwas geht es nicht. Es ist nur – hm, ich frage mich, ob Gott uns auch noch liebt, wenn wir etwas Böses gemacht haben."

„John, ich bin zweiundsechzig Jahre alt. Ich sage oder tue jeden Tag Dinge, die ich nicht sagen oder tun sollte. Aber seit dem Tag, an dem ich Christ wurde, und das ist fast fünfundvierzig Jahre her, weiß ich, daß Gott mich liebt – auch wenn ich mal versage oder gar etwas Böse tue. Er liebt auch dich, John. Du bist jetzt neun. Solange du lebst, mußt du dich an jedem Tag entscheiden, was richtig und was falsch ist. Manchmal wirst du dich falsch entscheiden. Aber denk daran, mein Junge: Gott wird nie aufhören, dich zu lieben, egal, was du tust. Und noch was: ich auch nicht. Übrigens, warum willst du das wissen ...?"

Wir können unseren Enkelkindern im mittleren Alter (sechs bis elf Jahre) bei ihrer Suche nach reiferem Glauben sehr behilflich sein. Kinder in diesem Alter zwischen den niedlichen Vorschuljahren und dem Aufruhr und emotionalen Wachstum der Jugend treffen umwälzende Entscheidungen hinsichtlich

ihres Glaubens. Sie brauchen ihre kreativen, engagierten Großeltern, um ihren Weg zu finden.

Schulkinder brauchen einen Glaubenshelden, das ist das
ganze Geheimnis, wie wir unseren Enkelkindern helfen können. An dieser Stelle treten Sie und ich auf den Plan. Kreative,
engagierte Großeltern können Glaubensvorbilder sein für Kinder, die dringend jemanden brauchen, zu dem sie aufschauen
und an den sie glauben können. In diesem Stadium der Entwicklung müssen sich Jungen mit Männern und Mädchen mit
Frauen identifizieren können. Jungen und Mädchen müssen in
uns Männer und Frauen sehen, die ihren christlichen Glauben
heldenhaft vorleben.

Verstehen Sie das bitte nicht falsch! Ich propagiere nicht,
daß wir all unser weltliches Hab und Gut verkaufen sollen, um
als erste Missionare auf die Galapagosinseln zu ziehen. Das
meine ich nicht mit „heldenhaft". Für Kinder im mittleren
Alter sind Helden einfach Menschen, die ihre Versprechen halten. Glaubenshelden sind Christen, die ihren eigenen
Ansprüchen gemäß leben. Schulkinder können im ausgehen-
den zwanzigsten Jahrhundert bemerkenswert zynisch sein.
Viele von ihnen sind von ihren Eltern belogen worden und
sind sich dessen bewußt. Sie haben gesehen, wie ihre Mutter
oder ihr Vater wegging und nie mehr wiederkam. Sie mußten
mit den gebrochenen Versprechungen arbeitswütiger Eltern
leben, die ihnen immer wieder großartige Ausflüge in Aussicht
stellten und dann doch nie die Zeit dazu fanden. Schon früh
lernen sie die Sprache der entschuldigenden und auf die Ein-
sicht zielenden Floskeln: „Es tut mir leid, ich habe es nicht
geschafft, zu deinem Schulfest zu kommen, Natalie. Ich weiß,
ich hatte es versprochen, aber ich mußte länger arbeiten."
„Holly, du weißt, daß du mir am wichtigsten bist, aber Mami
muß weggehen. Ich werde dich an Weihnachten besuchen, und
wir werden uns in den Sommerferien sehen. Auf Wiedersehen." Die Herzen dieser Kinder werden beschmutzt vom Müll
gebrochener Versprechen. Und wenn sie es nicht am eigenen
Leib erfahren haben, beobachten sie es aus erster Hand im
Leben ihrer Freunde und Klassenkameraden. Diese Kinder

brauchen Helden, sie brauchen jemand, dem sie vertrauen können, egal, was kommt. Großeltern können diese Glaubensvorbilder sein.

Kreative Großeltern, die für ihre Enkelkinder Glaubenshelden sein wollen, müssen drei Charaktereigenschaften entwickeln: Aufrichtigkeit, Ausdauer und Mut. Wenn wir uns diese drei Charakterzüge aneignen, können wir unsere Enkelkinder dazu ermutigen, den Rest ihres Lebens Jesus nachzufolgen.

Ein Held ist aufrichtig. Die westliche Kultur in den letzten zwei Jahrzehnten dieses Jahrhunderts hat ziemlich wenig Aufrichtigkeit vorzuweisen. Kinder hungern nach Wahrhaftigkeit. Sie brauchen jemanden, dem sie absolut und immer vertrauen können. Wenn sie keinen aufrichtigen Erwachsenen finden können, wirkt sich das verheerend auf ihre Glaubensentwicklung aus. Jedes Jahr verbringt Jack einen Teil des Sommers damit, jüngere und ältere Schulkinder zu Missionseinsätzen in die Innenstadt mitzunehmen. Bei einem seiner Besuche lernte er einen zehnjährigen Jungen kennen, der in einer der ärmsten Gegenden des Landes aufwuchs. Jack versuchte, ihm zu sagen, daß Jesus ihn liebt und sein Freund sein möchte. Dieser kleine Junge, Thomas, schüttelte nur den Kopf. Verzweifelt über seine Unfähigkeit, zu Thomas durchzudringen, schrie Jack beinahe: „Was ist los? Warum schüttelst du denn nur den Kopf?"

Thomas blickte ihn an und sagte: „Mein Papa hat mir gesagt, daß er mich liebt, aber er ist weggegangen, und Mama sagt, daß er nie mehr wiederkommt. Dann hat meine Mama angefangen zu trinken, und ich sehe sie nicht mehr sehr oft." Die Stimme des kleinen Kerls verstummte. Jack fehlten die Worte. Dann leuchtete Thomas' Gesicht auf, und er sagte: „Aber meine Oma kümmert sich jetzt um mich, und sie hält immer, was sie sagt. Sie hat mir gesagt, sie würde mir den Hintern versohlen, wenn ich nach dem Treffen gestern abend nicht sofort nach Hause käme, und ich habe ihr geglaubt. Sie ist mit meiner Schwester und mir sehr streng, aber sie liebt uns."

Die weitere Unterhaltung ergab, daß Thomas' Großmutter

eine überzeugte Christin ist und großen Einfluß auf den Jungen hat. Niemand sonst, der eine wichtige Rolle in Thomas' Leben spielt, hielt seine Versprechen. Sie alle ließen ihn im Stich – bis auf seine liebevolle, strenge Großmutter.

Sie und ich, wir müssen aufrichtig sein. Wir müssen unseren Verpflichtungen, die wir unseren Enkelkindern gegenüber eingehen, bis zuletzt nachkommen. Wenn wir sagen, daß wir etwas für sie tun oder etwas mit ihnen unternehmen, dann müssen wir uns auch daran halten! Wenn wir sagen, daß wir Christen sind und möchten, daß unsere Enkel Jesus nachfolgen, dann müssen wir selbst als Jünger Jesu leben. Unsere Enkelkinder brauchen nicht noch mehr Menschen, die sich nicht an das halten, was sie sagen. Wenn unsere Enkelkinder Glaubenshelden in uns sehen sollen, müssen wir aufrichtig leben. Wir können ihnen nicht lange etwas vormachen. Sie sind wahre Meister darin, Fassaden und Masken zu durchschauen. Sie werden uns mühelos entlarven.

Unsere Aufrichtigkeit vermittelt Schulkindern ein Sicherheitsgefühl. Sie wissen, daß man in einer Welt voller gebrochener Versprechen Omas Wort trauen kann. Das gibt ihnen Wärme, Geborgenheit und Vertrauen. Dieses Vertrauen wird dann auf Gott übertragen. Wenn sich ein Kind auf keinen verlassen kann, wird es kaum glauben, daß Gott seine Versprechen hält. Wie sich Schulkinder Gott vorstellen, hängt ganz stark von ihrer Beziehung zu Erwachsenen ab, ob uns das gefällt oder nicht. Anders ausgedrückt: Wenn unsere Enkelkinder uns sehen, sehen sie in der Tat Gott. Wenn wir ihnen von unserem Glauben erzählen, sie dann aber im Stich lassen und unsere Versprechen nicht halten, können sie diese Enttäuschung auf Gott übertragen. Ich weiß, daß auf unseren Schultern eine große Verantwortung lastet. Aber so ist es nun einmal. Aus diesem Grund müssen wir für unsere Enkelkinder aufrichtige Menschen und echte Glaubenshelden sein.

Ein Held gibt nicht auf. Unsere Enkelkinder müssen sehen, daß wir durchhalten, auch wenn es einmal Schwierigkeiten gibt. Wenn das Leben andere Wege geht, als wir es uns gewünscht haben, wenn unsere Kinder sich scheiden lassen oder unsere Familien großes Leid trifft, brauchen unsere Enkelkinder jemanden, dessen Glaube trotzdem nicht wankt. Sie müssen erfahren, daß Gott in schweren Tagen für uns da ist, uns Kraft gibt und uns aufrichtet.

Eine Großmutter war ihrem Enkel ein Beispiel an Durchhaltevermögen, indem sie ehrlich über ihren Kampf gegen den Krebs sprach. Als er sah, wie ihr Körper langsam immer schwächer wurde, sah dieser Junge zugleich, wie seine Großmutter kämpfte und kämpfte. Sie verlor nie ihren Lebensmut. Sie hörte nie auf, daran zu glauben, daß Gott alles in seiner Hand hält. Und während der ganzen qualvollen Prüfungen sagte sie unter ihren Schmerzen und seinen Tränen zu ihm: „Ruhig, mein Kind. Weißt du, Gott ist hier. Er läßt mich nicht im Stich. Auch wenn ich sterbe, weiß ich, daß er mich nicht im Stich läßt. Hör auf deine Oma. Wenn wir Jesus nur dann nachfolgen würden, wenn es uns gutgeht – ja, dazu braucht man keinen großen Glauben, oder? Der Glaube an Gott bewährt sich in schweren Zeiten. Und glaub mir, das hier ist eine schwere Zeit . . .“

Zum Durchhaltevermögen gehört auch die Fähigkeit weiterzumachen, wenn alle um uns herum sagen, daß wir aufgeben sollen. Wenn alles in uns „Genug!" schreit. Indem wir in unserem Leben Ausdauer beweisen, zeigen wir unseren Enkelkindern, daß Gott uns Tag und Nacht, in guten und schlechten Zeiten, zur Seite steht. Wir zeigen ihnen, daß Christ sein weit mehr ist als nur zur Kirche gehen oder vor dem Essen beten. Unsere Enkelkinder sehen, daß es unser Glaube an Gott ist, was uns schwere Lebenskrisen durchstehen läßt.

Wir leben in einem Zeitalter der Bequemlichkeit. Viele Menschen in unserer Gesellschaft geben auf, sobald Schwierigkeiten auftauchen. Wir jammern, fangen an zu trinken, nehmen Drogen, trennen uns, lassen uns scheiden, kündigen den Arbeitsplatz. Unsere Enkelkinder wachsen mit der Bereitschaft auf, sofort aufzugeben, wenn nicht alles so läuft, wie sie es sich vorstellen. Das beste Gegenmittel gegen dieses Gift ist eine Christenheit, die sich durch Ausdauer auszeichnet. Wenn ihnen kein Durchhaltevermögen vorgelebt wird, neigen unsere Enkelkinder möglicherweise dazu, sich von Gott abzuwenden, sobald sie in Versuchung geraten. Oder sie haben Angst, daß Gott sie einfach fallenläßt, wenn sie zuviel falsch machen. Unsere Ausdauer zeigt ihnen, daß Gott sie nie aufgeben wird und daß er ein Freund ist, der sie niemals verläßt.

Ein Held hat Mut. Unsere Enkelkinder beobachten uns. Sie brauchen Großeltern, die Mut beweisen. Es erfordert Mut, Jesus nachzufolgen. Es erfordert Mut, eine Arbeitsstelle aufzugeben, die von uns unmoralisches Handeln verlangt, oder an einer Arbeitsstelle auszuharren, wo es ungerecht zugeht und man sehr beansprucht wird. Diese Art Mut wird Ihren Enkeln als heldenhaft erscheinen. Man braucht Mut, um in einer schwierigen Ehe auszuharren. Ihre Enkelkinder werden das registrieren. Man braucht Mut, wenn man zugibt, daß man eine Dummheit begangen hat. Ihre Enkelkinder werden das wissen. Man braucht Mut, wenn man den Enkelkindern von Jesus erzählt und ihnen zeigt, wie wichtig er für das eigene tägliche Leben ist.

Neben dem eigenen guten Beispiel sind Geschichten über den Glauben eine wunderbare Möglichkeit, Mut zu lehren; Geschichten über andere Kinder, die sich für das Richtige entschieden haben, auch wenn es ihnen schwerfiel; Geschichten über Menschen, die in ihrer Liebe zu anderen Menschen und zu Gott außerordentlichen Mut bewiesen. Erzählen Sie Geschichten von Erwachsenen, die den schwierigeren Weg dem leichteren vorgezogen haben. Erzählen Sie Ihren Enkeln die bekannten Geschichten der großen Missionare William Carey, Adoniram Judson, Hudson Taylor und Jim Elliot. Erzählen Sie ihnen von den biblischen Glaubenshelden – und nicht nur die Geschichten, die sie als Kleinkinder hörten. Zeigen Sie ihnen, daß Mut ein wesentlicher Bestandteil des christlichen Lebens ist. Dann fordern Sie sie dazu auf, selbst ein mutiges Leben zu führen, indem sie jeden Tag mutige Entscheidungen treffen.

Kinder brauchen einen Helden, der ihnen Jesus zeigt. Nicht

„Superman" noch „Batman", nicht einmal einen Superchristen. Nur eine Großmutter, die ihr Versprechen hält. Nur einen Großvater, der nicht aufgibt, wenn es einmal schwierig wird. Oder eine Großmutter und einen Großvater, die das Richtige tun, obwohl es leichter wäre, das Falsche zu tun.

Eine gute Möglichkeit, Aufrichtigkeit, Ausdauer und Mut zu veranschaulichen, ist, eine Familienchronik des Glaubens zu erstellen. Wenn Großeltern sich die Zeit nehmen, diese Glaubensgeschichte der Familie zu erzählen, können Kinder sich gut mit den Opfern identifizieren, die ihre Vorfahren gebracht haben. Erzählen Sie die Geschichten mit Ausdruckskraft und Begeisterung. Zeigen Sie Ihren Enkelkindern, daß sie nicht die ersten sind, die sich vor der Nachfolge Jesu fürchten. Erzählen Sie ihnen vom heldenhaften Glauben anderer Familienmitglieder. Diese Glaubensgeschichte kann mit Ihnen begonnen haben. Oder sie reicht schon zweihundert Jahre zurück, und die Kinder bekommen das Gefühl, daß sie Teil von etwas sind, was wesentlich größer ist als sie selbst. Regen Sie Ihre Enkelkinder dazu an, die Linie der Glaubenshelden weiterzuführen, indem ihr Leben von Aufrichtigkeit, Ausdauer und Mut geprägt ist.

Jetzt noch ein Wort der Warnung. Ein Glaubensheld für unsere Enkelkinder sein bedeutet nicht, daß Sie ein perfektes Leben vortäuschen. Ich möchte Ihnen auch keine Schuldgefühle machen, nur weil Sie ein Mensch sind. Statt dessen möchte ich Sie dazu ermutigen, Ihren Enkelkindern einen ehrlichen und offenen Glauben vorzuleben. Und das schaffen wir, Sie und ich. Wir können für unsere Enkelkinder Glaubenshelden sein. Wir können unserer siebenjährigen Enkelin zeigen, daß es sich lohnt, als Christ zu leben, und daß wir ohne Jesus nicht eine Minute existieren könnten. Wir können auf ihr Leben einen tiefen Eindruck hinterlassen. Aber nicht, indem wir „Superman" spielen, sondern indem wir aufrichtig, ausdauernd und mutig leben.

Die Teenagerjahre

„Opa, ich weiß nicht mehr, was ich glauben soll. Ich gehe schon seit ewigen Zeiten in die Kirche und habe Mama und Papa mein Leben lang über Gott sprechen gehört, aber ich weiß nicht, was ich für wahr halten soll. Manchmal ergibt die ganze Sache mit Gott und Jesus einen Sinn, aber dann wiederum hört es sich an wie ein Haufen religiöser Quatsch. Nächstes Jahr komme ich in die Oberstufe, und Papa sagt, daß ich mich taufen lassen soll. Ich glaube, ich möchte mich nicht taufen lassen, denn ich bin mir nicht mehr sicher, was ich von Gott halten soll. Was soll ich nur machen? Wie kann ich es Papa erklären? Er wird durchdrehen."

Es kann sein, daß einige Ihrer Enkel als Teenager große Probleme mit ihrem Glauben bekommen. Sie zweifeln, legen ihren Glauben ab und führen ein rebellisches Leben. Andere wiederum werden vielleicht Jungschargruppenleiter, besuchen Bibelstunden und sprechen mit ihren Freunden in der Schule ganz offen über Jesus. Die meisten aber werden irgendwo dazwischen sein. Ihr Glaubensleben zeichnet sich durch Apathie aus und zeigt keinerlei Wachstum. Was können Großeltern dann machen? Wir sähen unsere Enkelkinder gern als christliche Führungspersonen und hingebungsvolle Nachfolger Jesu. Die Vorstellung, daß der christliche Glaube sie langweilen könnte oder sie sich gar von ihm abwenden könnten, bereitet uns großen Kummer. Wir fragen uns: „Können wir irgendwie helfen?"

Die Antwort ist „Ja". Sie und ich können als Großeltern viel Gutes tun; aber wir können für nichts garantieren. Wir dürfen nicht vergessen, daß Teenager beinahe erwachsen und für ihre Entscheidungen selbst verantwortlich sind. Wir können sie weder zum Glauben noch zur Nachfolge Jesu zwingen. Aber wir können einen wichtigen Beitrag zur Entwicklung ihres Glaubens leisten.

Heranwachsende brauchen eine Anleitung für das Leben. In den Jugendjahren stecken unsere Enkel ihr Glaubenssystem ab. Sie beginnen, das, was sie wirklich glauben, von dem zu trennen, was man ihnen die ganze Zeit erzählt hat. Bei diesem Prozeß brauchen sie Hilfe und Führung. Sie brauchen eine Anleitung, die sie durch die verschlungenen Pfade leitet, die zum Erwachsensein führen.

Aber viele Heranwachsende bekommen diese Hilfe, diese Anleitung für das Leben nicht von ihren Großeltern. Quentin Schultz ist einer der Autoren des Buches *Dancing in the Dark* („Im Dunkeln tanzen"), das Einblick in die Medien und die moderne Kultur gibt. Er behauptet, daß für den durchschnittlichen Teenager die Medien – besonders Musik, Fernsehen und Kino – die Anleitung für das Leben sind. Die Medien und die Gegenwartskultur bestimmen zum größten Teil den Geschmack und die Einstellungen unserer Enkel. Ihre Töne und Bilder helfen den Teenagern zu bestimmen, was richtig und falsch, annehmbar und unannehmbar ist. Es gibt nur noch zwei Dinge, die mehr Zeit im Leben eines Teenagers beanspruchen als Fernsehen und Musik: Schlafen und Schule.

Damit stellt sich kreativen Großeltern ein Problem. Wir möchten, daß unsere Enkel Jesus nachfolgen, aber sie können ihn bei all dem Lärm in ihrem Leben nicht hören. Wenn die Tage davon erfüllt sind, in der Schule Leistungen zu erbringen, sich durch Musik und Kino ablenken und durch das Fernsehen unterhalten zu lassen, bleibt sehr wenig Zeit für andere Dinge. Wir wollen an ihrem Leben teilhaben, aber wenn wir uns die Welt eines heutigen Teenagers anschauen, kommen wir uns antiquiert vor und sind verschüchtert. Das Leben unserer Enkelkinder bewegt sich so schnell, daß wir uns in einem Strudel von Aktivitäten gefangen sehen, wenn wir es betreten wollen. „Hallo, Opa, wie geht es dir? Ich würde gern mit dir sprechen, aber ich muß um drei Uhr bei der Arbeit sein. Danach habe ich Training, und dann gehe ich zu Theresa. Kannst du Mama und Papa sagen, daß ich erst spät nach Hause komme? Danke. Bis dann." Es wird schwierig werden, aber wir müssen einen Weg finden, um unsere Enkel ein bißchen zu bremsen, damit wir sie und ihre Verrücktheiten lieben lernen können. Wir müssen ihnen helfen, auf die Bremse zu treten, um Zeit zum Nachdenken zu haben. Unsere Rolle bei der geistlichen

Entwicklung unserer Enkelkinder ist die, daß wir ihnen dabei helfen, durch den Lärm in ihrem Leben hindurch die Stimme Gottes zu hören.

Diese Teenager zur Ruhe zu bringen, ist gar nicht so leicht. Sie können sich nur so lange konzentrieren, wie ein Musikvideo dauert. Sie gehören zu einer Generation, die alles sofort haben muß. Warten gehört nicht zu ihrem Lebensstil. Trotzdem gibt gerade dieser ungeduldige Lebensstil den Teenagern ein Gefühl der Verlorenheit. Sie wissen, daß sie etwas verpassen, scheinen aber nicht aus dieser Tretmühle aussteigen zu können. Großeltern können hier helfen.

Wenn es Ihnen wichtig ist, daß Ihre jugendlichen Enkelkinder zur Ruhe kommen, damit sie Gottes Stimme hören können, dann müssen Sie bereit sein, Zeit mit ihnen zu verbringen. Nur wenn Sie mit ihnen zusammen sind und sich weder Medien noch Freunde noch die Schule einmischen können, werden sie Ihnen zuhören. Nehmen Sie sich also Zeit für sie. Wenn Sie verreisen, laden Sie Ihren Enkel ein mitzukommen. Eine Großmutter fragte ihren 15jährigen Enkel, ob er sie nach Kalifornien begleiten wolle. Begeistert stimmte er zu. Er fragte, wann sie abfliegen würden, und war überrascht, als er erfuhr, daß sie mit dem Auto von Michigan bis nach Kalifornien fahren würden. Ihr Enkel verbrachte drei Wochen in ihrer Gesellschaft, die meiste Zeit davon im Auto. Gar keine so schlechte Art, einen Teenager zur Ruhe zu bringen, damit er auf Gottes Stimme hören kann! Diese Großmutter nahm die Gelegenheit wahr, mit ihrem Enkelsohn über sein Leben zu sprechen und sich mit ihm auszutauschen. Und er erzählte ihr, daß er mit seinem Selbstvertrauen zu kämpfen habe, daß er versuche, aus dieser Welt schlau zu werden, und er schilderte ihr seine Zukunftsängste.

Sie könnten sich auch überlegen, ob Sie Ihre Enkelkinder nicht einmal für ein paar Tage zu sich einladen. Oder Sie bieten sich an, auf das Haus aufzupassen, wenn die Eltern Urlaub machen und ihr Teenager zu Hause bleibt. Kreative Großeltern werden einen Weg finden, mit ihren Enkeln allein zu sein, um eine Beziehung zu ihnen aufzubauen und sie etwas zur Ruhe zu bringen.

Sie zur Ruhe bringen ist der erste Schritt. Wenn wir dann genug Stille in ihr Leben gebracht haben, daß sie Gottes Stimme vernehmen können, müssen wir ihnen beibringen, wie man Gott zuhört. Es gibt viele Dinge, die sie daran hindern, auf Gottes Stimme zu hören. Also müssen wir helfen, die Hindernisse aus dem Weg zu räumen. Teenager von heute haben routinemäßig drei oder vier Haupteinwände gegen die Nachfolge Jesu. Zunächst verweisen sie auf die Scheinheiligkeit, die sie bei vielen Christen wahrnehmen. Außerdem beschäftigen sie sich stark mit Ungerechtigkeit und machen sich Gedanken darüber, wie Gott es zulassen kann, daß diese Welt so voller Bosheit ist. Und schließlich fragen sie sich, wie Gott sich denn um sie kümmern könne, wo sie doch so klein und unbedeutend seien. Sie haben ein geringes Selbstwertgefühl und waren sich der Liebe ihrer Eltern nicht immer sicher. Großeltern können Teenagern helfen, diese Hürden zu überwinden.

Um dieses Ziel zu erreichen, müssen wir ehrlich, tolerant und verfügbar sein. Wenn wir unseren heranwachsenden Enkelkindern so entgegentreten, wird unser Einfluß auf ihre geistliche Entwicklung wachsen.

Seien Sie ehrlich. Um die Hindernisse zwischen Teenagern und Gott zu beseitigen, müssen Großeltern zuallererst ehrlich sein. Schüler haben es gründlich satt, angelogen zu werden. Die moderne Kulturszene hat ihnen ihre Ideen verkauft, und viele von ihnen erkennen dies allmählich. Viele haben erlebt, daß ihre Eltern nie wirklich ehrlich waren. Und wenn es um den christlichen Glauben geht, wurden ihnen manchmal die größten Lügen erzählt. Man hat ihnen weisgemacht, das Leben würde leichter, wenn sie Jesus nachfolgen. Man hat ihnen erzählt, Christen müßten nicht mehr mit denselben Probleme kämpfen wie Nichtchristen. Teenagern wurde gepredigt, Gott löse alle ihre Probleme. Aber dann haben sie festgestellt, daß es beileibe nicht immer so funktioniert. Nachdem sie Jesus angenommen hatten, kämpften sie noch immer mit ihrer Selbstachtung, mit Begierden, Wut und denselben Problemen, die sie auch vor ihrer Entscheidung hatten. Die Teenager haben gesehen, wie bekannte Christen in aller Öffentlichkeit moralisch versagten. Das hat dazu geführt, daß sie zynisch wurden und das Gefühl bekamen, daß niemand ihnen die Wahrheit sagt.

Wenn Sie und ich zu unseren Enkeln durch und durch ehrlich sind, können sie erkennen, daß nicht alle Christen scheinheilig sind. Wenn wir ihnen die Wahrheit über das Leben sagen – daß es auch für Christen hart und schwer ist –, werden wir an Glaubwürdigkeit gewinnen, die nicht so schnell vergeht. Wenn wir unsere Zweifel und Schwierigkeiten mit ihnen teilen und ihnen zeigen, daß wir auch nur Menschen sind, helfen wir ihnen, das Versagen anderer nicht so schnell zu verurteilen. Wenn wir unseren heranwachsenden Enkelkindern bekennen, daß wir im Grunde alle scheinheilig sind, wird die Scheinheiligkeit bald kein Hindernis mehr sein. Geben Sie zu, daß niemand nach den hohen Maßstäben Jesu leben kann. Dann machen Sie ihnen klar, daß er uns liebt und uns unsere Fehler vergibt. Großeltern, die sich mit ihrem Enkel offen und ehrlich über den Glauben unterhalten, werden die Mauer, die zwischen ihrem Teenager und Gott steht, nach und nach abreißen. Also tun Sie es! Seien Sie ehrlich zu Ihren heranwachsenden Enkelkindern. Jugendliche wollen nicht mehr zu jemandem aufschauen, von dem sie nur enttäuscht werden. Dieses Problem kann nur überwunden werden, wenn Sie ihnen von Anfang an die Wahrheit über das Leben sagen.

Victor war ein schwieriger 17jähriger Junge, der bei seinen Großeltern leben sollte, die mehr als zweihundert Kilometer von seinem Heimatort entfernt wohnten. Er war ein paarmal mit dem Gesetz in Konflikt gekommen, und seine Mutter war mit ihrer Weisheit am Ende. Victors Großeltern, Henry und Dorothy, boten sich freiwillig an, ihn diesen Sommer bei sich aufzunehmen. Am ersten Tag war Victor wütend und mißmutig. Es war offensichtlich, daß er sich in seiner Situation nicht wohl fühlte und sich darüber aufregte, daß man ihn weggeschickt hatte. Henry bat ihn, einige Arbeiten auszuführen, und ließ ihn dann allein. Als er zurückkam, saß Victor unverrichteter Dinge auf dem Zaun. „Was ist passiert, Victor? Ich habe dich gebeten, das Unkraut im Garten zu jäten, und deine Finger sind noch nicht einmal schmutzig."

„Ich werde in dem doofen Garten kein Unkraut jäten. Ich wollte sowieso nicht herkommen. Und du kannst mir gar nichts vorschreiben!"

Es verging fast eine Minute, ehe der Großvater antwortete. Während das Unbehagen, das in diesem Schweigen lag, immer größer wurde, starrte Victor demonstrativ zu Boden. „Victor, du hast absolut recht. Ich kann dich zu nichts zwingen. Du bist ziemlich stark und wesentlich jünger als ich. Ich wette, wenn wir miteinander ringen würden, würdest du mich im Nu besiegen. Darum habe ich dich auch *gebeten* und dir nicht *befohlen*, den Garten zu jäten. Weißt du, das Leben und die Arbeit auf diesem Bauernhof sind hart. Aber keiner ißt, bevor er nicht gearbeitet hat. Hier ist deine Aufgabe für heute. Jäte den Garten. Dann gehen wir heute abend in die Stadt. Aber, Victor, wenn du nicht arbeitest, bekommst du auch nichts zu essen."

Während Opa sich langsam entfernte, gingen Victor seine Worte nicht aus dem Kopf. Er glaubte nicht, daß sein Großvater ihm nichts zu essen geben würde. Also jätete er den Garten nicht. Als es Abendbrotzeit war, ging Victor ins Haus und sah, daß kein Platz für ihn gedeckt war. Seine Großmutter, eine Frau mit vielen Lachfalten im Gesicht, sah ihn bekümmert an. „Victor, der Garten ist nicht gejätet. Es tut mir leid, aber du bist an diesem Tisch nicht willkommen." Sie drehte sich um und ging in die Küche. Victor wollte seinen Ohren nicht trauen. Seine Großeltern machten Ernst. Er überlegte, ob er weglaufen sollte, aber wohin? Also ging er stur und hungrig ins Bett.

Gegen zwei Uhr nachts wachte er auf und war hungriger als je zuvor. Er fand eine Taschenlampe, ging in den Garten und fing an zu jäten. Nach etwa einer halben Stunde hörte er, wie die Terrassentür sich öffnete und wieder schloß. Ein paar Minuten später war sein Großvater neben ihm und jätete. Victor kam sich so dumm vor. Minutenlang sagte er nichts. Schließlich sah sein Großvater ihn an und sagte: „Victor, ich bin nicht der beste Opa der Welt. Aber du sollst eins wissen: Ich werde dich nie belügen. Wenn ich etwas sage, halte ich mich auch daran. Für heute nacht haben wir genug getan. Komm mit rein, und wir schauen mal, ob vom Abendessen etwas übriggeblieben ist."

In diesem Sommer hat Viktor mit seinem Großvater Gespräche geführt wie noch mit keinem Menschen je zuvor. Sein Großvater hatte ihm bewiesen, daß er ehrlich war, und Victor hatte das Gefühl, als könnte er ihm alles sagen. Zwei Wochen vor seiner Heimreise führten Victor und sein Großvater wie schon mehrfach zuvor noch einmal eins ihrer ruhigen Gespräche über Gott. Victor bat Gott leise, ihn als sein Kind anzunehmen. Das war vor zwanzig Jahren, und Victor kann sich noch immer an diesen Sommer der Entdeckungen erinnern. „Mein Großvater war der einzige Mensch in meinem Leben, der mich nie angelogen hat. Als er mir von Jesus erzählte, habe ich ihm geglaubt. Ich tue es immer noch."

Seien Sie tolerant. Wenn wir unseren Enkelkindern helfen sollen, auf Jesus zu hören, müssen wir tolerant sein. Jugendliche sagen manchmal Dinge, daß uns die Haare grau werden. Sie machen gern abscheuliche Bemerkungen und warten auf unsere Reaktion. Großeltern, die an die Decke gehen oder keinen Widerspruch ertragen können, werden ihren Enkelkindern nie helfen können, im Glauben zu wachsen. Wenn Teenager ihre Ansichten testen und ausprobieren, wie weit sie damit durchkommen, machen sie oft schreckliche Bemerkungen. Sie versuchen herauszufinden, an was sie glauben. Wir reagieren dann oft übertrieben. Wir wünschen uns, daß sie einfach nur unseren Glauben übernähmen und Jesus ohne weitere Fragen nachfolgten. Aber echter Glaube ist immer eine Sache freier Entscheidung. Wir können unsere Enkelkinder zwingen, ein bestimmtes Verhalten an den Tag zu legen, und mit unseren mißbilligenden Blicken und finsteren Gesichtern können wir sie sogar dazu zwingen, das „Richtige" zu sagen. Aber wir können sie nicht zum Glauben zwingen. Sie müssen sich ihre eigenen Werte suchen und ihren eigenen Glauben finden dürfen. Zugegeben, wenn man Teenagern diese Freiheit läßt, ist damit ein Risiko verbunden. Es besteht immer die Möglichkeit, daß sie sich nicht für Jesus entscheiden. Dieses Risiko müssen wir eingehen. Unsere Enkelkinder müssen wissen, daß wir sie lieben und sie dabei unterstützen, wenn sie mit Glaubensfragen zu kämpfen haben.

Sarah ist eine 21jährige Studentin, ihr Vater ist Pastor. In seinem Haus gab es keinen Raum für Meinungsvielfalt. Niemand durfte seine Ansichten und Werte hinterfragen. Sarahs Vater ist ein netter Mann und liebt sie, aber er ist sehr streng. Er gestattet seiner klugen Tochter keine Geistesfreiheit. Nachdem sie die christliche Schule abgeschlossen hatte, schrieb sich Sarah an der Pädagogischen Hochschule ein. Als sie mit dem Studium fertig war, erzählte Sarah jedem, daß sie nicht länger an Gott glaube und daß das Christentum lächerlich sei. Ihre Eltern machen ihre weltlich-humanistische Ausbildung, die sie an der Universität genossen hat, für diese Reaktion verantwortlich. Vielleicht haben sie recht. Aber möglicherweise hat es Sarah ihren Glauben an Gott gekostet, daß sie dazu gezwungen wurde, einen Glauben anzunehmen, den sie nicht hinterfragen durfte, daß Toleranz ein Fremdwort in ihrer Familie war und daß es ihr verweigert wurde, als Teenager in ihren eigenen Glauben hineinzuwachsen. Statt sie in Liebe sanft auf dem Weg von ihrer Kindheit, wo sie nur den Glauben ihrer Eltern übernahm, hin zu einem selbständigen, erwachsenen Glauben zu begleiten, haben ihre Eltern sie die ganze Zeit nur bevormundet und mußten schließlich mit ansehen, wie sie sich von Gott abwandte.

Kreative Großeltern wissen, daß es zur Aufgabe des Heranwachsenden gehört, sein eigenes Glaubensgerüst zu formulieren. Wer dabei helfen will, den Glauben seiner Enkel zu formen, muß erkennen, daß eine starre, richtende Haltung sie von Gott wegbringt. Wenn wir hingegen die verrückten Ideen unserer Teenager tolerieren können, werden wir an Glaubwürdigkeit gewinnen und sie auch beeinflussen können. Während der Zeit an der High School war Jack kurz davor, sich vom Christentum abzuwenden. Er äußerte Dinge, die, ehrlich gesagt, ziemlich ketzerisch waren. Als er siebzehn war und ich mich fragte, ob er sich jemals für Jesus entscheiden würde, kam er eines Tages zu mir und sagte: „Ich bin erst siebzehn, und ich versuche gerade herauszufinden, woran ich glauben soll. Kann ich mir nicht erst eine eigene Meinung bilden? Muß ich jetzt schon auf alles eine Antwort haben? Oder kann ich mir Zeit nehmen, um auf meine Fragen Antworten zu finden?"

Jack hatte recht. Großeltern, die ihren Enkelkindern helfen wollen, die Hürden aus dem Weg zu räumen, die den Glauben und eine Beziehung zu Jesus behindern, müssen tolerant sein. Geben Sie Ihrem Enkelkind die Freiheit, seinen Glauben entwickeln zu können. Mit Sechzehn oder Siebzehn muß ihnen noch nicht alles klar sein. Wenn wir tolerant sind, genießen wir den Respekt unserer Enkelkinder und haben die Möglichkeit, Einfluß zu nehmen, während unsere Enkelkinder versuchen, ihren Weg durch den Glaubensdschungel zu finden.

Stehen Sie zur Verfügung. Wenn wir unseren heranwachsenden Enkeln helfen wollen, sich für Jesus zu entscheiden, müssen wir ihnen auch zur Verfügung stehen. Wir müssen vertrauenswürdige Menschen für sie sein, zu denen man mit allem kommen kann. Wenn unsere Enkelkinder mittendrin sind in dem Prozeß, ihren eigenen Glauben zu formulieren, wird auch der Zeitpunkt kommen, an dem sie den weisen Rat einer älteren Person brauchen. Wenn wir uns ihnen zur Verfügung stellen und für sie aufgeschlossen sind, können wir diese privilegierte Person sein. Aber das Fundament dafür müssen wir schon lange vorher legen. Es ist lächerlich, zu glauben, wir könnten einfach zu unserer 17jährigen Enkeltochter, die uns kaum kennt oder nur selten sieht, hinmarschieren und sagen: „Wenn du jemanden zum Reden brauchst, ich bin für dich da!" Damit wir auf die Glaubensentscheidungen unserer Enkelkinder Einfluß nehmen können, müssen wir schon früh in ihrem Leben regelmäßig für sie da sein. Dazu müssen wir nicht einmal in ihrer Nähe wohnen. Wir können ihnen zum Beispiel sagen, daß sie uns zu jeder Tages- und Nachtzeit und aus jedem Grund anrufen können.

Wir kennen eine Großmutter, die hat eine besondere Gabe dafür, sich ihren Enkeln zur Verfügung zu stellen. Seit der frühen Kindheit gehörte sie zum Inventar im Leben ihrer Enkelkinder. Als sie in den Ruhestand ging und wegzog, telefonierte sie oft mit ihren Enkeln und ermutigte sie, ihrerseits anzurufen. Und wenn sie dann anriefen, hörte sie einfach zu. Jetzt sind ihre Enkelkinder um die Zwanzig, und sie telefoniert immer noch jede Woche mit ihnen. Tatsächlich hat kürzlich ihre Enkelin angerufen, um sich einen Rat bezüglich einer Freundschaft zu holen. Sie fragte ihre Großmutter, ob es für Gott eine Rolle spielt, wen sie heiratet. Das ist eine Oma, die sich zur Verfügung stellt und für die Glaubensentwicklung ihrer Enkeltochter immer noch von Bedeutung ist.

Teenager brauchen unbedingt jemanden, der ihnen zuhört und sie ernst nimmt. Manchmal fällt es den Jugendlichen schwer, mit ihren Eltern über ihren Glauben zu sprechen, und doch brauchen sie dringend die Ratschläge eines Erwachsenen. Kreative, aufrichtige, tolerante, zur Verfügung stehende Großeltern sind hervorragend dazu geeignet, ihren Enkelkindern Verständnis entgegenzubringen und sie zu ermutigen, wenn sie als Teenager eine Glaubenskrise durchmachen.

Für christliche Großeltern sollte es nichts Wichtigeres geben, als daß ihre Enkelkinder sich für die Nachfolge Jesu entscheiden. Trotzdem werden viele von uns blaß, wenn sie nur daran denken, daß sie zur geistlichen Entwicklung ihrer Enkelkinder beitragen sollten. Wir haben Angst davor, mit unseren Enkelkindern über Jesus zu sprechen. Der Zweck dieses Kapitels war, Ihnen Informationen und Anregungen zu geben, damit Sie diese außerordentlich wichtige Aufgabe erfüllen können. Es ist ein weiter Weg, und unsere Enkelkinder werden vielleicht viele Umwege gehen. Aber wir können ihnen dabei helfen, gläubige Christen zu werden. Unsere Geschichte könnte die von Eunike, Lois und Timotheus sein: ein Glaube, der von Generation zu Generation weitergegeben wird, wobei der Glaube an Christus mit jeder Generation an Kraft gewinnt.

Checkliste für kreative Großeltern

❑ Ich gebe mir sehr viel Mühe, meinen eigenen Glauben lebendig und stark zu erhalten.

❑ Ich nehme die Herausforderung an, zur geistlichen Entwicklung meiner Enkelkinder beizutragen.

❑ Ich bestehe nicht darauf, daß sie genauso denken und handeln wie ich.

❑ Ich werde mir Mühe geben, nicht zu sehr zu erschrecken, wenn sie einen Glauben vertreten, der sich von meinem unterscheidet, oder wenn sie zugeben, daß sie sich mit anderen Glaubensformen beschäftigen.

❑ Ich bin bereit, mit ihnen jederzeit über Gott zu sprechen.

❑ Ich werde versuchen, allein mit meinen Enkelkindern Zeit zu verbringen, weit weg vom Lärm der Gesellschaft.

❑ Ich werde jedes Versprechen halten, das ich meinen Enkelkindern gebe.

❑ Ich darf es riskieren, ihnen zu sagen, daß es auch für mich manchmal nicht leicht ist, Christus nachzufolgen.

❑ Es fällt mir leicht, mit meinen Enkeln sachlich über meinen Glauben an Jesus zu sprechen.

❑ Ich habe meinen Enkelkindern erzählt, wie ich selbst gläubig wurde.

Tun Sie es einfach!

Als er am Ende seines Studiums sein Diplom erhielt, mußte Ronald leise weinen, als er seine Großeltern im Publikum sah. Auch sie mußten ihre Freudentränen zurückhalten, so stolz waren sie auf Ronald. Sie müssen wissen, daß Ronalds Großeltern kreative, engagierte Großeltern waren. Nachdem sein Vater die Familie verlassen hatte, Ronald war damals erst sieben, sind sie seine besten Freunde geworden. Seine Mutter mußte zwei Jobs annehmen, damit sie etwas zu essen hatten. Aber Opa und Oma waren immer da. Als Ronald größer wurde, glaubten nur wenige Menschen in seinem Umfeld, daß er es einmal zu etwas bringen würde – genaugenommen, nur seine Mutter und seine Großeltern. Sie sagten ihm immer wieder, daß er klug genug sei, um die Universität zu schaffen und seine Träume zu verwirklichen. Er hatte ihnen nie so recht geglaubt, aber sie hörten nicht auf zu sagen: „Du schaffst es, Ron!" „Gib nicht auf, Ron!" „Wir glauben an dich, Ron!" Als er jetzt sein Diplom mit Auszeichnung erhielt, weinte Ronald vor Freude, und auch seine Großeltern weinten. Dann sagte er zu ihnen: „Ohne euch hätte ich es nie geschafft."

Sheila sah aus dem Fenster des Flugzeuges, das sie 10.000 Kilometer von zu Hause wegbrachte. Sie dachte an die Menschen, die ihr Leben am stärksten beeinflußt hatten. Ihre stärksten und liebsten Erinnerungen galten ihrer Großmutter, einer gottesfürchtigen Frau, die eine starke Liebe zu Jesus in ihre Enkel gepflanzt hatte. Als Sheila zu ihrer ersten Arbeitsstelle als Missionsärztin nach Irian Jaya flog, tauchten die Worte ihrer

Großmutter in ihr auf: „Sheila, egal, was passiert, ich bin stolz auf dich. Du gehst den schweren Weg und bleibst in deinem Leben dem Ruf Gottes treu." Ihre Freunde von der medizinischen Fakultät hielten sie für verrückt, weil sie eine erfolgversprechende Karriere gegen eine ungewisse Zukunft im Dschungel Indonesiens eintauschte. Aber sie wußte es besser. Sie tat genau das, was ihre Großmutter sie gelehrt hatte.

Kreative Großeltern haben tiefgreifenden Einfluß auf ihre Enkelkinder. Wie stark er ist, können wir vielleicht erst erkennen, wenn sie erwachsen sind und es sich zeigt, nach welchen Grundsätzen sie leben und was aus ihnen geworden ist. Aber seien Sie versichert, kreative Großeltern machen die lohnendsten Erfahrungen, die es gibt, egal, was am Ende herauskommt. Und das nicht nur, weil wir die Früchte unserer Arbeit an unseren Enkelkindern sehen, sondern auch wegen der Vorgänge in uns selbst.

Wenn wir kreative Großeltern sind, verändert uns das. Das Engagement für unsere Enkelkinder macht andere Menschen aus uns. Die Erfahrungen, die wir als Großeltern machen, werden uns formen, genau wie wir versuchen, unsere Enkelkinder zu formen. Wir werden Freudentränen und Tränen der Enttäuschung weinen. Wir werden nie mehr dieselben sein wie zuvor.

Als kreative Großeltern werden wir mindestens in dreierlei Hinsicht verändert. Erstens werden wir näher zu Gott gezogen. Unser Glaube wird uns wichtiger. Zweitens werden wir uns mehr Gedanken darüber machen, was wir unseren Kindern und Enkeln als Vermächtnis hinterlassen. Drittens wird unser Leben reicher und erfüllter sein.

Wenn Sie und ich unsere Werte weitergeben und sehen, wie unsere Enkel Jesus nachfolgen, macht uns das neu bewußt, was im Leben wirklich zählt. Aufs neue erkennen wir, daß Jesus die Mitte des Lebens sein muß und daß alles andere zweitrangig ist. Als Pastor und Großvater habe ich keinen Zweifel daran, welche Rolle geistlich mehr von mir verlangt. Es ist schwerer für mich, vor meinen Enkelkindern ein beständiges christliches Leben zu führen als vor der Gemeinde. Mir ist schmerzlich bewußt geworden, wo ich als Nachfolger Jesu versage, weil ich mir zunehmend bewußt bin, wie sehr meine Enkel mich als Vorbild nehmen, das sie auf den Pfad des Glaubens leitet. Das treibt mich ins Gebet. Kreative Großeltern, für die geistliche Ermutigung an erste Stelle steht, werden zu großen Seelenforschern. Und indem sie erkennen, woran sie in ihrem Leben als Christen arbeiten und wo sie wachsen müssen, werden sie näher zu Gott gezogen.

Wir werden auch dadurch verändert, daß wir uns überlegen, welches Vermächtnis wir unseren Familien hinterlassen, wenn wir nicht mehr da sind. Ich meine dabei keine Grundstücke oder andere weltliche Besitztümer. Ich spreche von den nicht greifbaren Dingen, die unsere Kinder und Enkelkinder für den Rest ihres Lebens in sich tragen werden. Ich hoffe und bete, daß sich meine Enkelkinder an den Spaß und die schöne Zeit, die wir miteinander hatten, erinnern werden. Noch wichtiger ist mir allerdings, daß sie mich als einen Mann in Erinnerung behalten, der Gott mit ganzem Herzen und ganzer Kraft liebte. Und ich wünsche mir, daß sie ihr Leben lang nicht vergessen, daß ich an sie geglaubt habe und sie für die Größten hielt. Das möchte ich meinen Nachkommen hinterlassen.

Wenn wir in unsere Rolle als kreative Großeltern hineinwachsen, gewinnt auch das Vermächtnis an Bedeutung. Es verändert unser Handeln und die Entscheidungen, die wir treffen. Es ist nicht mehr so wichtig, ein schönes Haus und ein dickes Bankkonto zu hinterlassen. Wir wollen ein Vermächtnis der Liebe hinterlassen und eines Angenommenseins, von dem man noch lange spricht. Wir wollen, daß unsere Enkelkinder ihren Enkeln erzählen, daß Oma und Opa sie geliebt und an sie geglaubt haben.

Schließlich werden wir als kreative Großeltern verändert, weil wir gezwungen sind, im letzten Drittel unseres Lebens jeden Tag voll auszuschöpfen. Engagierte Großeltern werden zu aktiven und aufregenden Menschen, die bereit sind, Neues zu probieren und sich an das Unbekannte heranzuwagen. Unsere Enkelkinder können nicht verhindern, daß wir körperlich altern, aber sie sind uns Grund genug, jeden Morgen aufzustehen und jeden neuen Tag als ein Geschenk Gottes anzunehmen. Ein 89jähriger Mann sagt, daß es die Beziehung zu seinen Enkeln ist, was ihn nach all den Jahren noch aufrecht hält. Er ist sehr gerne mit ihnen zusammen, und sie besuchen ihn oft im Pflegeheim. Kreative Großeltern wissen, wofür sie leben, und empfinden eine tiefe Freude. Ihr Leben fließt vor Liebe über, und die Begegnung mit ihren Enkelkindern bewegt und verändert sie.

Kreative Großeltern sein: Das ist keine einmalige Tat, und wir können auch nicht nur so tun, als wären wir welche. Vielmehr ist es ein Lebensstil, eine bewußte Entscheidung, die Bedenken in den Wind zu schlagen und mit Leib und Seele in das Leben unserer Enkelkinder einzutauchen. Es ist mein tiefstes Anliegen, daß die Geschichten und Anregungen in diesem Buch in Ihnen die Sehnsucht geweckt haben, in das Leben ihrer Enkelkinder eine besondere Note zu bringen. Nehmen Sie die Herausforderung an. Seien Sie kreative Großeltern.

25 kreative Tips für Sie und Ihre Enkelkinder

Eine Anleitung für ein paar außergewöhnliche, verrückte, kostspielige und preisgünstige Möglichkeiten, Ihre Enkelkinder zu lieben.

1. Vereinbaren Sie mit ihnen ein regelmäßiges „Treffen" einmal im Monat.

2. Kaufen Sie ihnen eine Schlange, und halten Sie diese in Ihrem Haus.

3. Bereiten Sie ihnen eine Überraschung, holen Sie sie von der Schule ab, und verbringen Sie mit ihnen eine Nacht im Zelt am See oder in einem schönen Hotel mit Swimmingpool.

4. Schreiben Sie alle ihre Taten auf, und schenken Sie ihnen das Buch zur Hochzeit.

5. Schreiben Sie gemeinsam mit ihnen als Autoren und Forscher eine Familiengeschichte.

6. Machen Sie gemeinsam eine Reise, und besuchen Sie die fünf größten Achterbahnen des Landes.

7. Führen Sie mit Ihrem Enkelkind einen evangelistischen Einsatz in der Fußgängerzone oder in einem Land der Dritten Welt durch.

8. Erlauben Sie Ihrer Enkelin, daß sie Ihnen eine Frisur verpaßt, die sie für modisch hält.

9. Bringen Sie Ihren Enkelkindern das Radfahren bei.

10. Besorgen Sie sich ein Handy, damit Ihre Enkel Sie jederzeit anrufen können.

11. Schicken Sie ihnen Geburtstagskarten in fünf verschiedenen Sprachen.

12. Bitten Sie sie, Ihnen ein Hobby oder etwas anderes beizubringen.

13. Verbringen Sie einen Tag mit ihnen im Kindergarten.

14. Sehen Sie sich einmal pro Monat gemeinsam Ihre Lieblingssendungen an.

15. Lassen Sie ein T-Shirt anfertigen, auf dem Sie und Ihr Enkelkind abgebildet sind, und tragen Sie es, wenn Sie das nächste Mal miteinander ausgehen.

16. Rufen Sie Ihre Enkelkinder jeden zweiten Tag an, und sagen Sie ihnen auf immer neue Art und Weise, daß sie Ihnen sehr viel bedeuten.

17. Lassen Sie Ihre Enkelkinder ihre „Traumreise" planen, und verwirklichen Sie sie dann!

18. Helfen Sie zusammen mit Ihren Enkelkindern regelmäßig in einer karitativen Einrichtung oder im Obdachlosenheim mit.

19. Wenn Sie keinen Studienabschluß haben, wenn Ihre Enkelkinder anfangen zu studieren, besuchen Sie mit ihnen die Universität.

20. Lesen Sie gemeinsam in einem Jahr die Bibel durch.

21. Kaufen Sie sich ein Computerspiel, und spielen Sie so lange, bis Sie Ihren Enkel besiegen. Dann veranstalten Sie ein Familienturnier.

22. Nehmen Sie Ihr Enkelkind zu den Wahlen mit, und lassen Sie es den Umschlag einwerfen.

23. Gehen Sie einkaufen, und lassen Sie Ihre Enkel Ihren Anzug oder Ihr Kleid aussuchen.

24. Nehmen Sie sie mit auf Geschäftsreise.

25. Nehmen Sie mit Ihren Enkelkindern an einem Fallschirmspringerkurs teil.

JEDEN TAG GOTT BEGEGNEN
UND IHN IMMER BESSER KENNENLERNEN

Dennis & Barbara Rainey:

**STILLE ZEIT
ZU ZWEIT**

Das Andachtsbuch
für Ehepaare

Endlich ein Andachtsbuch für Paare!
Es ist gar nicht so einfach, im Ehe-Alltag die gemeinsame
Zeit vor Gott nicht zu vernachlässigen. Und dabei ist es so
wichtig, daß Sie als Ehepartner Ihre Beziehung und Ihre
Familie immer neu vor Gott bringen und seinem Schutz
unterstellen.

Dieses Buch will Ihnen dabei helfen, jeden Tag einen
besonderen Aspekt Ihrer Ehe, Ihrer Familie und Ihres
Glaubens gemeinsam zu betrachten und um Gottes
Führung und Rat zu bitten. In den täglichen Andachten
geht es um Erziehungsprobleme, Streitigkeiten, Ängste
von Eltern, Verantwortung und Dankbarkeit – aktuelle
Themen, die Sie als Ehepaar und Eltern bewegen.

Das macht die „Stille Zeit zu zweit" zu einer Quelle
biblischer Weisheit und wertvoller Impulse, die Sie
durch den Tag begleiten und Ihre Beziehung bereichern
können.

Gebunden, 385 Seiten, Bestell-Nr. 815 514

JEDEN TAG GOTT BEGEGNEN
UND IHN IMMER BESSER KENNENLERNEN

Dennis & Barbara Rainey:

**ALLE MEINE QUELLEN
SIND IN DIR**

Andachten für jeden Tag

„Gott besucht uns oft,
aber meistens sind wir nicht zu Hause!" –
so heißt es in einer der Andachten dieses Klassikers unter
den Andachtsbüchern, der für die persönliche Stille Zeit
ebenso geeignet ist wie für Familienandachten.

Hier gibt eine Christin ihre Erfahrungen weiter, die durch
so manche Prüfung gegangen ist und dabei die Tiefe und
Kraft des Glaubens entdeckt hat. Ergänzt wird das Buch
durch Berichte aus dem Leben von Georg Müller,
Hudson Taylor, Charles Spurgeon und anderen bekannten
Christen, die ihren Weg mit Gott gingen und sein
Eingreifen ganz hautnah erleben durften.

Es ist zu wünschen, daß viele Leser „zu Hause" sind,
wenn ihnen Gott in diesem Buch begegnet.

Gebunden, 368 Seiten, Bestell-Nr. 815 250

EINE MITREISSENDE AUTOBIOGRAPHIE!

Helga Mösle:

UND KEINER HÖRT MEIN SCHREIEN

Eine Frau durchleidet
die dramatischen Folgen
einer ärztlichen
Fehlbehandlung

Helga Mösle führt ein Bilderbuchleben: Sie ist hübsch, beruflich
erfolgreich, glücklich verheiratet und stolze Mutter von zwei
süßen Töchtern. Doch plötzlich wird ihr Leben von einem lebens-
gefährlichen Asthmaanfall überschattet. Von heute auf morgen ist
die lebenslustige Frau ein Pflegefall.
Doch das ist erst der Anfang ihres unglaublichen Leidenswegs. Im
Kampf um ihr Leben greifen die Ärzte zu immer höheren Dosen
des umstrittenen Medikaments Cortison – mit schrecklichen
Folgen: Die junge Frau verliert ihr Erinnerungsvermögen und
jeden Realitätsbezug, bis schließlich eine Einweisung in die
Psychiatrie unumgänglich scheint. Dort erlebt sie die Hölle auf
Erden.

Nur mit Hilfe ihrer Familie und Freunde, die beharrlich um sie
kämpfen, und ihres tiefen Glaubens an Gott, der ihr immer wieder
Kraft gibt, erlebt sie schließlich innere und äußere Heilung.

Paperback, 220 Seiten plus 8 Seiten Bildteil
Bestell-Nr. 815 502